고單修

高
단
수
영
단
어

고등학생의 단어 수련장

고등영어교육연구회 저

민중서림

# 머 리 말

영어 단어를 어떻게 외우세요?

작정하고 책상에 앉아 연습장에 단어를 가득 적으며 외우고 있나요? 아
니면 흔들리는 차 속에서 입으로 중얼거리며 외우고 있나요? 어느 것이
든 좋습니다. 일단 단어를 외우는 것이 중요하니까요. 한데 외울 단어도
많은데 비법들은 또 왜 그렇게 많은지. 하지만 공부에 왕도가 없다는 말
은 들어 보셨죠? 수능시험 때까지 다양한 방법들로 때와 장소를 가리지
말고 단어를 외워 보자고요. 중요한 건 비법이 아니라 하나의 단어를 확
실히 내 것으로 만드는 거니까요. 고단수 영단어는 학습 부담은 줄이고
학습 효과는 최대한 높이도록 구성되어 있습니다. 수능 고빈도 단어부터
저빈도 단어까지, 중·고 기본 단어부터 고난도 단어까지 꼭 외워야 하는
단어들만 모았습니다. 물론 외운 단어를 문맥에서 확실히 익힐 수 있도록
참신한 예문들도 정리되어 있습니다. 돌다리도 두드려 보고 건넌다는 말
이 있죠. 모르는 단어는 말할 것도 없고 아는 단어도 다시 봐 두세요. 그
럼 "아, 이거 아는 단어였는데……."하며 안타까워하는 일이 없을 테니까
요. 그럼 마음먹고 날마다 꾸준히 공부해 보세요. 여러분의 영어 실력 향
상에 든든한 밑받침이 될 것이라 확신합니다. 가벼운 마음으로 수능 시험
장을 나오는 그 날까지 화이팅!

## 이 책의 특징과 이용법

### 1 엄격한 분석을 통해 선별된 단어들

이 책의 단어는 제7차 교육과정의 고등학교 교과서와 그동안 출제된 수능 문제 전체를 입력하여 분석한 다음, 그 중요도와 빈도수, 시험에 자주 출제되는 경향을 고려하여 선별하였습니다.

### 2 중요하고 자주 나오는 단어부터 하루에 30개씩

Part I에는 자주 나오는 중요 단어 순서로 나열하여 약 1600단어, 그리고 Part II에는 꼭 알아두어야 할 다의어, 다시 한 번 확인해야 할 기본어, 좀 더 알아두면 좋은 도전 단어까지 총 1800단어로 구성되어 있습니다. 하루에 30단어씩 꾸준히 외워 보세요.

### 3 한눈에 쏙 들어오는 단어와 뜻

표제어의 핵심 의미가 한눈에 쏙 들어오도록 정리되어 있고, 각 표제어에는 동의어, 반의어, 파생어가 제시되어 있어 관련된 단어들을 쉽게 익힐 수 있습니다.

### 4 꼭 필요한 뜻만 먼저 외우고 예문으로 확실히

하루 30개 표제어의 꼭 필요한 뜻만 먼저 외웁시다. 단어를 익힌 다음 제시된 예문의 빈 칸에 앞에서 익힌 단어를 알맞게 써 넣으면서 보다 효과적으로 단어의 뜻과 용례를 익힐 수 있습니다.

## 5 함께 묶어 외우는 단어

비슷하게 생겨 헷갈리는 단어들, 뜻이 비슷한 단어들처럼 같이 외우면 기억에 오래 남는 단어들을 따로 모아 날마다 마지막 부분에 제시하였습니다.

## 6 관련 숙어도 챙기기

표제어와 관련된 숙어들을 모아서 제시해 두었습니다. 단어도 외우고 중요 숙어도 함께 외우니 일석이조!

## 7 Review를 통해 되새기기

부담은 줄이고 효과를 높인 Review로 이틀에 한 번씩 익힌 단어들을 확인 학습합니다. 실생활에 자주 쓰이는 예문들로 구성된 문제들을 통해 응용력을 높이고 기억에 오래 남도록 합니다.

## 8 미니사전

표제어로 엄선된 1800 단어와 관련 파생어들을 고교 과정과 수능에 자주 쓰이는 대표적인 뜻만 정리하였습니다. 언제 어디서나 휴대하며 활용할 수 있습니다.

## 9 녹음테이프를 이용하여 효과적으로

표제어의 정확한 발음과 의미를 녹음테이프로 들으면서 단어를 익히거나 익힌 단어를 다시 한 번 확인할 때 이용하면 쉽게 외울 수 있고 기억에도 오래 남습니다.

# 차례

▶약호

명 명사 　 동 동사 　 형 형용사 　 부 부사

접 접속사 　 전 전치사 　 복 복수형 　 *cf.* 관련어

▶기호

= 동의어, 유의어 　 ↔ 반의어

〔 〕대체 어구 　 ( ) 생략 가능 어구, 보충 설명

**Part**

I

제7차 교육과정의 고등학교 교과서와 그동안 출제된 수능 문제 전체를 입력하여 분석한 다음, 그 중요도와 빈도수, 시험에 자주 출제되는 경향을 고려하여 1620 단어를 선별하였습니다. 하루에 30 단어씩 꾸준히 외워 보세요. '내가 완성하는 예문'으로 다시 한 번 확인해 보세요.

**0001** **increase** 동 증가하다 (↔decrease), 늘리다
[inkríːs] 명 [ínkriːs] 증가, 증대

increasingly 부 점점, 더욱더

**0002** **care** 명 돌봄, 주의, 걱정
[kɛər] 동 걱정하다, 관심을 갖다

careful 형 신중한

**0003** **matter** 동 중요하다, 문제가 되다
[mǽtər] 명 물질, 일, 문제

matter-of-fact 형 사실의, 사무적인

**0004** **company** 명 회사, 동료, 함께 있음
[kʌ́mpəni]

**0005** **role** 명 역할
[roul]

**0006** **recently** 부 요즈음, 최근에 (=lately)
[ríːsəntli]

recent 형 최근의, 새로운

**0007** **expect** 동 기대하다, 예상하다
[ikspékt]

expectation 명 예상, 기대(되는 일)
cf. except 전 …을 제외하고

**0008** **society** 명 사회, 공동체
[səsáiəti]

sociology 명 사회학

**0009** **practice** 동 연습하다, 실행하다
[prǽktis] 명 연습, 실행

practical 형 실제의, 실용적인

**0010** **situation** 명 위치, 상태
[sìtʃuéiʃən]

situated 형 위치하고 있는
(=located)

**0011** **serious** 형 진지한, 중대한, 심각한
[síəriəs]

seriously 부 진지하게, 심각하게

**0012** **produce** 동 생산하다, 만들어내다
[prədjúːs]

product 명 생산품
producer 명 생산자, 연출가

**0013** **individual** 형 개인의, 개개의
[ìndəvídʒuəl] 명 개인

individualism 명 개인주의

**0014** **physical** 형 육체의, 물질의
[fízikəl]

physics 명 물리학

**0015** **improve** 동 좋아지다, 향상시키다 (=better)
[imprúːv]

improvement 명 개선, 향상

## 내가 완성하는 예문

다음 예문의 빈 칸에 알맞은 말을 써 넣으면서 익힌 단어를 확인하세요.

1. The population has _____ by 3%. 인구가 3% 증가했다.

2. I don't _____ whether it rains or not. 비가 오든지 안 오든지 나는 관심 없다.

3. It doesn't _____ to me. 그건 내게 중요치 않다.

4. I enjoyed your _____. 너와 함께여서 즐거운 시간을 보냈다.

5. the _____ of the government 정부의 역할

6. Have you seen any good movies _____? 요즘 좋은 영화 본 것 있니?

7. You can't _____ to learn a foreign language in a few days.
   며칠 만에 외국어를 익히리라고 기대해서는 안 된다.

8. Some major reforms are _____. 몇몇 큰 개혁이 예상된다.

9. a civilized _____ 문명사회

10. _____ the piano 피아노 연습을 하다

11. They're in a difficult _____. 그들은 어려운 상태에 처해 있다.

12. Are you _____ about leaving Seoul? 서울을 떠난다니 진정이니?

13. Plastic can be _____ from oil. 플라스틱은 석유로 만들 수 있다.

14. respect for _____ freedom 개개인의 자유에 대한 존중

15. a _____ handicap 신체적인 장애

16. Your vocabulary has greatly _____. 너의 어휘력이 굉장히 향상되었다.

## 관련 숙어 탐색

- on the increase 증가하는
- as a matter of fact 사실상
- play a role in …에서 역할을 하다
- care for 좋아하나, 돌보다
- keep company with …와 교제하다
- put into practice 실행하다

## 정답

1. increased  2. care  3. matter  4. company  5. role  6. recently  7. expect  8. expected
9. society  10. practice  11. situation  12. serious  13. produced  14. individual  15. physical
16. improved

| 0016 | **create** 동 만들어내다, 창조하다 [kri:éit] | creative 형 창조적인 <br> creature 명 창조물, 생물 |

0016 **create** 동 만들어내다, 창조하다
[kri:éit]
creative 형 창조적인
creature 명 창조물, 생물

0017 **social** 형 사회적인, 사교적인 ( =friendly)
[sóuʃəl]
sociable 형 사교적인
socialism 명 사회주의

0018 **excited** 형 흥분한, 들뜬
[iksáitid]
exciting 형 흥분시키는, 신나는
excitement 명 흥분

0019 **continue** 동 계속되다, 계속하다 (↔ discontinue)
[kəntínjuː]
continuous 형 연속적인
continued 형 계속되는

0020 **base** 명 기초, 근거
[beis] 동 근거하다
basic 형 기초적인, 근본의
basement 명 지하실

0021 **state** 명 상태, 국가, 주(州)
[steit] 동 진술하다, 말하다
statement 명 성명서, 진술

0022 **relax** 동 쉬다, 긴장을 풀다, 늦추다
[riláks]
relaxation 명 편히 쉼

0023 **public** 형 공공의, 공개의 (↔ private)
[pʌ́blik] 명 공중, 국민
publicly 부 공적으로
publicity 명 널리 알려짐, 명성

0024 **patient** 형 인내심이 강한 (↔ impatient)
[péiʃənt] 명 환자
patience 명 인내, 참을성

0025 **necessity** 명 필요(성), 필수품
[nisésəti]
necessary 형 필요한
necessarily 부 반드시

0026 **influence** 명 영향
[ínfluəns] 동 영향을 미치다
influential 형 영향을 미치는

0027 **economy** 명 경제, 절약
[ikánəːmi]
economic 형 경제의, 경제학의
economical 형 경제적인, 절약하는

0028 **exact** 형 정확한, 틀림없는, 엄밀한
[igzǽkt]
exactness 명 정확

0029 **accurate** 형 (주의를 기울여) 정확한, 정밀한
[ǽkjərit]
accuracy 명 정확, 정밀

0030 **precise** 형 (정의·지시·치수 등이) 정확한, 명확한
[prisáis]
precisely 부 바로, 정확히
precision 명 정확, 정밀

## 내가 완성하는 예문

다음 예문의 빈 칸에 알맞은 말을 써 넣으면서 익힌 단어를 확인하세요.

1. The government plans to _____ more jobs for young people.

   정부는 젊은이들의 일자리를 더 많이 만들기 위한 계획을 세우고 있다.

2. _____ problems 사회문제

3. An _____ crowd gathered around the singer.

   흥분한 군중이 가수 주변으로 모였다.

4. The meeting _____ after a break. 휴식시간 후 회의는 계속되었다.

5. He _____ his conclusions on the evidence.

   그의 결론은 증거물에 근거를 두었다.

6. She _____ her own opinion. 그녀는 자기 의견을 진술했다.

7. I _____ in the hot tub. 나는 뜨거운 물을 받은 욕조 안에서 긴장을 풀었다.

8. a _____ library 공공 도서관

9. Be _____ and wait till I'm finished. 내가 끝마칠 때까지 참을성 있게 기다려라.

10. There's _____ of employing more staff. 더 많은 직원을 뽑을 필요성이 있다.

11. a bad _____ 나쁜 영향

12. the world _____ 세계경제

13. We need to know the _____ date and time.

    우리는 정확한 일시를 알아야 한다.

14. I need a more _____ map. 나는 더 정밀한 지도가 필요하다.

15. a _____ measurement 정확한 치수

## 관련 숙어 탐색

- ■ **be based on** …에 기초를 두다, …에 근거하다
- ■ **in public** 공공연히, 여러 사람 앞에서
- ■ **to be accurate(exact)** 정확히 말하면
- ■ **go public** (비밀 등을) 공표하다
- ■ **have influence on** …에 영향을 미치다

1. create  2. social  3. excited  4. continued  5. based  6. stated  7. relaxed  8. public  9. patient
10. necessity  11. influence  12. economy  13. exact  14. accurate  15. precise

# Day 02

**0031** **publish** 동 출판하다, 발표하다 ( =announce)
[pʌ́bliʃ]
publisher 명 출판업자, 발행자

**0032** **traditional** 형 전통의, 관습적인
[trədíʃənəl]
tradition 명 전통, 관습
*cf.* conventional 형 인습적인

**0033** **research** 명 연구, 조사
[risə́:rtʃ, rí:sə:rtʃ] 동 연구하다, 조사하다
researcher 명 연구원

**0034** **particular** 형 특별한, 특정한
[pərtíkjələr]
particularly 부 특히

**0035** **limit** 명 제한, 한계(선)
[límit] 동 한정하다, 제한하다
limitation 명 제한, 한정

**0036** **include** 동 포함하다, 포함시키다 (↔exclude)
[inklú:d]
inclusion 명 포함
including 전 …을 포함하여

**0037** **community** 명 공동체, 지역사회
[kəmjú:nəti]

**0038** **purpose** 명 목적, 의도
[pə́:rpəs]
purposely 부 고의로

**0039** **involve** 동 포함하다 ( =include), 관련시키다
[inválv]
involvement 명 말려들게 함, 관련

**0040** **responsible** 형 책임이 있는
[rispánsəbəl]
responsibility 명 책임, 의무

**0041** **industry** 명 산업, 공업, 근면
[índəstri]
industrial 형 산업의, 공업의
industrious 형 부지런한, 근면한

**0042** **export** 동 수출하다 (↔import)
[ikspɔ́:rt] 명 [ékspɔ:rt] 수출, 수출품
exporter 명 수출업자

**0043** **available** 형 이용할 수 있는, 손에 넣을 수 있는
[əvéiləbəl]

**0044** **terrible** 형 무서운, 지독한
[térəbəl]
terribly 부 몹시, 굉장히
*cf.* terrific 형 멋진

**0045** **suffer** 동 (고통·슬픔 등을) 겪다, 경험하다
[sʌ́fər]
suffering 명 괴로움, 수난

## 내가 완성하는 예문

다음 예문의 빈 칸에 알맞은 말을 써 넣으면서 익힌 단어를 확인하세요.

1. The first edition was _____ in 2002. 초판은 2002년에 출판됐다.

2. a _____ wedding ceremony 전통적인 결혼식

3. historical _____ 역사 연구

4. You have to pay _____ attention. 특별한 주의를 쏟아야 한다.

5. His patience reached its _____. 그의 인내심이 한계에 도달했다.

6. The final test _____ oral test as well.

   기말고사는 구술시험도 포함한다.

7. _____ center 지역 문화회관; _____ library 지역 도서관

8. What's the _____ of your visit? 너의 방문 목적은 무엇이냐?

9. Teaching _____ patience. 가르친다는 것은 인내를 포함한다.

10. The pilot is _____ for the passengers' safety.

    조종사는 여행객의 안전에 대한 책임이 있다.

11. heavy _____ 중공업; the tourist _____ 관광산업

12. The Philippines _____ bananas. 필리핀은 바나나를 수출한다.

13. a magazine _____ in any bookstore 어느 서점에서든지 구입 가능한 잡지

14. a _____ nightmare 무서운 악몽; _____ food 맛이 형편없는 음식

15. He _____ from headache. 그는 두통으로 고통을 겪고 있다.

## 관련 숙어 탐색

- in particular 특히, 특별히
- for the purpose of …의 목적으로
- be responsible for …에 대한 책임이 있다
- off limits 출입금지
- on purpose 일부러, 고의로
- available for(to) …에 도움이 되는, 쓸모 있는

## 정답

1. published  2. traditional  3. research  4. particular  5. limit  6. includes  7. community, community  8. purpose  9. involves  10. responsible  11. industry, industry  12. exports  13. available  14. terrible, terrible  15. suffers

# Day  02

0046 **quality** 명 질, 품질 (↔ quantity 양)
[kwáləti]

qualify 동 자격을 따다(주다)
qualification 명 자격

0047 **manage** 동 관리하다, 그럭저럭 해내다
[mǽnidʒ]

management 명 관리, 경영

0048 **determine** 동 결심하다, 결정하다
[ditə́ːrmin]

determined 형 결의가 굳은
determination 명 결심, 결정

0049 **supply** 동 공급하다
[səplái]   명 공급, 공급품 (↔ demand 수요)

0050 **suggest** 동 제안하다 (= propose), 암시하다 (= imply)
[səgdʒést]

suggestion 명 제안, 암시

0051 **regret** 동 후회하다
[rigrét]   명 후회, 유감

regretful 형 후회하는

0052 **judgment** 명 판단(력), 판결
[dʒʌ́dʒmənt]

judge 동 판단하다 명 재판관

0053 **environment** 명 환경, 자연환경
[inváiərənmənt]

environmental 형 환경의
environmentalist 명 환경운동가

0054 **wrap** 동 포장하다, 싸다
[ræp]

wrapping 명 포장, 포장지

0055 **pleasure** 명 기쁨, 즐거움
[pléʒər]

pleased 형 기뻐하는, 만족한
pleasant 형 기분 좋은, 유쾌한

0056 **respect** 동 존경하다, 존중하다 (↔ despise)
[rispékt]   명 존경, 존중

respectful 형 공손한, 예의바른
respective 형 각각의

0057 **proper** 형 적당한, 알맞은 (↔ improper)
[prápər]

properly 부 올바르게, 알맞게

0058 **enter** 동 들어가다, 입학(가입)하다, 입력하다
[éntər]

entrance 명 출입구, 들어감

0059 **abstract** 형 추상적인
[æbstrǽkt]

0060 **concrete** 형 구체적인 (↔ abstract)
[kánkriːt]   명 콘크리트

## 내가 완성하는 예문

다음 예문의 빈 칸에 알맞은 말을 써 넣으면서 익힌 단어를 확인하세요.

1. goods of a high ＿＿＿＿＿＿＿＿ 좋은 품질의 물건
2. We ＿＿＿＿＿＿＿＿ to get there in time. 우리는 그럭저럭 시간에 맞춰 그 곳에 도착했다.
3. Hair color is genetically ＿＿＿＿＿＿＿＿. 머리카락색은 유전자에 의해 결정된다.
4. ＿＿＿＿＿＿＿＿ electricity to a house 가정에 전기를 공급하다
5. a silence that ＿＿＿＿＿＿＿＿ disapproval 불만을 암시하는 침묵
6. I don't ＿＿＿＿＿＿＿＿ my decision. 나는 내 결정을 후회하지 않는다.
7. await a ＿＿＿＿＿＿＿＿ of the Court 법원의 판결을 기다리다
8. a pleasant working ＿＿＿＿＿＿＿＿ 쾌적한 근무 환경
9. ＿＿＿＿＿＿＿＿ a package 소포를 포장하다
10. This puppy gives me a lot of ＿＿＿＿＿＿＿＿. 이 강아지가 내게 큰 기쁨을 준다.
11. I ＿＿＿＿＿＿＿＿ him for his honesty. 나는 정직하다는 점에서 그를 존경한다.
12. It's not a ＿＿＿＿＿＿＿＿ moment for a joke. 농담하기에 적당한 순간이 아니다.
13. ＿＿＿＿＿＿＿＿ college 단과대학에 입학하다
14. an ＿＿＿＿＿＿＿＿ concept 추상적인 개념
15. a ＿＿＿＿＿＿＿＿ example 구체적인 예

## 관련 숙어 탐색

- **manage to** 가까스로 …하다
- **feel regret for** …을 후회하다
- **with respect to** …에 대하여
- **supply A with B** A에게 B를 공급하다
- **it's my pleasure** 천만에요, 괜찮습니다
- **in the concrete** 구체적으로

1. quality  2. managed  3. determined  4. supply  5. suggests  6. regret  7. judgment
8. environment  9. wrap  10. pleasure  11. respect  12. proper  13. enter  14. abstract
15. concrete

A 다음 영어는 우리말로, 우리말은 영어로 쓰시오.

| | | | | |
|---|---|---|---|---|
| 1. judgment | _____ | 11. 수도 공급 | water s | _____ |
| 2. traditional | _____ | 12. 속도 제한 | speed l | _____ |
| 3. community | _____ | 13. 나쁜 영향 | bad i | _____ |
| 4. economy | _____ | 14. 존경하다 | r | _____ |
| 5. pleasure | _____ | 15. 정확한 | e | _____ |
| 6. society | _____ | 16. 연구, 조사 | r | _____ |
| 7. practice | _____ | 17. 생산하다 | p | _____ |
| 8. include | _____ | 18. 육체적인 운동 | p | _____ exercise |
| 9. environment | _____ | 19. 사회과학 | s | _____ science |
| 10. publish | _____ | 20. 최근에 | r | _____ |

B 자연스러운 표현이 되도록 연결하시오.

1. handle            ⓐ a company
2. be in a state     ⓑ from cancer
3. relax             ⓒ with care
4. suffer            ⓓ of shock
5. work for          ⓔ one's grip

C 다음 영영 뜻풀이에 해당하는 단어를 보기에서 골라 쓰시오.

┃보기┃

| accurate | available | expect | improve | regret |
|---|---|---|---|---|

1. _____ : absolutely correct
2. _____ : to make or become better
3. _____ : able or ready to be obtained or used
4. _____ : to think something is likely to happen
5. _____ : to feel sorry or disappointed about

D 다음 짝지어진 단어의 관계가 같도록 빈 칸에 알맞은 말을 쓰시오.

1. increase : decrease = impatient : p_____
2. judge : judgment = include : _____
3. recently : lately = propose : s_____
4. continue : discontinue = exit : e_____
5. create : creature = produce : _____

E 다음 문장의 빈 칸에 알맞은 말을 보기에서 골라 쓰시오.

| 보기 |

| involves | managed | necessity | particular |
| respect | role | situation | wrapped |

1. She plays the _____ of a mean wife.
   그녀는 심술궂은 아내 배역을 연기한다.
2. He _____ to pass the driving test.
   그는 겨우 운전면허시험을 통과했다.
3. The _____ here is getting worse.
   이 곳의 상태는 더욱 나빠지고 있다.
4. You should pay _____ attention to spelling.
   철자에 특별히 신경을 써야 한다.
5. _____ the rights of the individual.
   개인의 권리를 존중하라.
6. I _____ the present in pretty paper.
   나는 예쁜 종이로 선물을 포장했다.
7. _____ is the mother of invention.
   필요는 발명의 어머니이다.
8. Your job _____ organizing files as well.
   당신의 할 일에는 파일 정리도 포함된다.

| 0061 | **process** 명 진행, 과정 | proceed 동 진행되다, 나아가다 |
| | [práses] 동 가공하다, 처리하다 | |

| 0062 | **opportunity** 명 기회 | |
| | [àpərtjú:nəti] | |

| 0063 | **painful** 형 아픈, 괴로운 | pain 명 아픔, 괴로움 |
| | [péinfəl] | |

| 0064 | **observe** 동 관찰하다, 준수하다 | observation 명 관찰 |
| | [əbzə́:rv] | observance 명 준수, 지킴 |

| 0065 | **employ** 동 고용하다 (↔fire) | employee 명 종업원 |
| | [emplɔ́i] | employer 명 고용주 |

| 0066 | **distance** 명 거리, 먼 곳 | distant 형 먼, 떨어진 |
| | [dístəns] | |

| 0067 | **approach** 동 접근하다, 다가가다 (↔leave) | |
| | [əpróutʃ] 명 접근, 다가옴 | |

| 0068 | **damage** 명 손해, 피해, 손상 (=harm) | |
| | [dǽmidʒ] 동 손해를 입히다 | |

| 0069 | **destroy** 동 파괴하다 | destruction 명 파괴 |
| | [distrɔ́i] | |

| 0070 | **advance** 동 전진하다, 진보하다 | advanced 형 상급의 |
| | [ədvǽns] 명 전진, 진보 | advancement 명 진보, 승진 |

| 0071 | **worth** 형 가치가 있는 | worthy 형 …할 만한 가치가 있는 |
| | [wəːrθ] 명 가치 | worthwhile 형 시간을 들일 만한 |

| 0072 | **warn** 동 경고하다, 조심시키다 (=caution) | warning 명 경고, 주의 |
| | [wɔːrn] | |

| 0073 | **protect** 동 보호하다, 지키다 | protection 명 보호, 보안 |
| | [prətékt] | protective 형 보호하는 |

| 0074 | **private** 형 사적인, 개인의, 사립의 | privacy 명 사생활 |
| | [práivit] | |

| 0075 | **comfortable** 형 기분 좋은, 편한 | comfort 명 편함, 위안 |
| | [kʌ́mfərtəbəl] (↔uncomfortable) | |

## 내가 완성하는 예문

다음 예문의 빈 칸에 알맞은 말을 써 넣으면서 익힌 단어를 확인하세요.

1. the _____ of reforming the education system 교육제도의 개편 과정

2. Let's give her the _____ to explain herself. 그녀에게 해명할 기회를 주자.

3. My wrist is still _____. 내 손목은 여전히 아프다.

4. _____ the stars 별을 관측하다

5. He was _____ as a security guard. 그는 경비원으로 고용되었다.

6. They live in the walking _____. 그들은 걸어서 갈 수 있는 거리 내에 산다.

7. When you _____ the village, you'll see a big tree.

   그 마을에 가까이 가면 큰 나무 한 그루를 볼 수 있을 것이다.

8. The earthquake caused terrible _____. 지진이 엄청난 피해를 입혔다.

9. _____ the city 도시를 파괴하다

10. new _____ in medicine 의학의 새로운 진보

11. This picture is _____ $4,000. 이 그림은 4천 달러의 가치가 있다.

12. A lighthouse _____ ships of rocks.

    등대는 암초의 위험을 선박에 경고 한다.

13. _____ eyes from the sun 햇빛으로부터 눈을 보호하다

14. _____ life 사적인 생활

15. Make yourself _____. 편하게 있으세요.


## 관련 숙어 탐색

- **in (the) process of** …의 진행 중에
- **in the distance** 아주 먼 곳에, 멀리
- **in advance** 미리, 선불로, 보다 앞선
- **protect A from B** B로부터 A를 보호하다
- **warn A of B** A에게 B를 경고하다
- **in private** 비밀히, 개인적으로

1. process  2. opportunity  3. painful  4. observe  5. employed  6. distance  7. approach
8. damage  9. destroy  10. advances  11. worth  12. warns  13. protect  14. private
15. comfortable

| | | |
|---|---|---|
| 0076 | **period** 명 기간, 마침표 <br> [píəriəd] | periodic 형 주기적인 |
| 0077 | **occur** 동 일어나다, 생기다 (＝happen), 생각이 나다 <br> [əkə́:r] | occurrence 명 발생 |
| 0078 | **emotion** 명 감동, 감정 (＝feeling) <br> [imóuʃən] | emotional 형 감정적인 |
| 0079 | **concern** 동 관계가 있다, 걱정시키다 <br> [kənsə́:rn] 명 걱정거리, 관심사 | concerned 형 걱정하는, 관계있는 <br> concerning 전 …에 관하여 |
| 0080 | **notice** 명 주의, 통지, 게시 <br> [nóutis] 동 알아채다, 통지하다 | noticeable 형 눈에 띄는 <br> notify 동 알리다 |
| 0081 | **complex** 형 복잡한 (＝complicated) <br> [kəmpléks, kámpleks] 명 복합체, 강박관념 | complexity 명 복합성 |
| 0082 | **steady** 형 꾸준한, 안정된 (↔ unsteady) <br> [stédi] | steadily 부 착실하게, 꾸준히 |
| 0083 | **complete** 형 완전한, 완성된 (↔ incomplete) <br> [kəmplí:t] 동 완성하다 | completely 부 완전히 |
| 0084 | **bill** 명 계산서, 법안, 지폐 <br> [bil] 동 청구서를 보내다 | |
| 0085 | **appreciate** 동 감사하다, 감상하다 <br> [əprí:ʃièit] | appreciation 명 감사, 감상 <br> appreciative 형 감사의, 감상하는 |
| 0086 | **tend** 동 …의 경향이 있다, …하기 쉽다 <br> [tend] | tendency 명 경향, 추세 |
| 0087 | **serve** 동 봉사하다, 근무하다, 음식을 내다 <br> [sə:rv] | service 명 봉사, 공공사업 |
| 0088 | **separate** 동 분리하다 (＝divide) <br> [sépərèit] 형 [sépərit] 분리된, 따로따로의 | separation 명 분리, 칸막이, 이별 |
| 0089 | **mental** 형 정신의, 마음의 <br> [méntl] | |
| 0090 | **spirit** 명 정신, 마음, 영혼 (＝soul), 활기 <br> [spírit] | spiritual 형 정신의, 종교적인 |

## 내가 완성하는 예문

다음 예문의 빈 칸에 알맞은 말을 써 넣으면서 익힌 단어를 확인하세요.

1. a _____ of economic growth 경제 성장의 기간
2. Such ideas never _____ to me. 그러한 생각들이 내겐 결코 떠오르지 않았다.
3. She lost control of her _____. 그녀는 자신의 감정을 제어하지 못 했다.
4. This problem doesn't _____ us. 이 문제는 우리와 관계가 없다.
5. A new ad of jeans attracted my _____. 새로운 청바지 광고가 내 주의를 끌었다.
6. a _____ problem 복잡한 문제; the government _____ 정부종합청사
7. a _____ increase 꾸준한 증가; a _____ job 안정된 직장
8. Work on the building will be _____ tomorrow. 건물 공사는 내일 끝날 것이다.
9. an electricity _____ 전기요금 청구서
10. I _____ your help. 당신의 도움에 감사드립니다.
11. Fish _____ to decay. 생선은 상하기 쉽다.
12. He _____ in the army for two years. 그는 군에 2년간 복무했다.
13. Keep raw meat _____ from other food. 날고기를 다른 음식물로부터 분리해 놓아라.
14. a _____ state 정신상태; a _____ disorder 정신병
15. You're with me in _____. 정신적으로 너는 나와 함께 있다.

## 관련 숙어 탐색

- occur to 생각이 떠오르다
- take notice of …에 주의하다, 주목하다
- be of service to …에 도움이 되다
- be concerned in …와 관계가 있다
- tend to …의 경향이 있다
- separate A from B A와 B를 분리하다

##  정답

1 period  2. occurred  3 emotions  4. concern  5. notice  6. complex, complex  7. steady, steady  8. complete  9. bill  10. appreciate  11. tends  12. served  13. separate  14. mental, mental  15. spirit

| | |
|---|---|
| 0091 **reduce** 동 줄이다, 축소하다 ( =decrease, lessen) <br> [ridʤúːs] | reduction 명 감소, 축소 |
| 0092 **announce** 동 알리다, 발표하다 ( =declare) <br> [ənáuns] | announcement 명 공고, 발표(문) <br> announcer 명 아나운서 |
| 0093 **prove** 동 증명하다 (↔disprove) <br> [pruːv] | proof 명 증명, 증거물 |
| 0094 **nervous** 형 불안한, 초조한, 신경과민한 <br> [nə́ːrvəs] | nerve 명 신경, 신경과민 |
| 0095 **insist** 동 고집하다, 주장하다 <br> [insíst] | insistent 형 주장하는 <br> insistence 명 주장, 고집부림 |
| 0096 **compete** 동 겨루다, 경쟁하다 ( =rival) <br> [kəmpíːt] | competent 형 유능한 <br> competition 명 시합, 경쟁 |
| 0097 **gradual** 형 점차적인, 단계적인 <br> [grǽdʒuəl] | gradually 부 차차, 점차로 |
| 0098 **immediately** 부 곧, 즉시 ( =instantly) <br> [imíːdiitli] 접 …하자마자 ( =as soon as) | immediate 형 즉시의, 당면한 |
| 0099 **frequently** 부 빈번히, 자주 <br> [fríːkwəntli] | frequent 형 빈번한, 자주 일어나는 <br> frequency 명 빈번, 빈도, 주파수 |
| 0100 **convenient** 형 편리한, 사용하기 좋은 <br> [kənvíːnjənt] (↔inconvenient) | convenience 명 편리, 편의 |
| 0101 **ignore** 동 무시하다, 모른 체하다 <br> [ignɔ́ːr] | ignorant 형 무지한, 무례한 <br> ignorance 명 무지 |
| 0102 **generation** 명 세대 <br> [dʒènəréiʃən] | |
| 0103 **delighted** 형 매우 기뻐하는 <br> [diláitid] | delight 명 기쁨, 즐거움 <br> delightful 형 기쁘게 하는 |
| 0104 **belong** 동 …의 소유이다, 일원이다 <br> [bilɔ́(ː)ŋ] | belonging 명 소유물, 소지품 |
| 0105 **appoint** 동 임명하다, (시간·장소를) 정하다 <br> [əpɔ́int] | appointment 명 약속, 임명 |

## 내가 완성하는 예문

다음 예문의 빈 칸에 알맞은 말을 써 넣으면서 익힌 단어를 확인하세요.

1. _____ speed 속도를 줄이다

2. _____ an engagement 약혼을 발표하다

3. I can _____ that she is right. 나는 그녀가 옳음을 증명할 수 있다.

4. Don't be _____ . 불안해 하지 마.

5. He _____ on his innocence. 그는 자신의 결백을 주장했다.

6. _____ for the gold medal 금메달을 따기 위해 겨루다

7. a _____ increase of living cost 생활비의 점진적인 증가

8. _____ he got home, he went to bed.

  집에 오자마자 그는 잠자리에 들었다.

9. _____ asked questions 자주 하는 질문들

10. It's very _____ to use the ATM.

  자동입출금기계를 사용하는 것이 매우 편리하다.

11. _____ traffic lights 교통신호등을 무시하다

12. _____ gap 세대차

13. I was _____ that you could come.

  네가 올 수 있어서 난 매우 기뻤다.

14. The blue coat _____ to me. 파란 코트는 내 것이다.

15. They _____ him president. 그들은 그를 학장으로 임명했다.

## 관련 숙어 탐색

- ■ insist on 고집하다, 주장하다
- ■ be delighted with (at) …을 기뻐하다
- ■ belong to …의 것이다, …의 일원이다
- ■ from generation to (after) generation 대대로

 정답

1. reduce  2. announce  3. prove  4. nervous  5. insisted  6. compete  7. gradual
8. Immediately  9. frequently  10. convenient  11. ignore  12. generation  13. delighted
14. belongs  15. appointed

| | | |
|---|---|---|
| 0106 | **accept** 동 받아들이다, 수락하다<br>[æksépt] | acceptable 형 받아들일 수 있는<br>acceptance 명 수락, 용인 |
| 0107 | **similar** 형 비슷한, 닮은<br>[símələr] | similarity 명 유사 |
| 0108 | **punish** 동 벌하다<br>[pʌ́niʃ] | punishment 명 벌, 형벌 |
| 0109 | **department** 명 부, 부문, 과<br>[dipá:rtmənt] | |
| 0110 | **except** 전접 …을 제외하고 (=but)<br>[iksépt] 동 제외하다, 빼다 (=exclude) | exception 명 예외, 제외<br>exceptional 형 이례적인, 매우 뛰어난 |
| 0111 | **desire** 명 욕구, 욕망<br>[dizáiər] 동 바라다, 원하다 | desirous 형 원하는<br>desirable 형 바람직한 |
| 0112 | **identify** 동 신원을 밝히다, 식별하다, 동일시하다<br>[aidéntəfài] | identification 명 신원확인, 신분증<br>identity 명 신원, 정체성 |
| 0113 | **amaze** 동 몹시 놀라게 하다 (=astonish)<br>[əméiz] | amazing 형 놀랄 만한, 굉장한 |
| 0114 | **decrease** 동 감소하다 (↔increase)<br>[dí:kri:s] 명 감소, 축소(량) | |
| 0115 | **compose** 동 구성하다, 작곡하다, 작문하다<br>[kəmpóuz] | composition 명 구성, 작곡, 작문 |
| 0116 | **poet** 명 시인<br>[póuit] | poetry 명 (집합적) 시<br>poem 명 (한 편의) 시 |
| 0117 | **achieve** 동 이루다, 성취하다, 달성하다<br>[ətʃí:v] | achievement 명 업적, 성취 |
| 0118 | **accomplish** 동 성취하다, 완성하다, 완수하다<br>[əkámpliʃ] | accomplishment 명 성취, 완성 |
| 0119 | **attain** 동 달성하다, 도달하다<br>[ətéin] | attainment 명 달성, 도달 |
| 0120 | **fulfill** 동 이행하다, 실현하다<br>[fulfíl] | fulfillment 명 이행, 실현 |

## 내가 완성하는 예문

다음 예문의 빈 칸에 알맞은 말을 써 넣으면서 익힌 단어를 확인하세요.

I. Please _____ my apologies. 제 사과를 받아 주십시오.

2. The sisters look very _____. 그 자매들은 매우 비슷하게 생겼다.

3. I was _____ for telling lies. 나는 거짓말을 해서 벌을 받았다.

4. the sales _____ 영업부

5. They all came _____ Jim. 짐을 빼고 그들은 다 왔다.

6. a strong _____ for success 성공을 향한 강한 욕망

7. _____ the body 사체의 신원을 밝히다

8. Her play _____ audiences all over the world.

   그녀의 연주는 전 세계의 청중을 놀라게 했다.

9. _____ in numbers 숫자가 줄어들다

10. Nine players _____ a team. 9명의 선수들이 한 팀을 구성한다.

II. You'll have to work hard to _____ what you set out.

   네가 시작한 일을 이루기 위해서는 열심히 해야 할 것이다.

12. We've _____ the first part of the plan.

   우리는 계획의 첫 부분을 완성했다.

13. _____ a goal 목표를 달성하다

14. Each of you _____ your own duty. 각자의 의무를 다하라.


## 관련 숙어 탐색

- **be similar to** …와 비슷하다
- **except for(that)** …을 제외하고
- **identify A with B** A와 B를 동일시하다
- **be amazed at** …에 깜짝 놀라다
- **be on the decrease** 점차로 줄다
- **be composed of** …으로 이루어지다

 정답

I. accept 2. similar 3. punished 4. department 5. except 6. desire 7. identify 8. amazed
9. decrease 10. compose II. achieve 12. accomplished 13. attain 14. fulfill

# Review 2

**A** 다음 영어는 우리말로, 우리말은 영어로 쓰시오.

1. reduce _____
2. punish _____
3. advance _____
4. complex _____
5. achieve _____
6. immediately _____
7. comfortable _____
8. worth _____
9. appoint _____
10. appreciate _____

11. 아픈　　　　p_____
12. 욕구, 욕망　d_____
13. 감동, 감정　e_____
14. 정신의　　　m_____
15. 불안한　　　n_____
16. 분리하다　　s_____
17. 주장하다　　i_____
18. 영업부　　　sales d_____
19. 법을 준수하다　o_____ the law
20. 꾸준한 증가　s_____ increase

**B** 자연스러운 표현이 되도록 연결하시오.

1. pay
2. compose
3. talk
4. prove
5. take

ⓐ somebody wrong
ⓑ in private
ⓒ the opportunity to do something
ⓓ a bill
ⓔ a poem

**C** 다음 영영 뜻풀이에 해당하는 단어를 보기에서 골라 쓰시오.

| 보기 |

approach　　compete　　except　　gradual　　occur

1. _____ : to come near
2. _____ : to happen or take place
3. _____ : changing or happening slowly
4. _____ : to take part in a contest
5. _____ : not including

**D** 다음 짝지어진 단어의 관계가 같도록 빈 칸에 알맞은 말을 쓰시오.

1. beautiful : pretty = caution : w_____

2. proceed : process = tend : t_____

3. damage : harm = hire : e_____

4. serve : service = prove : p_____

5. decrease : increase = refuse : a_____

**E** 다음 문장의 빈 칸에 알맞은 말을 보기에서 골라 쓰시오.

| 보기 | | | |
|---|---|---|---|
| amazed | announced | distance | fulfilled |
| period | process | notice | tend |

1. Women _____ to live longer than men.

   여자들이 남자들보다 더 오래 사는 경향이 있다.

2. What's the _____ from Seoul to Busan?

   서울에서 부산까지의 거리는 얼마인가?

3. I was _____ to see them in Incheon.

   나는 그들이 인천에 있는 것을 보고 놀랐다.

4. It will only delay the _____ of unification.

   그것은 단지 통일의 진행을 늦출 뿐이다.

5. The research will be carried out over a four-month _____.

   연구는 4개월 기간에 걸쳐 행해질 것이다.

6. The winner of the competition will be _____ soon.

   곧 시합의 우승자가 발표될 것이다.

7. He _____ his election pledges.

   그는 자신의 선거공약을 이행했다.

8. I waved to her but she didn't _____.

   나는 그녀에게 손을 흔들었으나 그녀는 알아차리지 못했다.

| 0121 | **absolutely** �</br>[ǽbsəlùːtli] | 완전히 (=completely), 절대적으로 | absolute 🔶 완전한 |
|---|---|---|---|

**0121** **absolutely** 🔸 완전히 (=completely), 절대적으로
[ǽbsəlùːtli]
absolute 🔶 완전한

**0122** **survive** 🔹 살아남다, …보다 오래 살다
[sərváiv]
survival 🔶 생존
survivor 🔶 생존자

**0123** **select** 🔹 선택하다, 고르다
[silékt] 🔶 선택된, 정선한
selection 🔶 선택(된 것)

**0124** **remove** 🔹 제거하다, 옮기다
[rimúːv]
removal 🔶 제거

**0125** **exist** 🔹 존재하다 (=be), 생존하다 (=live)
[igzíst]
existence 🔶 존재

**0126** **progress** 🔶 전진 (=advance), 진보
[prágres] 🔹 [prəgrés] 전진하다, 진보하다
progressive 🔶 점진적인

**0127** **express** 🔹 표현하다, 나타내다
[iksprés] 🔶 급행의
expression 🔶 표현, 표정
expressive 🔶 나타내는

**0128** **pollute** 🔹 오염시키다 (=contaminate)
[pəlúːt]
pollution 🔶 오염
pollutant 🔶 오염물질

**0129** **contain** 🔹 담고 있다, 포함하다
[kəntéin]
container 🔶 그릇, 컨테이너

**0130** **literature** 🔶 문학, 문헌
[lítərətʃər]
literary 🔶 문학의

**0131** **harm** 🔶 해, 손해
[harm] 🔹 해치다
harmful 🔶 해로운

**0132** **extremely** 🔸 대단히, 몹시
[ikstríːmli]
extreme 🔶 극도의, 심한 🔶 극도

**0133** **efficient** 🔶 효율적인, 능률적인 (↔inefficient)
[ifíʃənt]
efficiency 🔶 효율, 능률

**0134** **contribute** 🔹 기부하다 (=donate), 기여하다
[kəntríbjut]
contribution 🔶 기부, 기여

**0135** **attend** 🔹 참석하다, 돌보다, 주의하다
[əténd]
attention 🔶 주의, 돌봄

## 내가 완성하는 예문

다음 예문의 빈 칸에 알맞은 말을 써 넣으면서 익힌 단어를 확인하세요.

1. I _____ believe that. 나는 그것을 전적으로 믿는다.

2. He _____ the plane crash. 그는 비행기 추락에서 살아남았다.

3. You can _____ the book you want. 갖고 싶은 책을 골라도 된다.

4. _____ old stains 오래된 얼룩을 제거하다

5. Such custom still _____ today. 그러한 관습이 오늘날에도 여전히 존재한다.

6. a rapid _____ 빠른 진행; technical _____ 기술적 진보

7. She freely _____ her feelings. 그녀는 거리낌 없이 자신의 감정을 표현한다.

8. The river has been _____ with toxic waste.

　　강이 유독성 폐기물에 의해 오염되었다.

9. This bottle _____ four liters. 이 병은 4리터를 담을 수 있다.

10. great works of _____ 위대한 문학 작품들

11. He meant you no _____. 그가 너를 해하려고 했던 것은 아니었다.

12. This is _____ important. 이것은 몹시 중요하다.

13. the _____ use of energy 에너지의 효율적인 사용

14. Immigrants have _____ to American culture.

　　이민자들은 미국 문화에 기여했다.

15. _____ a meeting 회의에 참석하다

## 관련 숙어 탐색

- ▨ exist on …으로 살다
- ■ make progress 전진하다, 진보하다
- ■ in progress 진행 중
- ■ do harm 해를 끼치다

1. absolutely　2. survived　3. select　4. remove　5. exists　6. progress, progress　7. expresses
8. polluted　9. contains　10. literature　11. harm　12. extremely　13. efficient　14. contributed
15. attend

| 0136 | **disturb** 통 방해하다 (=interrupt), 어지럽히다 [distə́:rb] | disturbing 형 불안하게 하는<br>disturbance 명 소란, 방해 |
|---|---|---|

**0137 struggle** 통 애쓰다, 싸우다 [strʌ́gəl] 명 노력, 싸움, 투쟁

**0138 risk** 명 위험, 모험 [risk] 통 위험을 각오하다     risky 형 위험한

**0139 resource** 명 자원, 물자 [rí:sɔ:rs]

**0140 react** 통 반응하다, 반대하다 [ri:ǽkt]     reaction 명 반응, 반항

**0141 prefer** 통 더 좋아하다 [prifə́:r]     preference 명 더 좋아함, 애호

**0142 absorb** 통 흡수하다, 마음을 사로잡다 [əbsɔ́:rb]     absorbed 형 열중한<br>absorption 명 흡수, 열중

**0143 poem** 명 (한 편의) 시, 운문 [póuim]     poet 명 시인

**0144 permit** 통 허락하다, 허가하다 [pə:rmít] 명 허가(증)     permission 형 허가, 허락

**0145 occasion** 명 경우, 기회, 특별한 행사 [əkéiʒən]     occasional 형 이따금씩의

**0146 instrument** 명 기계, 악기 [ínstrəmənt]     instrumental 형 악기의, 수단이 되는

**0147 eventually** 부 결국, 마침내 (=finally) [ivéntʃuəli]     eventual 형 최후의

**0148 defend** 통 지키다, 방어하다 (=protect) [difénd]     defense 명 방어, 변호<br>defensive 형 방어의

**0149 reject** 통 거절[거부]하다 (↔accept) [ridʒékt] 명 [rídʒekt] 불합격품[자]     rejection 명 거절, 폐기

**0150 refuse** 통 거절[거부]하다 [rifjú:z]     refusal 명 거절, 거부

## 내가 완성하는 예문

다음 예문의 빈 칸에 알맞은 말을 써 넣으면서 익힌 단어를 확인하세요.

1. Noises _____ my sleep. 소음이 내 잠을 방해했다.

2. He _____ for success. 그는 성공하려고 갖은 노력을 다했다.

3. increase the _____ of developing cancer 암에 걸릴 위험성을 높이다

4. natural _____ 천연자원; human _____ 인적자원

5. You never know how they're going to _____.

   그들이 어떻게 반응할지는 전혀 모른다.

6. _____ pop music to classical music 클래식음악보다 팝음악을 더 좋아하다

7. _____ water 물을 흡수하다

8. Smoking isn't _____ here. 여기서는 흡연이 허용되지 않는다.

9. I met her on several _____. 나는 그녀를 몇 번의 경우에 만난 적이 있다.

10. medical _____ 의료용 기계; a stringed _____ 현악기

11. It might take a long time, but it'll be done _____.

    그것은 오랜 시간이 걸리겠지만 결국에는 완료될 것이다.

12. We're fighting to _____ our beliefs.

    우리는 우리의 신념을 지키기 위해 싸운다.

13. The plan was _____ as being impractical.

    그 계획은 비현실적이어서 거부당했다.

14. I politely _____ her invitation. 나는 그녀의 초대를 정중히 거절했다.

## 관련 숙어 탐색

- **at all risks** 어떤 위험을 무릅쓰고라도
- **take a risk** 위험을 무릅쓰다
- **prefer A to B** B보다 A를 더 좋아하다
- **be absorbed in** 몰두해 있다
- **on occasion** 때때로, 이따금 (=from time to time, now and then)

1. disturbed  2. struggled  3. risk  4. resources, resources  5. react  6. prefer  7. absorb
8. permitted  9. occasions  10. instrument, instrument  11. eventually  12. defend  13. rejected
14. refused

29

**0151 artificial** 형 인공의, 모조의 (↔natural)
[àːrtəfíʃəl]

**0152 financial** 형 재정상의, 금융상의
[finǽnʃəl]

finance 명 재정, 자금

**0153 brief** 형 짧은, 간결한
[briːf] 명 요점

briefly 부 간단히 (말해서)

**0154 consist** 동 …으로 이루어져 있다, 존재하다
[kənsíst]

**0155 confident** 형 확신하는 (=sure), 자신 있는
[kánfidənt]

confidence 명 신용, 자신감
self-confidence 명 자신감

**0156 threat** 명 협박, 위협
[θret]

threaten 동 협박하다

**0157 source** 명 원천 (=origin), 원인, 출처
[sɔːrs]

**0158 reveal** 동 드러내다, 폭로하다
[rivíːl]

revelation 명 폭로

**0159 reservation** 명 예약 (=booking)
[rèzərvéiʃən]

reserve 동 예약하다, 떼어두다

**0160 task** 명 일, 임무
[tæsk]

**0161 religion** 명 종교
[rilídʒən]

religious 형 종교의, 신앙심이 깊은

**0162 client** 명 고객, 의뢰인
[kláiənt]

**0163 recommend** 동 추천하다
[rèkəménd]

recommendable 형 권할 만한
recommendation 명 추천

**0164 found** 동 설립하다 (=establish), 기초를 세우다
[faund]

foundation 명 토대, 기초, 재단

**0165 mention** 동 언급하다, 말하다 (=refer)
[ménʃən] 명 언급, 진술

## 내가 완성하는 예문

다음 예문의 빈 칸에 알맞은 말을 써 넣으면서 익힌 단어를 확인하세요.

1. _____ intelligence 인공지능

2. be in _____ difficulties 재정상의 어려움에 처하다

3. a _____ stay in the country 시골에서의 짧은 체류

4. Korean dish _____ mainly of rice and vegetables.

   한국 요리는 주로 쌀과 채소로 되어있다.

5. I'm _____ that everything will be fine. 모든 일이 잘 될 것이라고 확신한다.

6. We will not give in to the _____ of terrorists.

   우리는 테러리스트들의 협박에 굴복하지 않을 것이다.

7. a _____ of light 빛의 원천; a _____ of contamination 오염의 원인

8. _____ a secret 비밀을 폭로하다

9. Did you make a hotel _____ for tonight? 오늘밤 묵을 호텔은 예약했나요?

10. He has done his _____. 그는 자기 일을 해냈다.

11. the freedom of _____ 종교의 자유

12. A famous lawyer has many _____. 유명한 변호사는 의뢰인이 많다.

13. Could you _____ me a good book? 좋은 책을 추천해 주시겠습니까?

14. This hospital was _____ in the 1970s. 이 병원은 1970년대에 설립되었다.

15. Don't _____ my name. 내 이름은 언급하지 마.

## 관련 숙어 탐색

- **in brief** 간단히 말하면 (=in short)
- **be under threat** 위협을 당하다
- **Don't mention it.** 천만에요.
- **consist of** …으로 이루어지다 (=be made up of)
- **be in trouble** 곤란한 처지에 있다
- **not to mention** …은 말할 것도 없고

 정답

1. artificial  2. financial  3. brief  4. consists  5. confident  6. threats  7. source, source  8. reveal
9. reservation  10. task  11. religion  12. clients  13. recommend  14. founded  15. mention

| | | | |
|---|---|---|---|
| 0166 | **injure** 동 다치게 하다 <br> [índʒər] | injury 명 부상 | |
| 0167 | **recover** 동 건강을 회복하다, 되찾다 <br> [rikʌ́vər] | recovery 명 회복, 되찾음 | |
| 0168 | **impress** 동 감동시키다, 인상 지우다 <br> [imprés] | impression 명 인상, 느낌 <br> impressive 형 인상적인 | |
| 0169 | **import** 동 수입하다 (↔ export) <br> [impɔ́ːrt] 명 [ímpɔːrt] 수입(품) | importer 명 수입자 | |
| 0170 | **generous** 형 후한, 관대한 <br> [dʒénərəs] | generosity 명 후함, 관대 | |
| 0171 | **flood** 명 홍수, 쇄도 <br> [flʌd] 동 넘쳐 흐르다, 쇄도하다 | | |
| 0172 | **favor** 명 호의, 친절, 부탁 <br> [féivər] | favorable 형 호의를 보이는, 유리한 <br> favorite 형 좋아하는 | |
| 0173 | **emphasize** 동 강조하다 <br> [émfəsàiz] | emphasis 명 강조 | |
| 0174 | **attract** 동 (주의·마음을) 끌다 <br> [ətrǽkt] | attractive 형 매력적인 <br> attraction 명 매력 | |
| 0175 | **detail** 명 세부, 상세한 설명 <br> [díːteil] | detailed 형 상세한 | |
| 0176 | **depressed** 형 우울한, 의기소침한 <br> [diprést] | depressing 형 침울한 <br> depression 명 우울(증), 불황 | |
| 0177 | **curious** 형 호기심 있는 <br> [kjúəriəs] | curiosity 명 호기심 | |
| 0178 | **criminal** 명 범인, 범죄자 <br> [krímənəl] 형 범죄의 | crime 명 범죄 | |
| 0179 | **aboard** 부전 (배·비행기 등을) 타고 <br> [əbɔ́ːrd] | | |
| 0180 | **abroad** 부 외국으로, 해외에 (= overseas) <br> [əbrɔ́ːd] | | |

## 내가 완성하는 예문

다음 예문의 빈 칸에 알맞은 말을 써 넣으면서 익힌 단어를 확인하세요.

1. She was badly _____ in the crash.

   충돌시 그녀는 크게 다쳤다.

2. He _____ from his illness. 그는 병에서 회복되었다.

3. Her knowledge _____ me.

   그녀의 해박함이 내게 깊은 인상을 남겼다.

4. _____ wool from Australia 오스트레일리아에서 양모를 수입하다

5. be _____ in giving help 도움을 주는 데 후하다

6. The heavy rain has caused _____. 많은 비로 인해 홍수가 났다.

7. Thanks. I'll return the _____.

   고마워. 내게 친절하게 해준 거 보답할게.

8. _____ the importance of learning foreign languages

   외국어 습득의 중요성을 강조하다

9. Flowers _____ butterflies. 꽃은 나비를 끌어모은다.

10. Tell me the _____ now. 세부사항을 지금 말해 줘.

11. He is _____ by the bad news. 그는 나쁜 소식을 듣고 우울해하고 있다.

12. Children are _____ about everything.

    아이들은 모든 것에 대해 호기심이 있다.

13. a habitual _____ 상습범

14. All _____! 모두 올라타세요!

15. He went _____ last year. 그는 작년에 외국에 나갔나.

## 관련 숙어 탐색

- **ask a favor** 부탁하다
- **do a favor** 부탁을 들어주다
- **be in favor of** 찬성하다
- **in detail** 상세히, 자세히

## 정답

1. injured  2. recovered  3. impressed  4. import  5. generous  6. floods  7. favor  8. emphasize
9. attract  10. details  11. depressed  12. curious  13. criminal  14. aboard  15. abroad

# Review 3

## A 다음 영어는 우리말로, 우리말은 영어로 쓰시오.

1. survive _____
2. exist _____
3. prefer _____
4. reject _____
5. generous _____
6. select _____
7. reveal _____
8. abroad _____
9. curious _____
10. instrument _____

11. 방해하다   d_____
12. 설립하다   f_____
13. 협박       t_____
14. 친절, 부탁  f_____
15. 표현하다   e_____
16. 효율적인   e_____
17. 자세히     in d_____
18. 천연자원   natural r_____
19. 해를 끼치다 do h_____
20. 예약하다   make a r_____

## B 자연스러운 표현이 되도록 연결하시오.

1. contain
2. contribute
3. risk
4. recover
5. attend

ⓐ from illness
ⓑ important information
ⓒ money to the fund
ⓓ one's life
ⓔ school

## C 다음 영영 뜻풀이에 해당하는 단어를 보기에서 골라 쓰시오.

┤보기├
| depressed | flood | mention | recommend | remove |

1. _____ : to move a person, thing, etc. to a different place; to take off
2. _____ : an overflow of water
3. _____ : to advise or suggest
4. _____ : to speak of
5. _____ : sad and gloomy

D 다음 짝지어진 단어의 관계가 같도록 빈 칸에 알맞은 말을 쓰시오.

1. contain : hold = contaminate : p_____
2. react : reaction = absorb : a_____
3. brief : long = natural : a_____
4. analysis : analyze = emphasis : e_____
5. abroad : overseas = finally : e_____

E 다음 문장의 빈 칸에 알맞은 말을 보기에서 골라 쓰시오.

┃ 보기 ┃

| brief | extremely | impressed | occasions |
| permitted | progress | source | task |

1. The comedy was _____ funny.
   그 코미디 영화는 대단히 웃겼다.
2. I'm not making much _____ with my Chinese.
   내 중국어는 별로 진전이 없다.
3. I wear a suit only on special _____.
   나는 정장을 특별한 행사가 있을 때에만 입는다.
4. You're not _____ to enter this area.
   당신은 이 구역 출입이 허가되지 않는다.
5. It'll be a _____ stay.
   짧은 체류가 될 것이다.
6. What's the _____ of the trouble?
   어려움의 원인이 무엇이니?
7. She was given the _____ of analyzing the data.
   그녀에게는 데이터를 분석하는 일이 주어졌다.
8. What _____ me most about the picture is its vivid color.
   그 그림에서 내게 제일 깊은 인상을 지운 것은 그림의 선명한 색이다.

35

0181 **article** 명 기사, 논설, 물품
[ɑ́ːrtikl]

0182 **wealth** 명 부, 재산 (=riches), 풍부
[welθ]
wealthy 형 부유한, 풍부한

0183 **sort** 명 종류 (=kind)
[sɔːrt] 동 분류하다

0184 **opinion** 명 의견, 견해
[əpínjən]

0185 **significant** 형 중요한 (=important), 상당한
[signífikənt]
significance 명 중요성

0186 **experiment** 명 실험, 시험
[ikspérəmənt] 동 [-mènt] 실험(시험)하다
experimental 형 실험의

0187 **inform** 동 알리다, 통지하다
[infɔ́ːrm]
information 명 정보, 지식
informative 형 정보를 주는

0188 **distinguish** 동 구별하다, 두드러지게 하다
[distíŋgwiʃ]
distinguishable 형 구별이 되는
distinguished 형 두드러진, 유명한

0189 **region** 명 지방, 지역
[ríːdʒən]
regional 형 지방의, 지역적인

0190 **quit** 동 그만두다, 중지하다
[kwit]

0191 **purchase** 동 사다, 구매하다
[pə́ːrtʃəs] 명 구입(품)

0192 **organize** 동 조직하다, 정리하다
[ɔ́ːrgənàiz]
organization 명 조직, 단체

0193 **permanent** 형 영구한, 불변의 (↔temporary)
[pə́ːrmənənt]

0194 **ordinary** 형 보통의 (=common), 평범한
[ɔ́ːrdənèri]

0195 **duty** 명 의무, 직무, 관세
[djúːti]

## 내가 완성하는 예문

다음 예문의 빈 칸에 알맞은 말을 써 넣으면서 익힌 단어를 확인하세요.

1. a newspaper _____ 신문기사

2. the distribution of _____ 부의 분배

3. They're of all _____ and sizes. 그것들은 종류와 크기가 여러 가지다.

4. Everyone has a different _____. 사람마다 다른 견해를 갖고 있다.

5. a _____ step toward peace 평화를 향한 중요한 단계

6. a chemical _____ 화학 실험

7. Please _____ me of any changes. 어떤 변경 사항이 있으면 제게 알려 주세요.

8. I can _____ one twin from the other. 나는 쌍둥이를 구별할 수 있다.

9. desert _____ 사막지방

10. She _____ her job. 그녀는 직장을 그만두었다.

11. Don't forget to _____ your ticket in advance.

　　표를 미리 사두는 것을 잊지 마라.

12. _____ a committee 위원회를 조직하다

13. a _____ job 영구직

14. He's an _____ person, like you and me. 그도 너나 나와 같은 보통 사람이다.

15. Every citizen has a _____ to vote. 모든 시민은 투표할 의무를 갖는다.

## 관련 숙어 탐색

- **a sort of** 일종의, …와 같은
- **in my opinion** 내 생각으로는
- **make a purchase** 사다, 구입하다
- **sort out** 골라내다, 해결하다
- **inform A of B** A에게 B를 알려 주다
- **on duty** 근무하는 (↔ off duty)

**정답**

1. article　2. wealth　3. sorts　4. opinion　5. significant　6. experiment　7. inform　8. distinguish
9. regions　10. quit　11. purchase　12. organize　13. permanent　14. ordinary　15. duty

| | |
|---|---|
| 0196 **intend** 동 …할 작정이다, 의도하다 <br> [inténd] | intention 명 의도, 고의 |
| 0197 **regard** 동 …으로 여기다, 생각하다 (=consider) <br> [rigá:rd] 명 관심, 존경, (-s) 안부 | regarding 전 …에 관하여 <br> regardless 형 상관하지 않는 |
| 0198 **familiar** 형 잘 알고 있는, 친숙한 <br> [fəmíljər] | familiarity 명 익히 앎, 친숙 |
| 0199 **extend** 동 연장하다, 뻗다, 넓히다 <br> [iksténd] | extension 명 연장, 증축, 구내전화 <br> extensive 형 광대한 |
| 0200 **distribute** 동 분배하다, 배급하다 <br> [distríbjuːt] | distribution 명 분배, 배급, 분포 |
| 0201 **operate** 동 작동하다 (=function), 수술하다 <br> [ápərèit] | operation 명 수술, 기계 조작 <br> operator 명 기계 조작자, 전화교환원 |
| 0202 **previous** 형 앞의, 이전의 <br> [príːviəs] 부 …보다 전에 (to) | previously 부 이전에, 미리 |
| 0203 **discipline** 명 훈련, 단련 <br> [dísəplin] 동 훈련하다 | |
| 0204 **political** 형 정치의, 정치에 관한 <br> [pálitikəl] | politics 명 정치(학) <br> politician 명 정치가 |
| 0205 **disaster** 명 재난, 천재 <br> [dizǽstər] | disastrous 형 비참한, 재난의 |
| 0206 **devote** 동 바치다, 전념하다 <br> [divóut] | devoted 형 헌신적인 <br> devotion 명 헌신 |
| 0207 **sore** 형 아픈, 쑤시는 <br> [sɔːr] | |
| 0208 **acquire** 동 획득하다, 얻다 (=gain) <br> [əkwáiər] | |
| 0209 **require** 동 요구하다 (=ask for), 필요로 하다 <br> [rikwáiər] | requirement 명 요구, 필요(조건) |
| 0210 **inquire** 동 묻다, 문의하다 <br> [inkwáiər] | inquiry 명 질문, 조회 |

## 내가 완성하는 예문

다음 예문의 빈 칸에 알맞은 말을 써 넣으면서 익힌 단어를 확인하세요.

1. I _____ to go to Cambodia. 나는 캄보디아에 갈 작정이다.

2. He _____ her as an weirdo. 그는 그녀를 별난 사람이라고 생각한다.

3. Are you _____ with this software? 너 이 소프트웨어를 잘 아니?

4. _____ visa 비자를 연장하다

5. _____ food and blankets 식량과 담요를 배급하다

6. How do you _____ this machine? 이 기계를 어떻게 작동시키니?

7. Do you have any _____ experience of this kind of work?

   이런 일을 전에 해 본 경험이 있습니까?

8. strict _____ 엄격한 훈련

9. There are two main _____ parties in the US.

   미국에는 두 개의 큰 정당이 있다.

10. A nuclear war would be a _____. 핵전쟁은 참사를 불러올 것이다.

11. She _____ her life to art. 그녀는 예술에 자신의 일생을 바쳤다.

12. I have a _____ throat. 나는 목이 아프다.

13. _____ necessary skills 필요한 기술을 습득하다

14. 'Sonagi' is _____ reading for young students.

   '소나기'는 어린 학생들의 필독서이다.

15. He _____ about my health. 그는 내 건강 상태에 대해 물었다.

## 관련 숙어 탐색

- ■ **regard A as B** A를 B라고 여기다
- ■ **devote oneself to** …에 헌신하다, 전념하다
- ■ **inquire after** 안부를 묻다
- ■ **inquire into** 조사하다

1. intend  2. regards  3. familiar  4. extend  5. distribute  6. operate  7. previous  8. discipline
9. political  10. disaster  11. devoted  12. sore  13. acquire  14. required  15. inquired

0211 **broadcast** 동 방송하다 | broadcaster 명 방송인, 방송국
[brɔ́:dkæ̀st] 명 방송

0212 **defeat** 동 패배시키다, 물리치다 (=beat)
[difít] 명 패배, 실패

0213 **circumstance** 명 상황, 사정
[sə́:rkəmstæ̀ns]

0214 **arrange** 동 배열하다, 준비하다 | arrangement 명 배열, 준비, 협의
[əréindʒ]

0215 **request** 명 요구, 의뢰
[rikwést] 동 요청하다, 신청하다

0216 **admit** 동 (입장·입학 등을) 허가하다, 시인하다 | admission 명 입장 허가, 시인
[ædmít]

0217 **temper** 명 기질, 성질, 기분 (=mood)
[témpər]

0218 **account** 동 설명하다 | accountant 명 회계원
[əkáunt] 명 설명, 계산, 계좌

0219 **worthwhile** 형 …할 만한 가치가 있는 | worth 명 형 가치(가 있는)
[wə́:rθhwáil] | worthy 형 …할 만한 가치가 있는

0220 **approve** 동 인정하다, 찬성하다 (↔disapprove), | approval 명 시인, 승인
[əprú:v] 승인하다

0221 **authority** 명 권위, 권한, 당국
[əθɔ́:riti]

0222 **violent** 형 난폭한, 폭력적인, 맹렬한 | violence 명 폭력
[váiələnt]

0223 **bury** 동 묻다, 매장하다 | burial 명 매장
[béri]

0224 **surface** 명 표면, 외관 | *cf.* surpass 동 …을 능가하다
[sə́:rfis]

0225 **appeal** 동 간청하다, 호소하다, 관심을 끌다
[əpí:l] 명 간청, 매력

40

## 내가 완성하는 예문

다음 예문의 빈 칸에 알맞은 말을 써 넣으면서 익힌 단어를 확인하세요.

1. The game will be _____ live. 경기는 생방송될 것이다.

2. They _____ the enemy. 그들은 적을 물리쳤다.

3. Under normal _____, I wouldn't have called the police.

   정상적인 상황이었다면 난 경찰을 부르지 않았을 것이다.

4. _____ the files 파일을 정리하다; _____ a party 파티를 준비하다

5. He came here at my _____. 그는 나의 요청으로 이 곳에 왔다.

6. This ticket _____ one person. 이 표로 한 명 입장할 수 있다.

7. He's in a bad _____ now. 그는 지금 기분이 나쁘다.

8. give a full _____ of the incident 사건에 대해 자세한 설명을 하다

9. We all felt we had done something _____ for our school.

   우리는 우리 학교를 위해 가치 있는 일을 했다고 느꼈다.

10. I don't _____ of your idea. 나는 네 생각에 찬성하지 않는다.

11. You have no _____ to search my house.

    당신은 내 집을 수색할 권한을 갖고 있지 않다.

12. _____ crime 폭행죄; a ____ _____ wind 맹렬한 바람

13. Dogs often _____ bones. 개는 종종 뼈다귀를 땅에 묻는다.

14. the earth's _____ 지구 표면

15. _____ for aid 도움을 간청하다

## 관련 숙어 탐색

- **by request** 요청에 따라
- **account for** 설명하다
- **in(under) no circumstances** 어떠한 일이 있더라도 …않다
- **lose one's temper** 화내다
- **take into account** 고려하다

## 정답

1. broadcast  2. defeated  3. circumstance  4. arrange, arrange  5. request  6. admits
7. temper  8. account  9. worthwhile  10. approve  11. authority  12. violent, violent  13. bury
14. surface  15. appeal

| 0226 **sufficient** 형 충분한 (=enough)<br>[səfíʃənt] | sufficiency 명 충분함 |
|---|---|
| 0227 **release** 동 풀어 놓다, 개봉하다, 발매하다<br>[rilíːs] 명 해방, 개봉, 발매 | |
| 0228 **stimulate** 동 자극하다<br>[stímjəlèit] | stimulation 명 자극<br>stimulus 명 자극, 자극물 |
| 0229 **specific** 형 명확한, 구체적인, 특정한<br>[spisífik] | specifically 부 구체적으로, 특히 |
| 0230 **restrict** 동 제한하다, 한정하다 (=limit)<br>[ristríkt] | restricted 형 제한된<br>restriction 명 제한 |
| 0231 **structure** 명 구조, 구조물, 건물<br>[strʌ́ktʃər] | structural 형 구조의 |
| 0232 **refer** 동 언급하다 (=mention), 참고로 하다<br>[rifə́ːr] | reference 명 언급, 참조 |
| 0233 **primary** 형 첫째의, 주요한, 초기의<br>[práimèri] | prime 형 첫째의, 가장 중요한<br>primarily 부 첫째로, 주로 |
| 0234 **confuse** 동 당황케 하다, 혼동하다<br>[kənfjúːz] | confusion 명 혼동, 당황 |
| 0235 **obvious** 형 명백한, 알기 쉬운<br>[ábviəs] | obviously 부 명백히 |
| 0236 **apparent** 형 또렷한, 명백한 (=clear, obvious)<br>[əpǽrənt] | apparently 부 명백히 |
| 0237 **insult** 동 모욕하다<br>[insʌ́lt] 명 [ínsʌlt] 모욕(행위), 무례(한 짓) | |
| 0238 **rude** 형 무례한, 교양 없는, 거친<br>[ruːd] | rudeness 명 무례함 |
| 0239 **adapt** 동 적응하다 (=adjust), 조정하다<br>[ədǽpt] | adaption 명 적응, 적합 |
| 0240 **adopt** 동 입양하다, 채용하다<br>[ədápt] | adoption 명 채용, 채택 |

## 내가 완성하는 예문

다음 예문의 빈 칸에 알맞은 말을 써 넣으면서 익힌 단어를 확인하세요.

1. There's no _____ evidence. 증거가 충분치 않다.

2. The latest album will be _____ next week.

   최신 앨범이 다음 주에 발매될 것이다.

3. _____ children's creativity 어린이들의 창의력을 자극하다

4. More _____ instructions are needed. 보다 더 구체적인 지시가 필요하다.

5. The speed is _____ to 60 kilometers an hour.

   속도는 시속 60킬로로 제한되어 있다.

6. the grammatical _____ of a language 언어의 문법 구조

7. _____ to a dictionary 사전을 참고하다

8. Our _____ concern is the environment. 우리의 주요 관심사는 환경이다.

9. Her question _____ him. 그녀의 질문이 그를 당황스럽게 했다.

10. It's _____ that he likes her. 그가 그녀를 좋아한다는 것은 명백하다.

11. The bus suddenly stopped for no _____ reason.

    명백한 이유 없이 갑자기 버스가 멈춰 섰다.

12. feel _____ 모욕감을 느끼다

13. He's very _____. 그는 매우 무례하다.

14. Human beings are quick to _____ themselves to the new environment. 인간은 새로운 환경에 빠르게 적응한다.

15. They ____ a baby girl. 그들은 여자 아기를 입양했다.


## 관련 숙어 탐색

■ confuse A with (and) B A와 B를 혼동하다　　■ adapt oneself to 적응하다

1. sufficient  2. released  3. stimulate  4. specific  5. restricted  6. structure  7. refer  8. primary
9. confused  10. obvious  11. apparent  12. insulted  13. rude  14. adapt  15. adopted

# Review 4

**A** 다음 영어는 우리말로, 우리말은 영어로 쓰시오.

1. sort _____
2. opinion _____
3. discipline _____
4. inquire _____
5. sufficient _____
6. circumstance _____
7. insult _____
8. account _____
9. duty _____
10. regard _____

11. 중지하다 q_____
12. 매장하다 b_____
13. 바치다 d_____
14. 앞의, 이전의 p_____
15. 구조 s_____
16. 명백한 a_____
17. 알리다 i_____
18. 요구하다 r_____
19. 천재, 재난 d_____
20. 폭력적인 v_____

**B** 자연스러운 표현이 되도록 연결하시오.

1. have a
2. a radio news
3. lose one's
4. release
5. adopt

ⓐ a child
ⓑ broadcast
ⓒ sore throat
ⓓ temper
ⓔ the hostages

**C** 다음 영영 뜻풀이에 해당하는 단어를 보기에서 골라 쓰시오.

| 보기 |

primary     refer     article     familiar     surface

1. _____ : a short written composition in a newspaper or magazine; a thing or object
2. _____ : well known
3. _____ : the outer side of anything
4. _____ : to talk or write about; to look for information
5. _____ : first or most important

## D 다음 짝지어진 단어의 관계가 같도록 빈 칸에 알맞은 말을 쓰시오.

1. accomplish : achieve = riches : w_____

2. familiar : unfamiliar = disapprove : a_____

3. refer : mention = limit : r_____

4. quit : stop = common : o_____

5. rude : polite = temporary : p_____

## E 다음 문장의 빈 칸에 알맞은 말을 보기에서 골라 쓰시오.

| 보기 |

| acquired | adapt | arranged | distributing |
| experiments | intend | request | stimulated |

1. Do you think _____ on animals should be banned?

   동물 실험이 금지되어야 한다고 생각하니?

2. I didn't _____ him to come all the way to this place.

   그를 이 곳까지 오게 할 의도는 아니었는데.

3. A boy was _____ leaflets to passersby.

   한 소년이 길가는 사람들에게 전단지를 나눠 주고 있었다.

4. He has _____ a bad reputation.

   그는 좋지 않은 평판을 얻었다.

5. Books are _____ in alphabetical order.

   책은 알파벳 순서로 배열되어 있다.

6. You can _____ a free copy of the catalog.

   이 카다로그를 무료로 달라고 신청할 수 있다.

7. The article _____ her interest.

   기사가 그녀의 흥미를 유발했다.

8. We must _____ our plans to the new situation.

   우리의 계획을 새로운 상황에 맞춰 조정해야 한다.

| 0241 | **current** 형 현재의, 통용되고 있는 [kə́:rənt] 명 흐름, 조류 | currently 부 현재 currency 명 화폐 |
| 0242 | **advertise** 동 광고하다 [ǽdvərtàiz] | advertisement 명 광고 |
| 0243 | **relation** 명 관계, 관련 [riléiʃən] | relate 동 관련시키다 relative 형 비교상의 명 친척 |
| 0244 | **secure** 형 안전한 [sikjúər] | security 명 보안, 경비원 |
| 0245 | **concentrate** 동 집중하다, 모으다 [kánsəntrèit] | concentration 명 집중 |
| 0246 | **relief** 명 안심, 구원, 구조금[물품] [rilí:f] | relieve 동 안도케 하다, 경감하다, 구제하다 |
| 0247 | **compare** 동 비교하다, 비유하다 [kəmpέər] | comparison 명 비교, 비유 |
| 0248 | **breath** 명 숨, 호흡 [breθ] | breathe 동 숨쉬다 breathless 형 숨찬 |
| 0249 | **awake** 동 깨우다, 깨다 [əwéik] 형 깨어 있는 | awaken 동 깨다, 일깨우다 |
| 0250 | **assist** 동 돕다, 원조하다 ( =aid, help) [əsíst] | assistance 명 도움 assistant 명 조수 |
| 0251 | **education** 명 교육 [èdʒukéiʃən] | educate 동 교육하다 |
| 0252 | **knowledge** 명 지식 [nálidʒ] | |
| 0253 | **border** 명 국경, 경계 [bɔ́:rdər] 동 …에 접경하다, 접하다 | |
| 0254 | **response** 명 응답, 반응 [rispáns] | respond 동 응답하다, 반응하다 |
| 0255 | **consume** 동 소비하다 [kənsú:m] | consumer 명 소비자 consumption 명 소비 |

## 내가 완성하는 예문

다음 예문의 빈 칸에 알맞은 말을 써 넣으면서 익힌 단어를 확인하세요.

1. _____ English 시사(현대)영어; a swift _____ 급류

2. It's expensive to _____ on television. 텔레비전에 광고를 내는 것은 비싸다.

3. The two countries established diplomatic _____.

   두 나라는 외교적 관계를 수립했다.

4. a _____ investment 안전한 투자

5. _____ troops at one place 군대를 한 곳에 집결시키다

6. To my _____, they were found safe and well.

   다행히도 그들은 안전하고 건강한 상태로 발견되었다.

7. People _____ the stadium to a spaceship.

   사람들은 그 경기장을 우주선에 비유했다.

8. She arrived there out of _____. 그녀는 숨을 헐떡이며 그 곳에 도착했다.

9. She _____ me at seven. 그녀는 나를 7시에 깨웠다.

10. Volunteers _____ in searching for the missing child.

    자원봉사자들이 미아를 찾는 데 도움을 주었다.

11. She received an excellent _____. 그녀는 훌륭한 교육을 받았다.

12. Her _____ of history is very extensive.

    그녀의 역사에 관한 지식은 매우 광범위하다.

13. the _____ between France and Italy 프랑스와 이탈리아 간의 국경

14. He made no _____. 그는 응답하지 않았다.

15. The cleaning _____ most of the day. 청소로 거의 하루를 소모했다.

## 관련 숙어 탐색

■ in relation to …에 관련하여　　■ hold one's breath 숨을 멈추다

■ to one's knowledge …가 아는 바로는　　■ in response to …에 응하여

## 정답

1. current, current　2. advertise　3. relations　4. secure　5. concentrate　6. relief　7. compared
8. breath　9. awoke　10. assisted　11. education　12. knowledge　13. border　14. response
15. consumed

| 0256 | **essential** 형 필수의, 본질적인<br>[isénʃəl] | essence 명 핵심 |
| --- | --- | --- |
| 0257 | **rural** 형 시골의 (↔ urban)<br>[rúərəl] | |
| 0258 | **imagination** 명 상상(력)<br>[imædʒənéiʃən] | imagine 동 상상하다<br>imaginary 형 가상의 |
| 0259 | **depend** 동 (…에) 달려있다, (…에) 의지[의존]하다<br>[dipénd] | dependence 명 의지함, 의존<br>dependent 형 의지하고 있는<br>independent 형 독립한 |
| 0260 | **communication** 명 통신, 의사소통<br>[kəmjùːnəkéiʃən] | communicate 동 의사소통하다 |
| 0261 | **victim** 명 희생(자)<br>[víktim] | |
| 0262 | **reflect** 동 반사하다, 숙고하다<br>[riflékt] | reflection 명 반사, 숙고 |
| 0263 | **amuse** 동 재미있게 하다 (= entertain)<br>[əmjúːz] | amusement 명 오락<br>amusing 형 재미있는 |
| 0264 | **consider** 동 숙고하다, …으로 간주하다<br>[kənsídər] | considerable 형 (수・정도가) 상당한<br>considerate 형 인정이 있는<br>consideration 명 숙고 |
| 0265 | **indifferent** 형 무관심한 (= uninterested)<br>[indífərənt] | indifference 명 무관심 |
| 0266 | **gloomy** 형 어두운, 우울한<br>[ɡlúːmi] | |
| 0267 | **deliver** 동 배달하다, 말하다<br>[dilívər] | delivery 명 배달, 분만 |
| 0268 | **ambitious** 형 야심을 품은<br>[æmbíʃəs] | ambition 명 야심 |
| 0269 | **principle** 명 원리, 원칙<br>[prínsəpl] | |
| 0270 | **principal** 형 주요한, 제1의 (= main)<br>[prínsəpəl] 명 장, 교장 | |

## 내가 완성하는 예문

다음 예문의 빈 칸에 알맞은 말을 써 넣으면서 익힌 단어를 확인하세요.

1. Play is an _____ part of a child's development.

   놀이는 아이의 성장에 있어 필수적인 부분이다.

2. live a _____ life 전원생활을 하다

3. This job needs someone with a bit of _____.

   이 일에는 얼마간의 상상력이 있는 사람이 필요하다.

4. Don't _____ on the buses — they are always late.

   버스에 의존하지 마라. 항상 늦게 온다.

5. Language is an instrument of _____. 언어는 의사소통 수단이다.

6. provide financial aid to flood _____ 수재민에게 금전적 원조를 제공하다

7. You should _____ on your mistake. 네 실수에 대해서 곰곰이 생각해 보아라.

8. _____ the children 아이들을 즐겁게 해 주다

9. _____ oneself an expert 자신을 전문가로 여기다

10. Why don't you vote — how can you be so _____!

    왜 투표를 하지 않니? 너무 무관심하구나!

11. a _____ economic forecast 어두운 경제 전망

12. He _____ a passionate speech against war.

    그는 열정적인 반전 연설을 했다.

13. an _____ young lawyer 야심찬 젊은 변호사

14. a man of _____ 원칙에 따르는 사람

15. Iraq's _____ export is oil. 이라크 세1의 수출품은 석유이다.

## 관련 숙어 탐색

- ■ it depends... 그것은 사정 나름이다
- ■ fall victim to …의 희생이 되다
- ■ all things considered 만사를 고려하여

## 정답

1. essential  2. rural  3. imagination  4. depend  5. communication  6. victims  7. reflect
8. amuse  9. consider  10. indifferent  11. gloomy  12. delivered  13. ambitious  14. principle
15. principal

| 0271 | **chemical** 형 화학적인 | chemist 명 약제사 |
|---|---|---|
| | [kémikəl] 명 화학약품 | chemistry 명 화학, 화학작용 |

| 0272 | **analysis** 명 분석, 분해 | analyst 명 분석자 |
|---|---|---|
| | [ənǽləsis] | analyze 동 분석하다, 분해하다 |

| 0273 | **sorrow** 명 슬픔, 비애 | sorrowful 형 비탄에 잠긴 |
|---|---|---|
| | [sárou] | |

| 0274 | **constant** 형 끊임없는, 일정한 | constantly 부 변함없이 |
|---|---|---|
| | [kánstənt] | |

| 0275 | **rarely** 부 좀처럼 …하지 않는 (=seldom) | rare 형 드문, 희박한 |
|---|---|---|
| | [rɛ́ərli] | |

| 0276 | **frustrate** 동 좌절시키다, 실패하게 하다 | frustration 명 좌절 |
|---|---|---|
| | [frʌ́streit] | frustrated 형 좌절한 |

| 0277 | **expert** 명 전문가 (=specialist) | |
|---|---|---|
| | [ékspəːrt] 형 숙달된 (=skilled) | |

| 0278 | **seek** 동 찾다, 추구하다 | |
|---|---|---|
| | [siːk] | |

| 0279 | **ethical** 형 도덕상의, 윤리적인 | ethics 명 윤리(학) |
|---|---|---|
| | [éθikəl] | |

| 0280 | **define** 동 정의하다, 한정하다 | definition 명 정의, 한정 |
|---|---|---|
| | [difáin] | definite 형 확실한 |
| | | definitely 부 확실히 |

| 0281 | **cultural** 형 문화의 | culture 명 문화 |
|---|---|---|
| | [kʌ́ltʃərəl] | |

| 0282 | **witness** 명 목격자, 증인 | |
|---|---|---|
| | [wítnis] 동 목격하다, 증언하다 | |

| 0283 | **urban** 형 도시의 (↔rural) | |
|---|---|---|
| | [ə́ːrbən] | |

| 0284 | **specialize** 동 전공하다, 전문으로 하다 | special 형 특별한 |
|---|---|---|
| | [spéʃəlàiz] | specialist 명 전문가 |

| 0285 | **reasonable** 형 이치에 맞는, (가격이) 합당한 | reason 명 이유, 이성 |
|---|---|---|
| | [ríːzənəbəl] | reasonably 부 합리적으로, 상당히 |

## 내가 완성하는 어휘 문장

다음 예문의 빈 칸에 알맞은 말을 써 넣으면서 익힌 단어를 확인하세요.

1. poisonous ＿＿＿＿＿＿＿＿＿ 유독성 화학약품

2. We did an ＿＿＿＿＿＿＿＿＿ of the problem. 우리는 문제에 대한 분석을 했다.

3. He felt great ＿＿＿＿＿＿＿＿＿ for his friend's misfortune.

　　그는 친구의 불운을 매우 슬퍼했다.

4. drive at a ＿＿＿＿＿＿＿＿＿ speed 일정한 속도로 차를 몰다

5. It ＿＿＿＿＿＿＿＿＿ rains in this district. 이 지방에는 비가 거의 내리지 않는다.

6. It's the lack of money that really ＿＿＿＿＿＿＿＿＿ him.

　　그를 정말로 좌절하게 만드는 것은 돈이 없다는 것이다.

7. a computer ＿＿＿＿＿＿＿＿＿ 컴퓨터 전문가

8. They are actively ＿＿＿＿＿＿＿＿＿ jobs.

　　그들은 적극적으로 일자리를 구하고 있다.

9. That is an ＿＿＿＿＿＿＿＿＿ problem. 그것은 윤리적인 문제이다.

10. A good dictionary ＿＿＿＿＿＿＿＿＿ words concisely.

　　좋은 사전은 단어를 간결하게 정의한다.

11. Korean ＿＿＿＿＿＿＿＿＿ tradition 한국 문화의 전통

12. There were two ＿＿＿＿＿＿＿＿＿ to the accident.

　　그 사고에는 두 명의 목격자가 있었다.

13. an ＿＿＿＿＿＿＿＿＿ area 도시지구

14. He ＿＿＿＿＿＿＿＿＿ in economics. 그는 경제학을 전공한다.

15. It's a ＿＿＿＿＿＿＿＿＿ idea. 그것은 이치에 맞는 생각이다.

## 관련 숙어 탐색

■ **seek after** 찾으려고 애쓰다　　　　■ **specialize in** …을 전문으로 하다, 전공하다

1. chemicals　2. analysis　3. sorrow　4. constant　5. rarely　6. frustrates　7. expert　8. seeking
9. ethical　10. defines　11. cultural　12. witnesses　13. urban　14. specializes　15. reasonable

| | | |
|---|---|---|
| 0286 **qualification** 명 자격(증) [kwὰləfəkéiʃən] | qualify 동 자격을 얻다 |
| 0287 **conflict** 명 충돌, 대립 [kάnflikt] 동 [kənflíkt] 충돌하다, 모순되다 | |
| 0288 **biology** 명 생물학 [baiάlədʒi] | biologist 명 생물학자 |
| 0289 **accompany** 동 동반하다, 함께 가다, 반주하다 [əkΛ́mpəni] | |
| 0290 **species** 명 종류, 종(種) [spíːʃi(ː)z] | |
| 0291 **recycle** 동 재활용하다 [riːsáikəl] | recycling 명 재(생)이용 |
| 0292 **prevent** 동 막다, 방해하다, 예방하다 [privént] | prevention 명 예방 preventive 형 예방의 |
| 0293 **nurture** 동 양육하다, 기르다 [nə́ːrtʃər] 명 양육 | |
| 0294 **maintain** 동 지속하다, 유지하다, 주장하다 [meintéin] | maintenance 명 유지, 정비 |
| 0295 **facility** 명 시설, 설비 [fəsíləti] | |
| 0296 **expand** 동 넓히다, 확장하다 [ikspǽnd] | expansion 명 팽창 |
| 0297 **promote** 동 증진하다, 승진시키다 [prəmóut] | promotion 명 승진, 증진 |
| 0298 **immigrate** 동 (타국에서) 이주해 오다 [íməgrèit] | immigrant 명 (타국에서의) 이주자 |
| 0299 **emigrate** 동 (타국으로) 이주하다 [éməgrèit] | emigrant 명 (타국으로의) 이주자 |
| 0300 **migrate** 동 이주하다, (새 · 물고기 등이 정기적으로) [máigreit] 이동하다 | |

## 내가 완성하는 예문

다음 예문의 빈 칸에 알맞은 말을 써 넣으면서 익힌 단어를 확인하세요.

1. I have a teaching _____ . 나는 교사 자격증을 가지고 있다.

2. a _____ of interests 이해관계의 대립

3. This book is _____ by three cassettes.
   이 책은 세 개의 카세트테이프가 부록이다.

4. Mountain gorillas are an endangered _____ .
   마운틴 고릴라는 멸종위기의 종이다.

5. Aluminium cans can be _____ . 알루미늄 캔은 재활용된다.

6. _____ accidents 사고를 예방하다

7. plants _____ in the greenhouse 온실에서 키운 식물들

8. The house is large and expensive to _____ .
   그 집은 커서 유지비용이 많이 든다.

9. a military _____ 군사시설

10. a rapidly _____ universe 급속히 팽창하는 우주

11. Her boss _____ her to supervisor in accounting.
    사장이 그녀를 회계 부문 관리자로 승진시켰다.

12. He _____ from China in 1970. 그는 1970년에 중국에서 이민 왔다.

13. How long ago did your parents _____ ?
    너의 부모님은 언제 이민 가셨니?

14. Many birds _____ south for the winter.
    많은 새들이 겨울을 나기 위해 남쪽으로 이동한다.

## 관련 숙어 탐색

■ in conflict with …와 상충하여　　　■ prevent from -ing …을 못하게 하다, 방해하다

1. qualification  2. conflict  3. accompanied  4. species  5. recycled  6. prevent  7. nurtured
8. maintain  9. facility  10. expanding  11. promoted  12. immigrated  13. emigrate  14. migrate

# Review 5

## A 다음 영어는 우리말로, 우리말은 영어로 쓰시오.

| | | | |
|---|---|---|---|
| 1. concentrate | _____ | 11. 깨우다 | a_____ |
| 2. education | _____ | 12. 지식 | k_____ |
| 3. imagination | _____ | 13. 반사하다 | r_____ |
| 4. depend | _____ | 14. 무관심한 | i_____ |
| 5. consider | _____ | 15. 정의하다 | d_____ |
| 6. ethical | _____ | 16. 동반하다 | a_____ |
| 7. qualification | _____ | 17. 지속하다 | m_____ |
| 8. nurture | _____ | 18. 전문가 | e_____ |
| 9. recycle | _____ | 19. 문화적 다양성 | c_____ diversity |
| 10. compare | _____ | 20. 적당한 가격 | r_____ price |

## B 자연스러운 표현이 되도록 연결하시오.

1. compare       ⓐ a new car
2. advertise      ⓑ him my hero
3. consider       ⓒ a murder
4. accompany      ⓓ you to the station
5. witness        ⓔ life to a voyage

## C 다음 영영 뜻풀이에 해당하는 단어를 보기에서 골라 쓰시오.

┌ 보기 ┐

constant    emigrate    ambitious    consume    essential

1. _____ : to use something such as fuel, energy or time
2. _____ : completely necessary; that you must have or do
3. _____ : having strong desire to be successful, to have power, etc.
4. _____ : happening or existing all the time or again and again
5. _____ : to leave your own country to go and live in another

**D** 다음 짝지어진 단어의 관계가 같도록 빈 칸에 알맞은 말을 쓰시오.

1. expand : expansion = maintain : m_____
2. advertise : advertiser = analyze : a_____
3. prevent : stop = entertain : a_____
4. secure : insecure = rural : u_____
5. breath : breathe = relief : r_____

**E** 다음 문장의 빈 칸에 알맞은 말을 보기에서 골라 쓰시오.

| 보기 |

| frustrated | species | facilities | rarely |
|------------|---------|------------|--------|
| compared | principal | relation | specialize |

1. I _____ take medicine.
   나는 좀처럼 약을 먹지 않는다.

2. The rescue work has been _____ by bad weather condition.
   날씨 상태가 좋지 않아 구조활동이 좌절되었다.

3. We _____ in children's books.
   우리 가게에서는 어린이용 서적을 전문으로 합니다.

4. There are various _____ of butterflies.
   다양한 종의 나비들이 있다.

5. Our town has excellent sports _____.
   우리 동네에는 훌륭한 스포츠 시설이 있다.

6. The _____ between mathematics and physics is close.
   수학과 물리학의 관계는 밀접하다.

7. I _____ the translation with the original.
   나는 번역을 원본과 비교했다.

8. Our _____ food is rice.
   우리의 주식은 쌀이다.

| | | |
|---|---|---|
| 0301 | **pressure** 명 누르기, 압력 <br> [préʃər] | press 동 누르다 <br> 명 누름, 출판 |
| 0302 | **equal** 형 같은, 동등한 <br> [íːkwəl] 동 …와 같다 | equality 명 평등 |
| 0303 | **democratic** 형 민주적인 <br> [dèməkrǽtik] | democracy 명 민주주의 |
| 0304 | **convince** 동 확신시키다, 설득하다 ( =persuade) <br> [kənvíns] | *cf.* convict 동 유죄를 선언하다 |
| 0305 | **prejudice** 명 편견, 선입관 <br> [prédʒədis] | |
| 0306 | **haste** 명 서두름 <br> [heist] | hasten 동 서두르다 |
| 0307 | **global** 형 지구의, 세계적인 ( =worldwide) <br> [glóubəl] | globe 명 지구 <br> globalize 동 세계화하다 |
| 0308 | **evaluate** 동 평가하다 ( =assess) <br> [ivǽljuèit] | evaluation 명 평가 |
| 0309 | **contrary** 형 반대의 <br> [kántreri] | |
| 0310 | **passion** 명 열정 <br> [pǽʃən] | passionate 형 열렬한 |
| 0311 | **human** 형 인간의, 인간적인 <br> [hjúːmən] 명 인간 ( =human being) | humanity 명 인류, 인간애 <br> humanism 명 인도주의 |
| 0312 | **establish** 동 설립하다, 확립하다 <br> [istǽbliʃ] | establishment 명 시설, 설립 |
| 0313 | **construct** 동 건설하다, 만들다 <br> [kənstrʌ́kt] | construction 명 건설 <br> constructive 형 건설적인, 유용한 |
| 0314 | **variety** 명 변화, 다양성 <br> [vəráiəti] | |
| 0315 | **pride** 명 자존심, 자만심 <br> [praid] 동 자랑하다 | proud 형 자랑으로 여기는, 거만한 |

## 내가 완성하는 예문

다음 예문의 빈 칸에 알맞은 말을 써 넣으면서 익힌 단어를 확인하세요.

1. My father has high blood _____. 아버지는 고혈압이시다.

2. _____ rights 동등한 권리

3. The salesman _____ them to buy a new cooker.

   판매원은 새로 나온 요리 기구를 사도록 그들을 설득했다.

4. racial _____ 인종적 편견

5. Everybody wishes for _____ peace.

   모든 사람들이 세계평화를 원한다.

6. I thought it was possible, but he took the _____ view.

   나는 그것이 가능하리라 생각했지만 그는 반대의 견해를 취했다.

7. She has a _____ for music. 그녀는 음악에 대한 정열이 있다.

8. _____ resources 인적자원

9. The school was _____ in 1972. 그 학교는 1972년에 설립되었다.

10. _____ a new bridge 새 다리를 세우다

11. a _____ of tastes 가지각색의 취미

12. She has too much _____ to accept any help.

    그녀는 자존심이 너무 강해서 어떠한 도움도 받아들이지 않는다.

## 관련 숙어 탐색

- **in haste** 급히, 서둘러
- **to the contrary** 그와 반대로
- **a variety of** 가지각색의
- **on the contrary** 이에 반하여
- **under construction** 공사 중, 건설 중
- **take pride in** …을 자랑하다

## 정답

1. pressure  2. equal  3. convinced  4. prejudice  5. global  6. contrary  7. passion  8. human
9. established  10. construct  11. variety  12. pride

**0316 survey** 동 조사하다, 살펴보다
[sə:rvéi, sə́:rvei] 명 조사

**0317 conservative** 형 보수적인
[kənsə́:rvətiv]

conserve 동 보존하다

**0318 participate** 동 참가하다 (=take part)
[pɑːrtísəpèit]

participant 명 참가자

**0319 bored** 형 싫증나는
[bɔːrd]

bore 동 싫증나게 하다
boredom 명 지루함
boring 형 지루한

**0320 agriculture** 명 농업
[ǽgrikʌ̀ltʃər]

agricultural 형 농업의

**0321 venture** 명 모험
[véntʃər] 동 위험을 무릅쓰고 해보다

**0322 strength** 명 힘
[streŋkθ]

strengthen 동 강화하다

**0323 psychology** 명 심리학
[saikálədʒi]

psychologist 명 심리학자

**0324 mechanic** 명 정비사
[məkǽnik]

mechanical 형 기계적인
mechanics 명 기계학, 역학

**0325 locate** 동 위치를 알아내다, 위치를 정하다
[loukéit]

located 형 …에 위치한
location 명 위치

**0326 potential** 형 잠재적인
[pouténʃəl] 명 잠재력

**0327 occupy** 동 차지하다, 점령하다
[ákjəpài]

occupation 명 직업
occupant 명 거주자

**0328 motive** 명 동기
[móutiv]

motivate 동 …에게 동기를 주다,
자극하다

**0329 replace** 동 대신하다, 되돌리다
[ripléis]

replacement 명 교체

**0330 substitute** 명 대리인, 대체물
[sʌ́bstitjùːt] 동 대용하다, 대체하다

substitution 명 대리, 대용

## 내가 완성하는 예문

다음 예문의 빈 칸에 알맞은 말을 써 넣으면서 익힌 단어를 확인하세요.

1. carry out a _____ 조사를 실시하다

2. He is very _____ and does not like things to change.

   그는 매우 보수적이라 변화하는 것을 싫어한다.

3. _____ in a discussion 토론에 참가하다

4. He was getting _____ with the same thing every day.

   그는 매일 똑같은 일에 싫증을 느꼈다.

5. a business _____ 사업상 모험

6. _____ of mind 정신력

7. _____ a leak in a pipe 파이프의 새는 곳을 알아내다

8. _____ customers 잠재적 고객

9. U.S. forces _____ Iraq. 미군이 이라크를 점령했다.

10. the _____ of a crime 범죄의 동기

11. He _____ a worn tire by a new one.

    그는 낡은 타이어를 새 것으로 교체했다.

12. He was _____ for the injured player.

    그는 부상당한 선수 대신에 뛰고 있었다.

## 관련 숙어 탐색

- **participate in** …에 참가하다, 관계하다
- **occupy oneself** …에 전념하다
- **replace A with (by) B** A를 B로 대체하다
- **substitute A for B** B대신 A를 쓰다

1. survey  2. conservative  3. participate  4. bored  5. venture  6. strength  7. locate  8. potential
9. occupied  10. motive  11. replaced  12. substituting

0331 **stir** 동 휘젓다, 살짝 흔들다, 자극하다
[stə:r]

0332 **justice** 명 정의 (↔injustice)
[dʒʌ́stis]
justify 동 정당화하다

0333 **exhibit** 동 전시하다, 나타내다
[igzíbit]
exhibition 명 전시회

0334 **digest** 동 소화하다, 이해하다
[daidʒést]
digestion 명 소화

0335 **manufacture** 동 제조하다 (=produce)
[mænjəfǽktʃər]
manufacturer 명 제조업자

0336 **journalist** 명 (신문·잡지) 기자
[dʒə́:rnəlist]
journal 명 신문, 잡지
journalism 명 신문 잡지업

0337 **instruct** 동 지시하다, 가르치다
[instrʌ́kt]
instructive 형 교훈적인
instructor 명 교사, 지도자

0338 **decade** 명 10년간
[dékeid]

0339 **critical** 형 비판적인, 중대한, 위기의
[krítikəl]
criticism 명 비평
critic 명 비평가

0340 **apologize** 동 사과하다
[əpálədʒàiz]
apology 명 사과

0341 **production** 명 생산(량), 제작, 연출
[prədʌ́kʃən]
productive 형 생산적인
produce 동 생산하다

0342 **width** 명 폭 (=breadth)
[widθ]
wide 형 넓은

0343 **suitable** 형 적당한, 어울리는
[súːtəbəl]
suit 동 …에 적합하다

0344 **encounter** 동 (우연히) 마주치다, 대항하다
[enkáuntər]

0345 **donate** 동 기증〔기부〕하다
[dóuneit]
donation 명 기증(품), 기부(금)
donor, donator 명 기증자

## 내가 완성하는 예문

다음 예문의 빈 칸에 알맞은 말을 써 넣으면서 익힌 단어를 확인하세요.

1. _____ it constantly to prevent burning. 눋지 않도록 계속 저어라.

2. a struggle for _____ 정의를 위한 투쟁

3. His paintings have been _____ in the art gallery.

   그의 그림들이 미술관에 전시되어 있다.

4. She couldn't _____ meat properly.

   그녀는 고기를 제대로 소화하지 못했다.

5. a company that _____ car parts 자동차 부품을 제조하는 회사

6. He _____ them to start at once. 그는 그들에게 즉시 출발하라고 지시했다.

7. The patients are in a _____ condition. 환자들은 위독한 상태에 있다.

8. I don't know how to _____ to you. 뭐라고 사과드려야 할지 모르겠습니다.

9. The company is noted for the _____ of small cars.

   그 회사는 소형차 생산으로 유명하다.

10. It is 5 meters in _____ . 그것은 폭이 5미터이다.

11. a movie _____ for children 아이들이 보기에 적합한 영화

12. I _____ him at the subway station. 나는 전철역에서 우연히 그를 만났다.

13. She frequently _____ secondhand clothes to charity.

   그녀는 종종 헌 옷을 자선단체에 기증한다.

## 관련 숙어 탐색

■ stir up (문제 등을) 야기시키다　　■ do justice to …을 정당하게 다루다

1. Stir  2. justice  3. exhibited  4. digest  5. manufactures  6. instructed  7. critical  8. apologize
9. production  10. width  11. suitable  12. encountered  13. donates

# Day

0346 **sense** 명 감각, 의미
[sens] 동 느끼다, 알아채다
    sensible 형 분별 있는
    sensitive 형 민감한

0347 **recall** 동 상기하다, (결함 상품을) 회수하다
[rikɔ́ːl]

0348 **offense** 명 위반, 공격 (↔defense)
[əféns]
    offensive 형 공격적인

0349 **mysterious** 형 신비한, 불가사의한
[mistíəriəs]
    mystery 명 신비

0350 **oppose** 동 반대하다
[əpóuz]
    opposite 형 반대쪽의
    opposition 명 반대

0351 **memorize** 동 암기하다 (=learn by heart)
[méməràiz]
    memory 명 기억
    memorial 명 기념비

0352 **ideal** 형 이상적인
[aidíːəl] 명 이상
    idealist 명 이상가

0353 **hardship** 명 고난, 곤경
[háːrdʃìp]

0354 **fantastic** 형 굉장한, 환상적인
[fæntǽstik]
    fantasy 명 환상

0355 **incredible** 형 믿을 수 없는 (↔credible), 엄청난
[inkrédəbəl]

0356 **fame** 명 명성, 평판
[feim]
    famous 형 유명한

0357 **explore** 동 탐험하다, 답사하다
[iksplɔ́ːr]
    exploration 명 탐험, 탐사
    explorer 명 탐험가

0358 **profit** 명 이익 (물질적 또는 금전상의)
[práfit] 동 이익을 보다

0359 **benefit** 명 이익 (행복이나 복지에 이어지는)
[bénəfit] 동 이롭다

0360 **advantage** 명 이점, 장점 (↔disadvantage)
[ədvǽntidʒ]

## 내가 완성하는 예문

다음 예문의 빈 칸에 알맞은 말을 써 넣으면서 익힌 단어를 확인하세요.

1. Although she said nothing I could _____ her anger.

   그녀는 아무 말도 하지 않았지만 나는 그녀의 분노를 느낄 수 있었다.

2. I can't _____ her name. 그녀의 이름이 떠오르지 않는다.

3. a minor _____ 경범죄

4. a _____ murder 불가사의한 살인사건

5. They _____ the plan to build a new bridge.

   그들은 새 다리를 건설하려는 계획에 반대했다.

6. Actors have to _____ their lines. 배우들은 대사를 암기해야 한다.

7. an _____ place for racing 경주를 하기에 최적의 장소

8. He suffered financial _____ after he lost his job.

   그는 실직한 후 재정적 고난을 겪었다.

9. The night view of the river is even more _____.

   그 강의 야경은 훨씬 더 환상적이다.

10. It is an _____ story. 믿을 수 없는 이야기다.

11. _____ the Antarctic Continent 남극대륙을 탐험하다

12. We sold our house at a huge _____. 우리는 큰 이익을 보고 집을 팔았다.

13. the _____ of modern technology 현대 기술의 이기

14. There are several _____ in city life. 도시 생활은 몇 가지 이점이 있다.


## 관련 숙어 탐색

- **in a sense** 어떤 의미로는
- **take advantage of** 이용하다, 속이다
- **make a profit (on)** (…으로) 이익을 보다

1. sense  2. recall  3. offense  4. mysterious  5. opposed  6. memorize  7. ideal  8. hardship
9. fantastic  10. incredible  11. explore  12. profit  13. benefits  14. advantages

# Review 6

## A 다음 영어는 우리말로, 우리말은 영어로 쓰시오.

| | | | | |
|---|---|---|---|---|
| 1. equal | _____ | 11. 싫증나는 | b | _____ |
| 2. democratic | _____ | 12. 휘젓다 | s | _____ |
| 3. variety | _____ | 13. 사과하다 | a | _____ |
| 4. survey | _____ | 14. 이상적인 | i | _____ |
| 5. decade | _____ | 15. 농업 | a | _____ |
| 6. encounter | _____ | 16. 비판적인 | c | _____ |
| 7. mysterious | _____ | 17. 대량생산 | mass p | _____ |
| 8. oppose | _____ | 18. 세계적인 문제 | g | _____ problems |
| 9. hardship | _____ | 19. 인종적 편견 | racial p | _____ |
| 10. incredible | _____ | 20. 인적자원 | h | _____ resources |

## B 자연스러운 표현이 되도록 연결하시오.

1. high atmospheric          ⓐ a new building
2. evaluate                  ⓑ meat easily
3. construct                 ⓒ pressure
4. digest                    ⓓ suitable for the occasion
5. clothes                   ⓔ the situation carefully

## C 다음 영영 뜻풀이에 해당하는 단어를 보기에서 골라 쓰시오.

| 보기 |
| --- |
| explore    psychology    mechanic    recall    venture |

1. _____ : to remember something from the past
2. _____ : to travel around a place in order to learn about it
3. _____ : to do something or go somewhere new and dangerous, when you are not sure what will happen
4. _____ : the scientific study of the mind and the way people behave
5. _____ : a person whose job is to repair and work with machines

**D** 다음 짝지어진 단어의 관계가 같도록 빈 칸에 알맞은 말을 쓰시오.

1. justice : injustice = defense : o_____
2. memorize : learn by heart = take part : p_____
3. manufacture : manufacturer = donate : d_____
4. benefit : beneficial = passion : p_____
5. locate : location = occupation : o_____

**E** 다음 문장의 빈 칸에 알맞은 말을 보기에서 골라 쓰시오.

| 보기 | | | |
|---|---|---|---|
| contrary | established | pride | exhibited |
| fame | instructs | conservative | convince |

1. I managed to _____ him of my innocence.
   나는 가까스로 그에게 나의 무고함을 확인시켜 주었다.

2. _____ to my worry, things went well.
   걱정했던 것과는 반대로 일이 잘 풀렸다.

3. Before we start on the project we have _____ some rules.
   프로젝트에 착수하기 전에 우리는 몇 가지 규칙을 정했다.

4. He takes a great _____ in his work.
   그는 자신의 일에 대단한 자부심을 가진다.

5. People tend to be more _____ as they get older.
   사람은 나이가 들면서 더욱 보수적인 경향을 보인다.

6. The latest models of cars are _____ in the show window.
   최신형 자동차들이 진열대에 전시되어 있다.

7. She _____ students in math.
   그녀는 학생들에게 수학을 가르친다.

8. The film earned him international _____.
   그 영화로 그는 국제적 명성을 얻게 되었다.

0361 **settle** 동 해결하다, 정착하다
[sétl]
    settlement 명 정착, 해결

0362 **expense** 명 비용, 지출
[ikspéns]
    expensive 형 비싼

0363 **self-suggestion** 명 자기암시
[sélfsəgdʒéstʃən]

0364 **evident** 형 명백한
[évidənt]
    evidence 명 증거

0365 **stare** 동 응시하다
[stɛər]

0366 **revise** 동 바꾸다, 개정하다
[riváiz]
    revision 명 개정

0367 **spare** 형 여분의
[spɛər]   동 나누어 주다

0368 **engage** 동 종사하다, 약속하다, 약혼시키다
[engéidʒ]
    engagement 명 약혼, 약속

0369 **detect** 동 간파하다
[ditékt]
    detective 명 탐정, 형사

0370 **self-discipline** 명 자기훈련, 자제
[sélfdísəplin]

0371 **comprehend** 동 이해하다 (=understand)
[kàmprihénd]
    comprehensive 형 포괄적인
    comprehension 명 이해

0372 **brilliant** 형 매우 밝은, 매우 영리한
[bríljənt]
    brilliance 명 광택, 재기 발랄

0373 **valid** 형 (법적으로) 유효한 (↔invalid)
[vǽlid]

0374 **universal** 형 만인의, 만물의, 보편적인
[jùːnəvə́ːrsəl]
    universe 명 우주, 세계

0375 **sympathy** 명 동정, 연민, 공감
[símpəθi]
    sympathetic 형 동정적인
    sympathize 동 동정하다

다음 예문의 빈 칸에 알맞은 말을 써 넣으면서 익힌 단어를 확인하세요.

1. A great many immigrants have _____ in this country.

   상당히 많은 이주자들이 이 나라에 정착하였다.

2. living _____ 생활비

3. The damage only became _____ the following morning.

   피해는 다음날이 되서야 명백히 드러났다.

4. _____ into the distance 먼 곳을 응시하다

5. The book has been _____ for the new edition.

   그 책은 새 판을 내기 위해 개정되었다.

6. What do you do in your _____ time? 여가 시간에 무얼 하니?

7. Peter is _____ to Mary. 피터는 메리와 약혼한 사이다.

8. I _____ a slight change in his attitude.

   나는 그의 행동에서 미세한 변화를 알아챘다.

9. I cannot _____ what you are talking about.

   나는 네가 무슨 말을 하는지 정확히 모르겠다.

10. a _____ young scientist 명석한 젊은 과학자

11. This passport is _____ for one year only. 이 여권은 1년간만 유효하다.

12. _____ rules 일반법칙

13. feel _____ for the victims of the accident

   사고의 희생자들에게 연민을 느끼다

관련 숙어 탐색

■ **at any expense** 어떤 희생을 치르더라도    ■ **engage in** …에 동참하다

1. settled  2. expenses  3. evident  4. stare  5. revised  6. spare  7. engaged  8. detected
9. comprehend  10. brilliant  11. valid  12. universal  13. sympathy

0376 **bear** 동 참다 (=endure), 지니다, 낳다
[bɛər]

0377 **resident** 명 거주자
[rézidənt]

residence 명 주거, 주택

0378 **summary** 명 요약
[sʌ́məri]

summarize 동 요약하다

0379 **avoid** 동 피하다
[əvɔ́id]

0380 **tension** 명 긴장
[ténʃən]

tense 형 긴장된

0381 **slave** 명 노예
[sleiv]

slavery 명 노예제도

0382 **tragic** 형 비참한, 비극의
[trǽdʒik]

tragedy 명 비극

0383 **sacrifice** 명 희생, 제물
[sǽkrəfàis] 동 희생하다, 제물로 바치다

0384 **reward** 명 보상, 보답
[riwɔ́:rd] 동 보답하다

0385 **solve** 동 해결하다, 풀다
[sɑlv]

solution 명 해결, 해답

0386 **rescue** 동 구하다
[réskju:] 명 구조

rescuer 명 구조자

0387 **yell** 동 (고통·분노 등으로) 고함치다
[jel] 명 외침

0388 **shout** 동 큰 소리로 말하다
[ʃaut] 명 외침

0389 **exclaim** 동 (갑작스럽게) 외치다
[ikskléim]

exclamation 명 외침

0390 **scream** 동 비명을 지르다, 소리치다
[skri:m] 명 비명, 절규

다음 예문의 빈 칸에 알맞은 말을 써 넣으면서 익힌 단어를 확인하세요.

1. The pain was almost more than he could _____.

   고통은 그가 거의 참을 수 없는 정도였다.

2. local _____ 지역 주민

3. Write a _____ of the article. 이 논설을 요약해 쓰시오.

4. The pilots had to take emergency action to _____ disaster.

   비행사들은 재앙을 피하기 위해 긴급 행동을 취해야 했다.

5. ease the _____ 긴장을 완화하다

6. a _____ accident 비극적인 사고

7. _____ a goat 양을 제물로 바치다

8. offer a _____ for information 정보제공에 대하여 보상을 제안하다

9. _____ a riddle 수수께끼를 풀다

10. He _____ a child from drowning. 그는 물에 빠진 아이를 구해냈다.

11. She _____ out his name. 그녀는 그의 이름을 고함쳐 불렀다.

12. The captain _____ instructions to his team.

    주장은 팀원들에게 지시사항을 큰 소리로 말했다.

13. "You can't leave now!" she _____.

    "넌 지금 떠날 수 없어!" 라고 그녀는 외쳤다.

14. She _____ as the roller coaster sped up.

    롤러코스터가 속도를 내자 그녀는 비명을 질렀다.

- **bear in mind** 명심하다
- **at the sacrifice of** …을 희생하여
- **in reward for (of)** …에 보답하여

1. bear  2. resident  3. summary  4. avoid  5. tension  6. tragic  7. sacrifice  8. reward  9. solve
10. rescued  11. yelled  12. shouted  13. exclaimed  14. screamed

**69**

0391 **remark** 동 의견을 말하다, 주목하다     remarkable 형 주목할 만한
[rimá:rk] 명 발언, 주목

0392 **excess** 명 과잉, 초과     excessive 형 과도한
[iksés]     exceed 동 넘다, 초과하다

0393 **mutual** 형 상호간의, 공통의     mutually 부 서로, 공통으로
[mjú:tʃuəl]

0394 **persuade** 동 설득하다 (↔ dissuade)     persuasion 명 설득
[pə:rswéid]

0395 **rely** 동 의지하다, 신뢰하다     reliable 형 믿음직한
[rilái]

0396 **imitate** 동 모방하다     imitation 명 모조품
[ímitèit]

0397 **grasp** 동 움켜잡다, 이해하다 (= understand)
[græsp] 명 움켜잡기, 이해력

0398 **fierce** 형 난폭한, 맹렬한     *cf.* pierce 동 꿰뚫다
[fiərs]

0399 **register** 동 등록하다     registration 명 등록
[rédʒəstər] 명 등록부

0400 **physics** 명 물리학
[fíziks]

0401 **racial** 형 인종의, 민족의     race 명 인종, 종족
[réiʃəl]

0402 **preserve** 동 보존하다, 유지하다     preservation 명 보존
[prizə́:rv]

0403 **logic** 명 논리, 논리학     logical 형 논리적인
[ládʒik]

0404 **instinct** 명 본능, 직관     instinctive 형 본능적인
[ínstiŋkt]

0405 **device** 명 장치, 고안물     devise 동 고안하다
[diváis]

다음 예문의 빈 칸에 알맞은 말을 써 넣으면서 익힌 단어를 확인하세요.

1. Don't make rude _____ about their appearance.

   그들의 외모에 대해 무례하게 말하지 마라.

2. an _____ of imports 수입초과

3. We did it by _____ consent. 우리는 상호간의 동의에 의해 그것을 했다.

4. I _____ him to come to the party.

   나는 파티에 오라고 그를 설득했다.

5. Can I _____ on you to keep a secret?

   네가 비밀을 지킬 거라고 믿어도 되겠니?

6. Small children learn by _____ their parents.

   어린 아이들은 부모를 흉내내면서 배운다.

7. He _____ me by the arm. 그는 내 팔을 움켜잡았다.

8. I _____ the car in my name. 차를 내 이름으로 등록했다.

9. _____ discrimination 인종차별

10. _____ the environment 환경을 보존하다

11. There is no _____ in your argument.

   너의 주장에는 전혀 논리가 없다.

12. Birds learn to fly by _____.

   새는 본능적으로 나는 법을 배운다.

13. This _____ was designed for a special purpose.

   이 장치는 특수한 목적으로 만든 것이다.

관련 숙어 탐색

- make a remark on …에 관하여 소견을 말하다
- by instinct 본능적으로
- rely on (upon) 의지하다, 믿다

1. remarks  2. excess  3. mutual  4. persuaded  5. rely  6. imitating  7. grasped  8. registered
9. racial  10. preserve  11. logic  12. instinct  13. device

**0406 moderate** 형 온건한, 적당한 명 온건주의자
[mάdərət] 동 [mάdərèit] 완화하다

moderately 부 적당하게

**0407 estimate** 동 추정하다, 평가하다
[éstəmèit] 명 [éstəmit] 견적, 판단

**0408 drown** 동 익사하다
[draun]

**0409 fascinating** 형 매혹적인
[fǽsənèitiŋ]

fascinate 동 매혹시키다
fascination 명 매혹

**0410 material** 명 재료, 자료
[mətíəriəl] 형 물질의, 물질적인

materialism 명 유물론

**0411 luxury** 명 사치(품)
[lʌ́kʃəri]

luxurious 형 호화스러운

**0412 incident** 명 (우발적) 사건
[ínsədənt]

**0413 drought** 명 가뭄
[draut]

**0414 disposable** 형 사용 후 버릴 수 있는
[dispóuzəbəl]

dispose 동 처분하다
disposal 명 처분

**0415 expose** 동 노출시키다, 폭로하다
[ikspóuz]

exposure 명 노출, 폭로

**0416 physician** 명 의사, 내과의사
[fizíʃən]

*cf.* surgeon 명 외과의사

**0417 demonstrate** 동 증명하다, 설명하다, 시위하다
[démənstrèit]

demonstration 명 시범, 시위운동

**0418 overcome** 동 극복하다, 이겨내다
[òuvərkʌ́m]

**0419 yield** 동 산출하다, 굴복하다, 양보하다
[ji:ld] 명 산출량

**0420 surrender** 동 항복하다, 넘겨주다
[səréndər] 명 항복, 양도

다음 예문의 빈 칸에 알맞은 말을 써 넣으면서 익힌 단어를 확인하세요.

1. a _____ exercise 적당한 운동

2. _____ for the repair of my house, please. 집수리의 견적 좀 내 주세요.

3. A _____ man will catch a straw.

물에 빠진 자는 지푸라기라도 잡는다.

4. We need _____ assistance. 우리는 물질적인 원조가 필요하다.

5. live in _____ 호화스럽게 지내다

6. One man was injured in a shooting _____.

총기 난사 사건에서 한 남자가 부상을 입었다.

7. a _____ razor 일회용 면도기

8. Don't _____ your skin to direct sunlight.

피부를 직사광선에 노출시키지 마라.

9. _____ the use of life jackets 구명조끼의 사용법을 시범 보이다

10. Find a way to _____ your difficulties.

어려움을 이겨낼 방법을 찾아보아라.

11. The experiment _____ some unexpected results.

그 실험은 몇 가지 예측치 못한 결과를 낳았다.

12. They would rather die than _____ to the invaders.

그들은 침략자들에게 항복하느니 죽음을 택할 것이다.

- **be exposed to** …에 노출되다
- **demonstrate against (for)** 시위 운동을 하다

1. moderate  2. Estimate  3. drowning  4. material  5. luxury  6. incident  7. disposable
8. expose  9. demonstrate  10. overcome  11. yielded  12. surrender

**A** 다음 영어는 우리말로, 우리말은 영어로 쓰시오.

1. rely _____
2. imitate _____
3. register _____
4. instinct _____
5. drown _____
6. engage _____
7. universal _____
8. avoid _____
9. slave _____
10. fascinating _____

11. 긴장    t_____
12. 보상    r_____
13. 물리학    p_____
14. 논리    l_____
15. 온건한    m_____
16. 생활비    living e_____
17. 원료    raw m_____
18. 안전장치    a safety d_____
19. 인종차별    r_____ discrimination
20. 상호이해    m_____ understanding

**B** 자연스러운 표현이 되도록 연결하시오.

1. preserve
2. demonstrate
3. surrender
4. feel
5. rescue

ⓐ how to use the equipment
ⓑ a man from drowning
ⓒ the environment
ⓓ sympathy for the victims
ⓔ to the enemy

**C** 다음 영영 뜻풀이에 해당하는 단어를 보기에서 골라 쓰시오.

┌─ 보기 ─────────────────────────────────┐

remark     drought     disposable     sacrifice     spare

└────────────────────────────────────────┘

1. _____ : not needed now but kept because it may be needed in the future
2. _____ : to say or write something; to comment
3. _____ : a long period without rain
4. _____ : made to be thrown away after being used once or for a short time
5. _____ : giving up something that is valuable to you for a specific purpose

74

**D** 다음 짝지어진 단어의 관계가 같도록 빈 칸에 알맞은 말을 쓰시오.

1. summarize : summary = resident : r_____

2. valid : invalid = dissuade : p_____

3. comprehend : understand = bear : e_____

4. evidence : evident = excess : e_____

5. revise : revision = expose : e_____

**E** 다음 문장의 빈 칸에 알맞은 말을 보기에서 골라 쓰시오.

| 보기 |

| detected | settled | solve | estimated |
| grasped | fierce | tragic | stared |

1. He visited Paris and eventually _____ there.

그는 파리에 방문했다가 결국 그 곳에 정착했다.

2. Everybody _____ at her hat.

모두들 그녀의 모자를 응시했다.

3. He _____ a certain sadness in the old man's face.

그는 노인의 얼굴에서 어떤 슬픔을 알아챘다.

4. The bomb explosion resulted in a _____ loss of life.

폭탄의 폭발은 비극적인 인명 손실을 가져왔다.

5. The government is trying to _____ the problem of inflation.

정부는 인플레이션 문제를 해결하려 노력하고 있다.

6. I don't think you _____ the main points of the lecture.

내가 보기엔 넌 강의의 요점을 파악한 것 같지가 않은데.

7. The house was guarded by _____ dogs.

그 집은 사나운 개들이 시키고 있었다.

8. He _____ that the work would take three months.

그는 그 일은 석 달이 걸릴 것으로 추정했다.

| | | |
|---|---|---|
| 0421 | **defect** 명 단점, 부족 <br> [dífekt, difékt] 동 [difékt] 이탈하다 | defective 형 결점이 있는 |
| 0422 | **modest** 형 겸손한, 적당한 <br> [mádist] | modesty 명 겸손 |
| 0423 | **conference** 명 회의 <br> [kánfərəns] | |
| 0424 | **asleep** 형 잠든, 잠들어 <br> [əslí:p] | |
| 0425 | **propose** 동 제안하다, 청혼하다 <br> [prəpóuz] | proposal 명 제안, 청혼 |
| 0426 | **combine** 동 결합하다, 합병하다 <br> [kəmbáin] | combination 명 결합 |
| 0427 | **stadium** 명 육상 경기장 <br> [stéidiəm] | |
| 0428 | **liberty** 명 자유 ( =freedom) <br> [líbərti] | liberal 형 후한, 관대한 |
| 0429 | **access** 명 접근, 출입 <br> [ǽkses] 동 (데이터에) 접근하다 | |
| 0430 | **colony** 명 식민지 <br> [káləni] | colonial 형 식민지의 |
| 0431 | **violate** 동 (법률·약속 등을) 어기다, 침해하다 <br> [váiəlèit] | violation 명 위반, 침해 |
| 0432 | **technical** 형 기술적인, 전문적인 <br> [téknikəl] | technically 부 기술적으로, 전문적으로, 정확히 |
| 0433 | **surgeon** 명 외과의사 <br> [sə́:rdʒən] | surgery 명 수술 |
| 0434 | **caution** 명 조심, 경고 <br> [kɔ́:ʃən] 동 경고하다 | cautious 형 조심하는 |
| 0435 | **burden** 명 짐, 부담 <br> [bə́:rdn] 동 …에게 짐을 지우다 | burdensome 형 짐이 되는 |

다음 예문의 빈 칸에 알맞은 말을 써 넣으면서 익힌 단어를 확인하세요.

1. A _____ in the computer hardware was discovered.

   컴퓨터 하드웨어에 하자가 있는 것이 발견되었다.

2. He's very _____ about his achievements.

   그는 자신의 업적에 대해 매우 겸손하다.

3. hold a press _____ 기자회견을 열다

4. When he reads books, he falls _____. 그는 책을 읽었다 하면 잠이 든다.

5. I _____ to her. 나는 그녀에게 청혼했다.

6. _____ two companies 두 회사를 합병하다

7. A citizen has the right to life, _____, and happiness.

   시민은 생명, 자유, 행복을 누릴 권리를 갖는다.

8. He gained _____ to the patient's record.

   그는 환자의 기록을 볼 수 있는 권한을 얻었다.

9. Australia and New Zealand are former British _____.

   오스트레일리아와 뉴질랜드는 과거 영국의 식민지였다.

10. _____ a peace treaty 평화조약을 어기다

11. a heart _____ 심장 외과의사

12. a word of _____ 경고의 말

13. The little donkey staggered under its heavy _____.

   작은 당나귀는 무거운 짐의 무게로 비틀거렸다.

- **be in conference** 회의 중이다
- **have access to** …에 출입할 수 있다
- **fall asleep** 잠들다
- **with caution** 조심해서

 정답

1. defect  2. modest  3. conference  4. asleep  5. proposed  6. combine  7. liberty  8. access
9. colonies  10. violate  11. surgeon  12. caution  13. burden

0436 **abrupt** 휑 갑작스러운, 퉁명스러운
[əbrʌ́pt]

abruptly 튄 갑작스럽게, 퉁명스럽게

0437 **domestic** 휑 국내의, 가정의
[douméstik]

0438 **vote** 동 투표하다
[vout] 명 투표

voter 명 유권자

0439 **stick** 동 찌르다, 달라붙다
[stik] 명 막대기, 지팡이

sticky 휑 끈적끈적한

0440 **resolution** 명 결심, 결단력
[rèzəlú:ʃən]

resolve 동 결심하다

0441 **conquer** 동 정복하다, 극복하다
[káŋkər]

conquest 명 정복
conqueror 명 정복자

0442 **bitter** 휑 쓴, 지독한, 쓰라린
[bítər]

bitterly 튄 통렬히

0443 **resist** 동 저항하다
[rizíst]

resistance 명 저항

0444 **pretend** 동 …인 체하다
[priténd]

0445 **multiply** 동 곱하다, 증가하다
[mʌ́ltəplài]

multiple 휑 복합의, 다수의

0446 **courteous** 휑 예의바른, 정중한
[kə́:rtiəs]

courtesy 명 예의바름

0447 **heal** 동 (병·상처 등을) 치유하다, 낫다
[hi:l]

healer 명 치료자

0448 **cure** 동 (병을) 치료하다, 제거하다
[kjuər] 명 치료법, 치료제

curable 휑 치료할 수 있는

0449 **remedy** 명 치료(약), 요법, 구제책
[rémədi] 동 고치다, 개선하다

0450 **therapy** 명 치료법 (보통 약이나 수술 없이 하는)
[θérəpi]

다음 예문의 빈 칸에 알맞은 말을 써 넣으면서 익힌 단어를 확인하세요.

1. He took an _____ turn to the left. 그는 갑자기 왼쪽으로 돌았다.

2. _____ opinion had turned against the war.

   국내 여론은 전쟁 반대쪽으로 바뀌었다.

3. _____ a stamp on an envelope 봉투에 우표를 붙이다

4. He made a _____ to give up drinking. 그는 술을 끊기로 결심했다.

5. _____ a peak 정상을 정복하다

6. Failing the exam was a _____ disappointment.

   시험에 떨어진 것은 쓰디쓴 실망을 안겨 주었다.

7. The soldiers _____ the enemy attacks for two weeks.

   군인들은 2주 동안 적의 공격에 저항했다.

8. _____ to be asleep 잠든 척하다

9. 4 _____ by 3 is 12. 4 곱하기 3은 12이다.

10. The cut will _____ up in a few days. 상처는 며칠이 지나면 나을 것이다.

11. The treatment _____ her of cancer. 그녀는 치료를 받고 암에서 회복했다.

12. a cold _____ 감기약

13. physical _____ 물리 치료

- cast a vote 한 표를 던지다
- stick to 계속하다, 고수하다
- stick up (항복의 표시로) 손을 들다, 튀어나와 있다

1. abrupt 2. Domestic 3. stick 4. resolution 5. conquer 6. bitter 7. resisted 8. pretend
9. multiplied 10. heal 11. cured 12. remedy 13. therapy

0451 **length** 몡 길이, 기간
[leŋkθ]
    lengthen 몽 길게 하다

0452 **baggage** 몡 수화물 (=luggage)
[bǽgidʒ]

0453 **abolish** 몽 폐지하다 (↔establish)
[əbɑliʃ]
    abolition 몡 폐지

0454 **commute** 몽 통근하다
[kəmjúːt]
    commuter 몡 (교외) 통근자

0455 **alert** 몡 방심 않는 몡 경보
[ələ́ːrt] 몽 …에게 경계시키다

0456 **invalid** 몡 무효의 (↔valid)
[invǽlid]

0457 **discharge** 몽 짐을 부리다, 방출하다, 해고하다
[distʃɑ́ːrdʒ] 몡 짐 부리기, 방출, 해고

0458 **guarantee** 몽 보장하다, 보증하다
[gæ̀rəntíː] 몡 보증(서)

0459 **barren** 몡 불모의, 열매를 못 맺는
[bǽrən]

0460 **compact** 몡 빽빽한, 단단한, 소형의
[kəmpǽkt]

0461 **exclude** 몽 제외하다 (↔include)
[iksklúːd]
    exclusion 몡 제외
    exclusive 몡 배타적인, 독점적인

0462 **adhere** 몽 들러붙다 (=stick), 고수하다
[ædhíər]
    adherence 몡 부착, 고수

0463 **distinct** 몡 뚜렷한, 별개의
[distíŋkt]
    distinction 몡 구별, 차별

0464 **cooperate** 몽 협력하다, 협조하다
[kouɑ́pərèit]
    cooperation 몡 협력
    cooperative 몡 협조적인

0465 **ballot** 몡 투표
[bǽlət] 몽 투표하다

## 내가 완성하는 예문

다음 예문의 빈 칸에 알맞은 말을 써 넣으면서 익힌 단어를 확인하세요.

1. The tiny insect is only one millimeter in _____.
   그 작은 곤충은 길이가 겨우 1밀리미터이다.

2. a _____ claim 공항의 수화물 찾는 곳

3. _____ the death penalty 사형제도를 폐지하다

4. Security guards must be _____ at all times.
   안전 경비원은 언제나 방심하지 않아야 한다.

5. A check without signature is _____. 서명이 없는 수표는 효력이 없다.

6. a _____ of poisonous chemicals 유독화학물의 방출

7. This digital camera is _____ for a year.
   이 디지털 카메라는 1년간 보증됩니다.

8. We can't _____ the possibility that he is dead.
   우리는 그가 죽었을지 모른다는 가능성을 배제할 수 없다.

9. Mud _____ to my clothes. 내 옷에 진흙이 들러붙었다.

10. There was a _____ smell of cigarettes in the room.
    방 안에서 뚜렷한 담배 냄새가 났다.

11. Mules are _____ from donkeys. 노새는 당나귀고는 별개의 동물이다.

12. _____ with the police investigation 경찰수사에 협조하다

13. _____ for the chairman 의장을 투표로 뽑다


## 관련 숙어 탐색

- **at length** 마침내, 오랫동안
- **adhere to** 들러붙다, 고수하다
- **on the alert** 방심하지 않고, 경계하여

1. length  2. baggage  3. abolish  4. alert  5. invalid  6. discharge  7. guaranteed  8. exclude
9. adhered  10. distinct  11. distinct  12. cooperate  13. ballot

| | | |
|---|---|---|
| 0466 | **assume** 통 가정하다, …인 체하다 [əsjúːm] | assumption 명 가정 |
| 0467 | **betray** 통 (비밀 등을) 누설하다, 배신하다 [bitréi] | betrayal 명 배신<br>betrayer 명 배신자 |
| 0468 | **ethnic** 형 인종의, 민족의 [éθnik] | |
| 0469 | **agent** 명 대리인 [éidʒənt] | agency 명 대리점 |
| 0470 | **abuse** 통 남용하다, 학대하다 [əbjúːz] 명 [əbjúːs] 남용, 학대 | |
| 0471 | **compromise** 명 타협, 양보 [kámprəmàiz] 통 타협하다, 절충하다 | |
| 0472 | **admire** 통 존경하다, 감탄하다 [ədmáiər] | admirable 형 감탄할 만한 |
| 0473 | **adhesive** 형 접착성의 (=sticky) [ædhíːsiv] 명 접착제 | adhere 통 들러붙다 |
| 0474 | **adjust** 통 조절하다, 맞추다 [ədʒʌ́st] | adjustment 명 조정 |
| 0475 | **abundant** 형 풍부한 (=plentiful) [əbʌ́ndənt] | abundance 명 풍부 |
| 0476 | **complicate** 통 복잡하게 하다 [kámplikèit] | complicated 형 복잡한 |
| 0477 | **aware** 형 알고 있는, 의식이 있는 [əwɛ́ər] | awareness 명 의식, 자각 |
| 0478 | **recognize** 통 알아보다, 인정하다, 승인하다 [rékəgnàiz] | recognizable 형 알아볼 수 있는<br>recognition 명 알아봄, 승인 |
| 0479 | **realize** 통 실현하다, 깨닫다 [ríːəlàiz] | realization 명 실현, 깨달음 |
| 0480 | **acknowledge** 통 인정하다 (=admit), 알리다 [æknálidʒ] | |

다음 예문의 빈 칸에 알맞은 말을 써 넣으면서 익힌 단어를 확인하세요.

1. Let's _____ that you went to the same school.

   너희들이 같은 학교를 다녔다고 가정해 보자.

2. He refused to _____ their plans. 그는 그들의 계획을 누설하기를 거부했다.

3. _____ tensions 민족 간의 갈등

4. an _____ of power 직권남용

5. reach a _____ 타협점에 이르다

6. Everyone _____ the way he dealt with the problem.

   모두들 그가 문제를 해결하는 방식에 감탄했다.

7. seal a parcel with _____ tape 접착테이프로 소포를 봉하다

8. The seat can be _____ to different positions.

   그 의자는 다른 위치로 조절이 된다.

9. The land is _____ in minerals. 그 지방에는 광물이 풍부하다.

10. Let's not _____ things by adding too many details.

    세부사항을 너무 많이 추가해서 일을 복잡하게 만들지 말자.

11. We are already _____ of the problem. 우리는 이미 그 문제를 알고 있다.

12. I _____ him but I couldn't remember his name.

    나는 그를 알아보았지만 그의 이름은 기억이 나지 않았다.

13. They didn't _____ the danger they were in.

    그들은 그들이 처한 위험을 깨닫지 못했다.

14. _____ one's faults 자신의 결점을 인정하다

- **assuming that** …로 가정하면       - **be aware of** …을 알고 있다

1. assume  2. betray  3. ethnic  4. abuse  5. compromise  6. admired  7. adhesive  8. adjusted
9. abundant  10. complicate  11. aware  12. recognized  13. realize  14. acknowledge

## A 다음 영어는 우리말로, 우리말은 영어로 쓰시오.

| | | | | |
|---|---|---|---|---|
| 1. conference | _____ | 11. 갑작스러운 | a_____ | |
| 2. stadium | _____ | 12. 남용하다 | a_____ | |
| 3. violate | _____ | 13. 결심 | r_____ | |
| 4. domestic | _____ | 14. 저항하다 | r_____ | |
| 5. conquer | _____ | 15. 곱하다 | m_____ | |
| 6. invalid | _____ | 16. 정중한 | c_____ | |
| 7. distinct | _____ | 17. 불모의 | b_____ | |
| 8. assume | _____ | 18. 배신하다 | b_____ | |
| 9. guarantee | _____ | 19. 전문용어 | t_____ terms | |
| 10. colony | _____ | 20. 신앙의 자유 | religious l_____ | |

## B 자연스러운 표현이 되도록 연결하시오.

1. measure            ⓐ of pollution from a factory

2. a discharge       ⓑ to be sick

3. cooperate         ⓒ the fear of heights

4. conquer           ⓓ with the police investigation

5. pretend           ⓔ the length of a room

## C 다음 영영 뜻풀이에 해당하는 단어를 보기에서 골라 쓰시오.

| 보기 |
|---|
| complicate    adhere    adjust    admire    agent |

1. _____ : a person whose job is to do business for a company or for another person

2. _____ : to change something slightly, especially because it is not in the right position

3. _____ : to make something difficult to understand or deal with

4. _____ : to stick firmly to something

5. _____ : to respect or like somebody very much

## D 다음 짝지어진 단어의 관계가 같도록 빈 칸에 알맞은 말을 쓰시오.

1. proposal : propose = abolition : a_____

2. establish : abolish = include : e_____

3. baggage : luggage = plentiful : a_____

4. defect : defector = commute : c_____

5. combine : combination = assume : a_____

## E 다음 문장의 빈 칸에 알맞은 말을 보기에서 골라 쓰시오.

┤보기├

| | | | |
|---|---|---|---|
| access | modest | asleep | bitter |
| heal | alert | cautioned | burden |

1. He's _____, as well as being a great player.

   그는 훌륭한 선수일 뿐 아니라 겸손하기까지 하다.

2. Her death will be an impossible _____ on him.

   그녀의 죽음은 그에게는 극복할 수 없는 부담이 될 것이다.

3. Failing the exam was a _____ experience for me.

   시험에서 낙제한 것은 나에게는 쓰라린 경험이었다.

4. The only _____ to the village is by boat.

   그 마을에 들어가는 유일한 방법은 보트를 이용하는 것이다.

5. The player was _____ by the referee for wasting time.

   그 선수는 시간을 끈다고 심판에게 경고를 받았다.

6. The wound will _____ up soon.

   상처는 곧 나을 것이다.

7. We all have to stay _____.

   우리 모두 경계를 늦추지 말아야 한다.

8. The baby is sound _____.

   아기가 깊이 잠들어 있다.

0481 **own** (형) 자기 자신의
[oun] (동) 소유하다

0482 **develop** (동) 발전하다, 개발하다
[divéləp]

development (명) 발전, 개발

0483 **result** (명) 결과, 성과
[rizʌ́lt] (동) 결과로서 일어나다

0484 **sound** (명) 소리, 음 (동) …하게 들리다, 소리가 나다,
[saund] 울리다 (형) 건전한, 견고한

0485 **accord** (명) 합의, 일치 (=agreement)
[əkɔ́ːrd] (동) 일치하다

accordance (명) 일치, 조화

0486 **cause** (명) 원인 (↔effect), 이유 (=reason)
[kɔːz] (동) 야기하다, 원인이 되다

0487 **remain** (동) 남다, 머무르다
[riméin] (명) 잔존물, 유물, 유해

0488 **foreign** (형) 외국의
[fɔ́(ː)rin]

foreigner (명) 외국인

0489 **usual** (형) 보통의, 일상의 (=ordinary; ↔unusual)
[júːʒuəl]

usually (부) 보통, 일반적으로

0490 **lead** (동) 인도하다, …에 이르다
[liːd] (명) 선두, 지휘, [led] 납

leader (명) 지도자, 선두
leadership (명) 지도, 지도력

0491 **probably** (부) 아마
[prábəbli]

probable (형) 있음직한, 예상되는

0492 **form** (명) 모양, 형태, 용지
[fɔːrm] (동) 형태를 이루다, 구성하다

0493 **monitor** (명) 모니터, 충고자
[mánitər] (동) 감시하다, 검토하다

0494 **support** (동) 지지하다, 후원하다
[səpɔ́ːrt] (명) 지지, 후원

supporter (명) 지지자

0495 **according to** (전) …에 따라서
[əkɔ́ːrdiŋ tu]

다음 예문의 빈 칸에 알맞은 말을 써 넣으면서 익힌 단어를 확인하세요.

1. She has her _____ car. 그녀는 자기 소유의 차를 가지고 있다.

2. We have plan to _____ the site.

   우리는 그 부지를 개발할 계획을 가지고 있다.

3. This wasn't really the _____ that I was expecting.

   이건 내가 기대했던 결과가 아니었다.

4. That _____ like a good idea! 그거 참 좋은 생각이다!

5. His deeds _____ with his words. 그의 언행은 일치한다.

6. What was the _____ of the accident? 사고의 원인이 무엇이었니?

7. Nothing _____ of the building after the fire.

   화재로 그 건물은 흔적도 없이 다 타 버렸다.

8. a _____ language 외국어

9. He rose earlier than _____. 그는 평소보다 일찍 일어났다.

10. All roads _____ to Rome. 모든 길은 로마로 통한다.

11. an application _____ 신청서

12. Which political party do you _____?

    당신은 어느 정당을 지지하나요?

13. He came _____ his promise. 그는 약속대로 왔다.

- **on one's own** 자기 힘으로, 혼자
- **accord with** 일치하다
- **as usual** 평소와 같이, 여느 때처럼
- **as a result of** …의 결과로서
- **in the cause of** …을 위해

1. own  2. develop  3. result  4. sounds  5. accord  6. cause  7. remained  8. foreign  9. usual
10. lead  11. form  12. support  13. according to

**0496 crisis** 명 위기, 중대 국면
[kráisis]

**0497 share** 동 분배하다, 공유하다
[ʃɛər] 명 몫, 주식

**0498 instead** 부 전 그 대신에
[instéd]

**0499 provide** 동 주다, 공급하다
[prəváid]
provision 명 공급, 준비

**0500 audience** 명 청중, 관객
[ɔ́:diəns]

**0501 guess** 동 추측하다, 짐작하다
[ges] 명 추측, 억측

**0502 reply** 동 대답하다 (=answer)
[riplái] 명 대답

**0503 condition** 명 상태, 조건, 상황
[kəndíʃn]
conditional 형 …을 조건으로 하는

**0504 perform** 동 실행하다, 공연하다
[pərfɔ́:rm]
performance 명 공연, 연기, 연주

**0505 suppose** 동 가정하다, 추측하다
[səpóuz]

**0506 unit** 명 단일체, 단위
[jú:nit]

**0507 unity** 명 통일(성), 조화
[jú:nəti]

**0508 unify** 동 하나로 하다, 통일하다 (=unite)
[jú:nəfài]
unification 명 통일, 단일화

**0509 union** 명 결합, 단결, 연합조직
[jú:njən]

**0510 reunion** 명 재결합, 동창회
[ri:jú:niən]

## 내가 완성하는 예문

다음 예문의 빈 칸에 알맞은 말을 써 넣으면서 익힌 단어를 확인하세요.

1. a financial _____ 재정위기

2. I _____ my sandwiches with him. 나는 샌드위치를 그와 나누어 먹었다.

3. I'll _____ the food for the party.
   나는 파티를 위해 음식을 제공할 것이다.

4. I _____ that he is about 40. 나는 그가 40세 정도라고 추측한다.

5. She didn't _____ to my e-mail.
   그녀는 내 이메일에 회답하지 않았다.

6. He's in no _____ to drive. 그는 운전할 수 있는 상태가 아니다.

7. He will be _____ on stage tonight.
   그는 오늘밤 무대에서 공연할 것이다.

8. _____ you won the lottery. What would you do?
   복권에 당첨되었다고 가정해 봐. 뭘 하고 싶니?

9. The family is a _____ of society. 가족은 사회의 구성 단위이다.

10. The story lacks _____. 그 이야기는 통일성이 없다.

11. We need a leader who can _____ the party.
    우리는 당을 통합할 지도자가 필요하다.

12. the European _____ 유럽연합

13. a high school _____ 고등학교 동창회

## 관련 숙어 탐색

- **instead of** …대신에
- **in〔out of〕 condition** 건강〔건강하지 못〕하여
- **provide for** 준비하다, 대비하다
- **on condition that** …이라는 조건으로

## 정답

1. crisis  2. shared  3. provide  4. guess  5. reply  6. condition  7. performing  8. Suppose
9. unit  10. unity  11. unify  12. Union  13. reunion

89

0511 **demand** 명 요구, 수요 (↔supply)
[dimǽnd] 동 요구하다, 청구하다

0512 **allow** 동 허락하다
[əláu]

allowance 명 수당, 용돈, 허용

0513 **force** 명 힘, 폭력
[fɔːrs] 동 강요하다, 억지로 하다 (=compel)

0514 **effort** 명 노력, 노력의 결과
[éfərt]

0515 **main** 형 주요한, 중요한 (=chief)
[mein]

mainly 부 주로, 대개

0516 **disappointed** 형 실망한
[dìsəpɔ́intid]

disappoint 동 실망시키다
disappointment 명 실망

0517 **trust** 명 신뢰, 신용 (=belief, faith)
[trʌst] 동 신뢰하다, 신용하다 (↔distrust)

trustful 형 정직한, 진실한
trustworthy 형 믿을 수 있는

0518 **especially** 부 특히, 각별히
[ispéʃəli]

0519 **common** 형 보통의 (↔uncommon), 공통의
[kámən]

0520 **focus** 동 집중하다 (=concentrate), 초점을 맞추다
[fóukəs] 명 초점

0521 **equip** 동 갖추다, …에 설비하다
[ikwíp]

equipment 명 장비, 설비

0522 **flight** 명 비행, 비행기
[flait]

fly 동 날다, 비행기로 가다

0523 **cheer** 동 환성을 지르다, 응원하다
[tʃiər] 명 환호, 응원

cheerful 형 기분 좋은

0524 **reach** 동 도달하다, (손을) 뻗치다
[riːtʃ] 명 손을 뻗음, 손발이 닿는 범위

0525 **local** 형 지방의, 장소의
[lóukəl]

다음 예문의 빈 칸에 알맞은 말을 써 넣으면서 익힌 단어를 확인하세요.

1. laws of supply and _____ 수요 공급의 법칙

2. Smoking is not _____ here. 이 곳은 금연입니다.

3. We _____ him to sign the paper. 우리는 그에게 억지로 그 서류에 서명하게 했다.

4. It took years to write the book, but it was worth the _____.

   그 책을 쓰는 데 몇 년이 걸렸으나 그것은 노력할 만한 가치가 있었다.

5. You're happy and that's the _____ thing.

   네가 행복한 것, 그것이 중요한 것이다.

6. Their relationship is based on _____ and understanding.

   그들의 관계는 신뢰와 이해에 바탕을 두고 있다.

7. The surname 'Kim' is very _____ in Korea.

   '김'이라는 성은 한국에서 매우 흔하다.

8. She tried to _____ her mind on her work. 그녀는 자신의 일에 집중하려고 애썼다.

9. All of our classrooms are _____ with computers.

   모든 학급에 컴퓨터가 설치되어 있다.

10. The crowd _____ when their team scored.

    관중은 자신들의 팀이 득점하자 환성을 질렀다.

11. Keep medicines out of children's _____.

    약은 어린이 손이 닿지 않는 곳에 보관하시오.

12. a _____ newspaper 지역신문

## 관련 숙어 탐색

■ **make an effort** 노력하다, 애쓰다
■ **focus on** …에 집중하다
■ **be disappointed at (in)** …에 (에게) 실망하다
■ **cheer up** 격려하다, 기운 내라

1. demand  2. allowed  3. forced  4. effort  5. main  6. trust  7. common  8. focus  9. equipped
10. cheered  11. reach  12. local

0526 **disease** 몡 병, 질병
[dizíːz]

0527 **crop** 몡 수확, 농작물
[krɑp]

0528 **weight** 몡 무게, 체중
[weit]

weigh 통 …의 무게를 달다, 무게가 …이다

0529 **regular** 혱 규칙적인, 정기적인 (↔irregular), 일상의
[régjələr]

regularly 븐 규칙적으로

0530 **quantity** 몡 양, 분량
[kwántəti]

0531 **citizen** 몡 국민, 시민
[sítəzən]

citizenship 몡 시민권

0532 **hardly** 븐 거의 …아니다 (=barely, scarcely)
[háːrdli]

0533 **general** 혱 일반의, 전반적인
[dʒénərəl] 몡 대장, 장군

generally 븐 일반적으로
generalize 통 일반화하다

0534 **deal** 통 다루다, 거래하다
[diːl] 몡 거래, 대우

dealer 몡 상인

0535 **contact** 몡 연락, 교제, 접촉
[kántækt, kəntǽkt] 통 …와 연락하다

0536 **normal** 혱 정상의, 표준의 (↔abnormal)
[nɔ́ːrməl] 몡 표준, 평균

normally 븐 평소대로, 보통은, 정상적으로

0537 **beat** 통 패배시키다, 치다
[biːt] 몡 두들김, 박자

0538 **measure** 통 재다, 판단하다
[méʒər] 몡 치수, 기준

measurement 몡 치수, 크기, 측량

0539 **intelligent** 혱 이해력이 있는, 지능이 높은, 영리한
[intélədʒənt]

intelligence 몡 지성, 이해력

0540 **intellectual** 혱 지적인, 지능을 요하는
[ìntəléktʃuəl]

intellect 몡 지력, 지성

다음 예문의 빈 칸에 알맞은 말을 써 넣으면서 익힌 단어를 확인하세요.

1. He suffers from heart _____. 그는 심장병을 앓고 있다.

2. I need to lose a bit of _____ _____. 나는 체중을 좀 줄일 필요가 있다.

3. His breathing was slow and _____. 그의 호흡은 느리고 규칙적이었다.

4. A vast _____ of information is available on the Internet.

   거대한 양의 정보를 인터넷에서 이용할 수 있다.

5. He has _____ any sense of humor. 그는 유머감각이 거의 없다.

6. a _____ hospital 종합병원

7. The program _____ with water pollution.

   그 프로그램은 수질오염 문제를 다루고 있다.

8. I'm still in _____ with her. 나는 여전히 그녀와 연락하고 있다.

9. Train services are back to _____ again after the strike.

   파업이 끝나고 열차 서비스가 정상으로 돌아왔다.

10. Our team _____ Japan 3-1. 우리 팀이 일본을 3대 1로 이겼다.

11. This box _____ ten inches by six. 이 상자는 세로 10인치 가로 6인치이다.

12. All their children are very _____. 그들의 아이들은 모두 매우 영리하다.

13. Her _____ ability is improving. 그녀의 지적 능력은 향상되고 있다.

- in quantity 많이, 다량으로
- a great deal of 상당히 많은 양의
- beat around (about) the bush 빙빙 돌려 말하다
- in general 일반적으로, 대체로
- beyond measure 지나치게, 대단히

정답

1. disease  2. weight  3. regular  4. quantity  5. hardly  6. general  7. dealt  8. contact  9. normal
10. beat  11. measures  12. intelligent  13. intellectual

# Review 9

## A 다음 영어는 우리말로, 우리말은 영어로 쓰시오.

1. foreign _____
2. crisis _____
3. intellectual _____
4. suppose _____
5. trust _____
6. cheer _____
7. common _____
8. audience _____
9. lead _____
10. provide _____

11. 지지하다　　　s_____
12. 단일체, 단위　u_____
13. 양, 액　　　　q_____
14. 감시하다　　　m_____
15. 병, 질병　　　d_____
16. 남다, 머무르다　r_____
17. 요구, 수요　　d_____
18. 평화협정　　　peace a_____
19. 작업환경　　　working c_____
20. 유럽연합　　　European U_____

## B 자연스러운 표현이 되도록 연결하시오.

1. share
2. reply
3. make
4. deal
5. put

ⓐ an effort to be polite
ⓑ with a problem
ⓒ a room with my sister
ⓓ on weight
ⓔ to my letter

## C 다음 영영 뜻풀이에 해당하는 단어를 보기에서 골라 쓰시오.

┌ 보기 ┐
| guess | main | intelligent | beat | probably |

1. _____ : used to mean that something is very likely
2. _____ : to give an answer or opinion about something without having all the facts
3. _____ : to hit someone or something many times with your hand or with a stick
4. _____ : most important or largest
5. _____ : able to learn and understand things easily

**D** 다음 짝지어진 단어의 관계가 같도록 빈 칸에 알맞은 말을 쓰시오.

1. unify : unite = ordinary : u_____

2. disappoint : disappointment = perform : p_____

3. allow : allowance = equip : e_____

4. normal : abnormal = regular : i_____

5. flight : fly = unification : u_____

**E** 다음 문장의 빈 칸에 알맞은 말을 보기에서 골라 쓰시오.

| 보기 |

| hardly | caused | contact | reached |
|--------|--------|---------|---------|
| form | owns | resulted | developed |

1. The flight delay _____ from mechanical problem.

비행기는 기계상의 문제로 지연되었다.

2. The fire was _____ by an electrical fault.

화재는 전기 결함으로 인해 일어났다.

3. Please fill in the _____ with black ink.

용지에 검정 잉크로 써 넣으세요.

4. I've been trying to _____ you for days.

며칠 동안 너와 연락하려고 했다.

5. I was so shocked I could _____ speak.

나는 너무 놀라서 거의 말을 할 수 없었다.

6. Who _____ this house?

이 집은 누가 소유하고 있지?

7. The situation _____ rapidly.

사태가 급속히 전개되었다.

8. His hand _____ out and held me.

그가 손을 뻗어 나를 잡았다.

0541 **rate** 명 비율, 요금, 속도
[reit] 동 평가하다, 어림잡다

0542 **prepare** 동 준비하다
[pripέər]

preparation 명 준비

0543 **obtain** 동 얻다, 획득하다
[əbtéin]

0544 **throughout** 부전 …의 도처에, 처음부터 끝까지
[θru:áut]

0545 **labor** 명 노동, 노동자
[léibər] 동 노동하다, 애쓰다 (=struggle)

laborious 형 힘드는, 고된

0546 **independent** 형 독립한, 자립의 (↔dependent)
[ìndipéndənt]

independence 명 독립, 자립

0547 **fit** 동 (꼭)맞다, 적당하다
[fit] 형 알맞은, 건강이 좋은 (↔unfit)

fitness 명 적당, 건강, 체력

0548 **court** 명 법정, (농구 등의) 코트
[kɔ:rt]

0549 **behave** 동 행동하다, 예절바르게 행동하다
[bihéiv]

behavior 명 행동, 태도

0550 **succeed** 동 성공하다 (↔fail), 계승하다
[səksí:d]

success 명 성공, 성취
succession 명 연속, 계승

0551 **medical** 형 의학의, 의료의
[médikəl]

0552 **repair** 동 수리〔수선〕하다 (=mend, fix), 회복하다
[ripέər] 명 수리, 수선

0553 **apply** 동 신청하다, 지원하다, 적용되다
[əplái]

application 명 신청, 지원서, 적용

0554 **range** 명 범위, 열
[reindʒ] 동 변동하다, …의 범위에 걸치다

0555 **population** 명 인구, 주민
[pὰpjəléiʃən]

다음 예문의 빈 칸에 알맞은 말을 써 넣으면서 익힌 단어를 확인하세요.

1. the exchange _____ 환율

2. She is _____ the meal. 그녀는 식사를 준비하고 있다.

3. She was finally able to _____ legal possession of the house.

   그녀는 마침내 그 집의 법적 소유권을 얻을 수 있었다.

4. skilled _____ 숙련된 노동자

5. I'm financially _____. 나는 경제적으로 자립해 있다.

6. The jacket _____ you perfectly. 그 재킷이 네게 꼭 맞는다.

7. He was summoned to appear in _____ as a witness.

   그는 증인으로 법정 출두명령을 받았다.

8. They are _____ like children.

   그들은 아이들처럼 행동하고 있다.

9. When the queen dies, her eldest son will _____ to the throne.

   여왕이 죽으면 그녀의 큰아들이 왕위를 계승할 것이다.

10. I must get my bike _____. 내 자전거는 수리해야 한다.

11. I've _____ to that company for a job. 나는 그 회사에 구직원서를 냈다.

12. The price _____ is from $100 to $200.

   가격 폭은 100달러부터 200달러까지이다.

13. What is the _____ of Seoul? 서울의 인구는 얼마인가?

## 관련 숙어 탐색

- **at any rate** 하여튼
- **fit in** 꼭 맞다, 적합하다
- **succeed in** 성공하다
- **succeed to** 계승하다, 상속하다
- **apply for** 신청하다, 지원하다
- **apply to** 적용되다, 적합하다

1. rate  2. preparing  3. obtain  4. labor  5. independent  6. fits  7. court  8. behaving  9. succeed
10. repaired  11. applied  12. range  13. population

**0556 correct** 형 올바른, 정확한 (↔ incorrect)
[kərékt] 동 바로잡다, 고치다

correctly 부 올바르게

**0557 forgive** 동 용서하다 (= pardon, excuse)
[fərgív]

forgiveness 명 용서

**0558 merit** 명 가치, 장점 (↔ demerit)
[mérit]

**0559 severe** 형 엄한, 맹렬한, 위중한
[sivíər]

severely 부 심하게, 엄격하게

**0560 lift** 동 들어올리다, 올리다
[lift] 명 들어올리기, 차에 태워줌, 승강기 (= elevator)

**0561 degree** 명 (각도·온도의) 도, 정도, 학위
[digríː]

**0562 gather** 동 모으다, 모이다
[gǽðər]

gathering 명 모임, 회합

**0563 firm** 형 굳은, 확고한
[fəːrm] 명 상회, 회사

firmly 부 굳게, 확고하게

**0564 lack** 명 부족, 결핍
[læk] 동 …이 없다, 부족하다

**0565 moreover** 부 그 위에, 더욱이, 또한
[mɔːróuvər]

**0566 senior** 형 손위의, 선배의
[síːnjər] 명 연장자, 선배

*cf.* senior citizen 노령자, 노인

**0567 comment** 명 논평, 의견
[kάmənt] 동 논평하다, 의견을 말하다 (= mention)

**0568 argue** 동 논하다, 언쟁하다, 주장하다
[άːrgjuː]

argument 명 논의, 논쟁, 논거

**0569 dispute** 명 논쟁, 말다툼
[dispjúːt] 동 논쟁하다, 문제삼다

**0570 discuss** 동 토론하다, 의논하다
[diskΛs]

discussion 명 토론, 심의

다음 예문의 빈 칸에 알맞은 말을 써 넣으면서 익힌 단어를 확인하세요.

1. a _____ answer 정답

2. I can't _____ him for what he did to me.

   그가 나에게 한 일에 대해 그를 용서할 수 없다.

3. There is a lot of _____ in his ideas. 그의 아이디어에는 장점이 많다.

4. a _____ headache 극심한 두통

5. I'll give you a _____ to the airport. 내가 공항까지 태워다 줄게.

6. This job demands a high _____ of skill.

   이 일은 고도의 기술을 요한다.

7. A rolling stone _____ no moss. 구르는 돌에는 이끼가 안 낀다.

8. She works for a law _____. 그녀는 법률 회사에서 일한다.

9. His only problem is _____ of confidence.

   그의 유일한 문제는 자신감의 부족이다.

10. It was very cold, and _____, began to rain.

    매우 추웠고, 게다가 비까지 내리기 시작했다.

11. He's _____ to me by two years. 그는 나보다 두 살 위다.

12. They _____ about money. 그들은 돈 문제로 싸웠다.

13. We _____ the government's plan.

    우리는 정부의 계획에 대해 논쟁했다.

14. I must _____ the matter with my parents before I make a
    decision. 나는 결정하기 전에 부모님과 그 문제를 의논해 봐야 한다.

■ by degrees 점차로, 차차로　　　　■ No comment. 할 말 없음.

■ in dispute 논의 중인

1. correct  2. forgive  3. merit  4. severe  5. lift  6. degree  7. gathers  8. firm  9. lack
10. moreover  11. senior  12. argued  13. disputed  14. discuss

# Day

**0571 below** 전 부 아래에, 이하의 (↔ above)
[bilóu]

**0572 trade** 명 장사, 무역
[treid] 동 장사하다, 무역하다, 교환하다

**0573 polite** 형 공손한, 예의바른 (↔ impolite)
[pəláit]

politeness 명 공손함
politely 부 예의바르게, 정중하게

**0574 steal** 동 훔치다
[sti:l]

**0575 master** 명 주인, 대가, 석사
[mǽstər] 동 정통하다, 지배하다

**0576 pour** 동 따르다, 흐르다, (비가) 억수같이 퍼붓다
[pɔ:r]

**0577 fasten** 동 묶다, 고정시키다
[fǽsn]

**0578 method** 명 방법, 방식
[méθəd]

**0579 spread** 동 퍼지다, 펴다
[spred] 명 퍼짐, 만연

**0580 item** 명 항목, 품목
[áitəm]

**0581 horizon** 명 수평선, 지평선
[həráizən]

horizontal 형 수평의, 가로의

**0582 freeze** 동 얼다 (↔ melt)
[fri:z]

freezing 형 어는, 몹시 추운

**0583 moral** 형 도덕의, 윤리의 (↔ immoral)
[mɔ́(:)rəl] 명 교훈, 도덕, 윤리

morally 부 도덕적으로, 바르게

**0584 feature** 명 특징, 얼굴의 생김새
[fí:tʃər] 동 특징을 이루다, 주연시키다

**0585 contrast** 명 대조, 대비
[kántræst] 동 [kəntrǽst] 대조시키다

다음 예문의 빈 칸에 알맞은 말을 써 넣으면서 익힌 단어를 확인하세요.

1. His marks in the exam were _____ average.

   그의 시험성적은 평균 이하였다.

2. foreign _____ 해외 무역

3. a _____ refusal 정중한 거절

4. It takes a long time to _____ a foreign language.

   외국어를 숙달하는 데는 오랜 시간이 걸린다.

5. She _____ some water into a glass. 그녀는 컵에 물을 따랐다.

6. _____ your seat belts, please. 안전벨트를 매십시오.

7. What's the best _____ of solving this problem?

   이 문제를 해결하는 최상의 방법은 무엇인가?

8. The fire _____ very quickly. 불이 매우 빠르게 번졌다.

9. There are fifty _____ on the list. 목록에 50개의 품목이 있다.

10. Water _____ at 0°C. 물은 섭씨 0도에서 언다.

11. _____ standards 도덕적 기준

12. An important _____ of his paintings is their bright colors.

   그의 그림의 중요한 특징은 밝은 색채이다.

13. This color _____ well with green. 이 색은 녹색과 뚜렷한 대조를 이룬다.

- contrast A with B A와 B를 대조하다
- in contrast to [with] …와는 대조적으로

1. below  2. trade  3. polite  4. master  5. poured  6. Fasten  7. method  8. spread  9. items
10. freezes  11. moral  12. feature  13. contrasts

0586 **edge** 명 가장자리, (칼)날
[edʒ]

0587 **tiny** 형 아주 작은 (↔ large, big)
[táini]

0588 **celebrate** 동 축하하다, 찬양하다
[séləbrèit]

celebration 명 축하, 축전
celebrity 명 유명인, 명사

0589 **remind** 동 생각나게 하다, 상기시키다
[rimáind]

0590 **academic** 형 학원의, 대학의, 학구적인
[æ̀kədémik]

academy 명 전문 훈련을 하는 학교, 학회

0591 **surround** 동 둘러싸다
[səráund]

surroundings 명 주위 환경, 주변

0592 **protest** 명 항의, 주장
[próutest] 동 [prətést] 항의하다, 주장하다

0593 **strike** 동 치다, 갑자기 공격하다 (= attack), 파업하다
[straik] 명 파업

0594 **flow** 명 흐름, 밀물 (↔ ebb)
[flou] 동 흐르다

0595 **route** 명 길, 수단
[ru:t]

0596 **rough** 형 거친, 난폭한, 대강의
[rʌf] 부 거칠게, 대충

roughly 부 거칠게, 대충

0597 **substance** 명 물질, 실질, 요지
[sʌ́bstəns]

0598 **career** 명 경력, 직업
[kəríər]

0599 **invade** 동 침입하다
[invéid]

invasion 명 침입, 침략

0600 **attack** 동 공격하다 (↔ defend), 비난하다
[ətǽk] 명 공격, 비난

다음 예문의 빈 칸에 알맞은 말을 써 넣으면서 익힌 단어를 확인하세요.

1. He was sitting on the _____ of the bed. 그는 침대 가장자리에 앉아있었다.

2. She _____ me of her mother. 그녀를 보니 그녀의 어머니가 생각이 난다.

3. I loved the city, with its _____ atmosphere.

   나는 학구적인 분위기를 지닌 그 도시를 좋아했다.

4. She was _____ by her fans. 그녀는 그녀의 팬들에 둘러싸였다.

5. Students have been _____ against the tuition increase.

   학생들은 수업료 인상에 항의하고 있다.

6. He _____ me on the head. 그는 내 머리를 때렸다.

7. Smoking affects the _____ of blood to the brain.

   흡연은 뇌 쪽으로 가는 혈액의 흐름에 영향을 준다.

8. What's the best _____ to Busan?

   부산까지 가는 가장 좋은 노선은 무엇인가요?

9. Rugby is a very _____ game. 럭비는 매우 거친 운동이다.

10. a chemical _____ 화학물질

11. a _____ in journalism 언론계에서의 경력

12. Hitler _____ Poland in 1939. 1939년에 히틀러가 폴란드를 침공했다.

13. Two campers were _____ by a bear last night.

   두 명의 야영자가 어젯밤에 곰에게 공격을 당했다.

- **remind A of B** A에게 B를 생각나게 하다
- **protest about〔against〕** …에 대해 항의하다
- **under protest** 이의를 제기하여
- **go on strike** 동맹파업에 들어가다

1. edge  2. reminds  3. academic  4. surrounded  5. protesting  6. struck  7. flow  8. route
9. rough  10. substance  11. career  12. invaded  13. attacked

# Review 10

**A** 다음 영어는 우리말로, 우리말은 영어로 쓰시오.

1. throughout _____
2. steal _____
3. gather _____
4. senior _____
5. lack _____
6. fasten _____
7. feature _____
8. correct _____
9. severe _____
10. contrast _____

11. 얻다 o_____
12. 범위, 폭 r_____
13. 인구 p_____
14. 가치, 장점 m_____
15. 항목, 품목 i_____
16. 가장자리 e_____
17. 성공하다 s_____
18. 환율 exchange r_____
19. 치료 m_____ treatment
20. 석사 학위 master's d_____

**B** 자연스러운 표현이 되도록 연결하시오.

1. apply
2. behave
3. discuss
4. remind
5. flow

ⓐ badly towards his parents
ⓑ into ocean
ⓒ the matter further
ⓓ for a job
ⓔ me of our trip to Spain

**C** 다음 영영 뜻풀이에 해당하는 단어를 보기에서 골라 쓰시오.

| 보기 |
| career  horizon  court  academic  labor |

1. _____ : work, especially the type of work that needs a lot of physical effort
2. _____ : the place where a judge decides whether someone is guilty of a crime
3. _____ : the line in the distance where the sky seems to touch the land or sea
4. _____ : related to education, schools, universities, etc
5. _____ : a job or profession that you have been trained for and intend to do for several years

**D** 다음 짝지어진 단어의 관계가 같도록 빈 칸에 알맞은 말을 쓰시오.

1. forgive : forgiveness = prepare : p_____

2. fit : unfit = polite : i_____

3. attack : defend = moral : i_____ __

4. repair : fix = mention : c_____

5. discussion : discuss = invasion : i_____

**E** 다음 문장의 빈 칸에 알맞은 말을 보기에서 골라 쓰시오.

> **보기**
>
> | moreover | fastens | firm | surrounded |
> | lift | poured | frozen | spread |

1. Could you help me _____ this table, please?

   이 탁자를 들어올리는 것 좀 도와 주실래요?

2. This sofa cushions are fairly _____ .

   이 소파 쿠션은 꽤 단단하다.

3. The rent is reasonable and, _____, the location is perfect.

   집세도 적당하고, 게다가 위치도 안성맞춤이다.

4. It _____ all night.

   밤새도록 비가 억수같이 퍼부었다.

5. This skirt _____ at the back.

   이 치마는 뒤쪽에서 잠근다.

6. The river had _____ overnight.

   강물이 밤사이 얼었다.

7. The rumors _____ quickly.

   소문이 빠르게 퍼졌다.

8. The garden is _____ by a high wall.

   정원은 높은 벽에 둘러싸여 있다.

**0601 medium** 몡 매개, 중간
[míːdiəm] 혱 중간의

**0602 mass** 몡 다량, 다수
[mæs] 혱 대중의, 대량의

massive 혱 부피가 큰, 대량의
*cf.* mess 몡 혼란, 뒤죽박죽

**0603 invent** 동 발명하다
[invént]

invention 몡 발명, 발명품
inventor 몡 발명가

**0604 handle** 동 손을 대다, 처리하다
[hǽndl] 몡 손잡이

**0605 ancient** 혱 고대의, 옛날의 ( = antique; ↔ modern)
[éinʃənt]

**0606 forward** 뷔 앞쪽에, 앞서 ( ↔ backward)
[fɔ́ːrwərd] 혱 전방의

**0607 stretch** 동 늘이다, (팔다리를) 내뻗다
[stretʃ] 몡 뻗음

**0608 fair** 혱 뷔 공정한 ( ↔ unfair), 상당한
[fɛər] 몡 박람회

*cf.* fare 몡 요금

**0609 escape** 동 탈출하다
[iskéip] 몡 탈출

**0610 commercial** 혱 상업의, 영리적인
[kəmə́ːrʃəl] 몡 (TV · 라디오의) 광고

commerce 몡 상업, 무역

**0611 aim** 몡 목표, 조준
[əim] 동 겨누다, 목표삼다

**0612 doubt** 몡 의심, 불신
[daut] 동 의심하다

doubtful 혱 의심스러운
doubtless 뷔혱 확실히, 아마도

**0613 display** 동 전시하다, 나타내다
[displéi] 몡 전시, 표현

**0614 describe** 동 묘사하다, 기술하다
[diskráib]

description 몡 묘사, 기술

**0615 entire** 혱 전체의, 완전한 ( = complete)
[entáiər]

entirely 뷔 전적으로, 완전히

다음 예문의 빈 칸에 알맞은 말을 써 넣으면서 익힌 단어를 확인하세요.

1. He was a handsome man of _____ height.

   그는 중간 키 정도의 미남자였다.

2. _____ communication 매스컴, 대량 전달 수단

3. Alexander Bell _____ the telephone in 1876.

   알렉산더 벨이 1876년에 전화를 발명했다.

4. My secretary will _____ all the details.

   내 비서가 모든 세부사항을 처리할 것이다.

5. _____ Greece 고대 그리스

6. She leaned _____ to whisper something in my ear.

   그녀는 내 귀에 뭔가를 속삭이기 위해 몸을 앞으로 구부렸다.

7. _____ your arms above your head. 머리 위로 팔을 뻗어라.

8. a _____ trial 공정한 재판

9. The two killers _____ from prison. 두 명의 살인자가 탈옥했다.

10. I _____ whether he will succeed. 그가 성공을 할지 어떨지 의심스럽다.

11. Family photographs were _____ on the wall.

    가족 사진들이 벽에 진열되어 있었다.

12. Just _____ what happened. 무슨 일이 일어났는지 설명해 주시오.

13. I spent an _____ day writing that report.

    나는 그 보고서를 쓰는 데 꼬박 하루를 보냈다.

## 관련 숙어 탐색

- look forward to -ing 기대하다
- no doubt 의심할 여지 없이, 확실히
- in doubt 의심하여, 주저하며
- on display 진열되어

1. medium  2. mass  3. invented  4. handle  5. ancient  6. forward  7. Stretch  8. fair  9. escaped
10. doubt  11. displayed  12. describe  13. entire

# Day

**0616**
**pack** 명 꾸러미, 배낭 (=backpack)
[pæk] 동 싸다, 짐을 꾸리다 (↔unpack)

**0617**
**branch** 명 (나무) 가지, 지사, 지점
[bræntʃ]

**0618**
**anxious** 형 걱정하는, 갈망하는
[æŋkʃəs]
anxiety 명 걱정, 갈망

**0619**
**grain** 명 낟알, 곡물
[ɡrein]

**0620**
**enable** 동 …할 수 있게 하다 (↔disable)
[enéibəl]

**0621**
**wander** 동 헤매다, 돌아다니다
[wándər]
wanderer 명 방랑자
*cf.* wonder 동 의아하게 여기다

**0622**
**theory** 명 이론, 학설
[θíəri]
*cf.* practie 명 실제

**0623**
**tear** 명 눈물
[tiər] 동 [tɛər] 찢다, 찢어지다

**0624**
**sum** 명 합계 (=total), 금액
[sʌm] 동 합계하다, 요약하다
summary 명 요약

**0625**
**exchange** 명 교환, 환전
[ikstʃéindʒ] 동 교환하다

**0626**
**rub** 동 문지르다
[rʌb] 명 마찰, 문지름

**0627**
**legal** 형 법률의, 합법의 (↔illegal)
[líɡəl]
legally 부 법률적(합법적)으로

**0628**
**proof** 명 증거
[pruːf]
*cf.* waterproof 형 방수의

**0629**
**noble** 형 귀족의, 고귀한
[nóubəl] 명 귀족
nobleman 명 귀족

**0630**
**novel** 명 소설
[návəl] 형 신기한, 새로운
novelist 명 소설가

다음 예문의 빈 칸에 알맞은 말을 써 넣으면서 익힌 단어를 확인하세요.

1. a _____ of cigarettes 담배 한 갑

2. The bank has _____ all over the country.

   그 은행은 전국에 지점들이 있다.

3. She's very _____ about her exams. 그녀는 시험에 대해 몹시 걱정하고 있다.

4. _____ of rice 쌀알

5. Money from my aunt _____ me to buy a new computer.

   나는 이모에게 받은 돈으로 새 컴퓨터를 살 수 있었다.

6. I _____ around the mall for hours. 나는 몇 시간 동안 쇼핑몰을 돌아다녔다.

7. Darwin's _____ of evolution 다윈의 진화론

8. Suddenly he burst into _____. 갑자기 그는 눈물을 터뜨렸다.

9. I _____ those trousers for a larger size.

   나는 그 바지를 좀 더 큰 치수로 교환했다.

10. What's the _____ age for voting? 투표를 하기 위한 법정 연령은 몇 살인가?

11. Do you have any _____ that this man stole your bag?

   이 남자가 너의 가방을 훔쳤다는 증거를 가지고 있느냐?

12. a _____ family 귀족 가문

13. romantic _____ 연애소설

- **be anxious about** 걱정하다
- **in theory** 이론적으로는
- **tear up** 갈기갈기 찢다
- **in exchange (for)** …대신, …와 교환으로
- **be anxious for (to)** 갈망하다
- **in tears** 눈물을 흘리며
- **sum up** 요약하다
- **rub away** 비벼 없애다, 닦아 내다

1. pack  2. branches  3. anxious  4. grains  5. enabled  6. wandered  7. theory  8. tears
9. exchanged  10. legal  11. proof  12. noble  13. novels

| 0631 | **owe** 통 빚지고 있다, …의 덕택이다 [ou] | *cf.* awe 명 경외, 두려움 |
|---|---|---|
| 0632 | **official** 형 공무상의, 공식의 [əfíʃəl] 명 (정부의) 고위 관리, 임원 | officially 부 공무상, 공식으로 |
| 0633 | **row** 명 열, 줄 (=line), 노젓기 [rou] 통 배를 젓다 | |
| 0634 | **forbid** 통 금하다 (=prohibit; ↔allow), [fərbíd] 방해하다 (=prevent) | forbidden 형 금지된 |
| 0635 | **laboratory** 명 실험실, 연구실 [lǽbərətɔ̀:ri] | *cf.* lavatory 명 화장실 |
| 0636 | **indicate** 통 가리키다, 나타내다 [índikèit] | indication 명 지시 indicator 명 표시기 |
| 0637 | **income** 명 수입, 소득 [ínkʌm] | |
| 0638 | **false** 형 거짓의, 틀린 (=wrong) [fɔ:ls] | |
| 0639 | **hire** 통 고용하다 (=employ) [háiər] | |
| 0640 | **harsh** 형 가혹한, 모진 (=severe) [hɑ:rʃ] | |
| 0641 | **gain** 통 얻다 (↔lose) [gein] 명 이익 (=profit), 증가 | |
| 0642 | **function** 명 기능, 작용 [fʌ́ŋkʃən] 통 작동하다 (=operate) | functional 형 기능의 |
| 0643 | **lean** 통 상체를 구부리다, 기울다, 기대다 [li:n] 형 야윈, 마른 | |
| 0644 | **float** 통 (물에) 뜨다, 떠다니다 (↔sink) [flout] | |
| 0645 | **pure** 형 순수한, 깨끗한 [pjuər] | purely 부 전적으로 |

다음 예문의 빈 칸에 알맞은 말을 써 넣으면서 익힌 단어를 확인하세요.

1. You _____ me ten dollars. 너는 나에게 10달러의 빚이 있다.

2. _____ duties 공무

3. I want to sit in the front _____. 나는 앞줄에 앉고 싶다.

4. Smoking is _____ inside the building. 건물 안에서의 흡연은 금지되어 있다.

5. a language _____ 어학 실습실

6. Thunder _____ that a storm is near. 천둥은 폭풍우가 다가옴을 나타낸다.

7. _____ tax 소득세

8. The man had given a _____ name and address.

   그 사람은 가짜 이름과 주소를 주었다.

9. We _____ a new secretary last week. 지난 주에 새 비서를 한 명 고용했다.

10. _____ punishment 엄벌

11. He's _____ a lot of weight in the last few months.

    그는 지난 몇 달 동안 체중이 많이 늘었다.

12. The _____ of the veins is to carry blood to the heart.

    정맥의 기능은 피를 심장으로 나르는 것이다.

13. _____ your head forward a bit. 머리를 약간 앞으로 숙여라.

14. Wood usually _____ in water. 나무는 보통 물에 뜬다.

15. _____ gold 순금

- owe A to B A는 B의 덕택이다
- in a row 일렬로
- owing to …때문에
- lean on (upon) …에 기대다, 의지하다

1. owe  2. official  3. row  4. forbidden  5. laboratory  6. indicates  7. income  8. false  9. hired
10. harsh  11. gained  12. function  13. Lean  14. floats  15. pure

**0646 fancy** 동 공상〔상상〕하다 (=imagine), 좋아하다
[fǽnsi] 명 공상, 기호 형 화려한

**0647 honor** 명 명예, 존경
[ánər] 동 존경하다, …에 명예를 주다

honorable 형 명예로운, 존경할 만한

**0648 stem** 명 (식물의) 줄기, 대
[stem] 동 일어나다, 유래하다

**0649 examine** 동 조사하다, 검사하다
[igzǽmin]

exam 명 시험
examination 명 시험, 조사

**0650 commit** 동 저지르다, 위탁하다, 약속하다
[kəmít]

commitment 명 헌신, 공약, 의무
committee 명 위원회, 위원들

**0651 credit** 명 신용, 신용 대출
[krédit] 동 신용하다

creditable 형 신용할 수 있는

**0652 awful** 형 무서운, 굉장한
[ɔ́:fəl]

awfully 부 무섭게, 아주

**0653 entertain** 동 즐겁게 하다, 환대하다
[èntərtéin]

entertainment 명 오락, 연예, 대접

**0654 claim** 동 주장하다, 요구하다
[kleim] 명 주장, 요구, 권리

**0655 civil** 형 시민의, 민간인의
[sívəl]

civilize 동 개화하다, 문명화하다
civilization 명 문명, 개화

**0656 chief** 명 장, 우두머리
[tʃi:f] 형 주요한, 최고의

chiefly 부 특히, 주로

**0657 charity** 명 자비, 자선, 자선단체
[tʃǽrəti]

**0658 slender** 형 날씬한, 가느다란
[sléndər]

**0659 slim** 형 호리호리한, 가냘픈
[slim] 동 체중을 줄이다

**0660 thin** 형 얇은 (↔thick), 홀쭉한, 야윈
[θin]

다음 예문의 빈 칸에 알맞은 말을 써 넣으면서 익힌 단어를 확인하세요.

1. He _____ himself as a poet. 그는 자신이 시인이라고 상상해 보았다.

2. It's a great _____ to be invited. 초대해 주셔서 영광입니다.

3. Many English words _____ from Latin.
많은 영어 단어들이 라틴어에서 유래한다.

4. The detective _____ the room for clues.
경찰은 단서를 찾아내기 위해 방을 조사했다.

5. He _____ a series of murders. 그는 연쇄살인을 저질렀다.

6. We bought the car on _____. 우리는 자동차를 신용거래로 샀다.

7. The weather was _____. 날씨가 몹시 안 좋았다.

8. He _____ us with funny stories. 그는 재미있는 이야기로 우리를 즐겁게 했다.

9. A _____ war broke out. 내란이 일어났다.

10. the _____ of police 경찰서장

11. UNICEF is an international _____. 유니세프는 국제적인 자선단체이다.

12. The woman was _____ and graceful. 그 여자는 날씬하고 우아했다.

13. She's got a _____ figure. 그녀의 몸매는 호리호리하다.

14. I wish my legs were _____. 나는 내 다리가 좀 더 가늘었으면 좋겠다.

- have a fancy for 을 좋아하나
- stem from …에서 생기다, 유래하다
- give credit to …을 믿다
- in honor of …에 경의를 표하여, …를 축하하여
- commit suicide 자살하다
- on credit 외상으로, 신용 대출로

정답

1. fancied  2. honor  3. stem  4. examined  5. committed  6. credit  7. awful  8. entertained
9. civil  10. chief  11. charity  12. slender  13. slim  14. thinner

**A** 다음 영어는 우리말로, 우리말은 영어로 쓰시오.

| | | | | |
|---|---|---|---|---|
| 1. stem | _____ | 11. 이론, 학설 | t | _____ |
| 2. forbid | _____ | 12. 가지, 지사 | b | _____ |
| 3. harsh | _____ | 13. 실험실 | l | _____ |
| 4. claim | _____ | 14. 시민의 | c | _____ |
| 5. charity | _____ | 15. 상업의 | c | _____ |
| 6. float | _____ | 16. 저지르다 | c | _____ |
| 7. stretch | _____ | 17. 합계, 금액 | s | _____ |
| 8. grain | _____ | 18. 증거 | p | _____ |
| 9. display | _____ | 19. 대중매체 | m | _____ media |
| 10. slender | _____ | 20. 신용카드 | c | _____ card |

**B** 자연스러운 표현이 되도록 연결하시오.

1. aimed      ⓐ her eyes sleepily
2. exchange      ⓑ his success to good luck
3. rubbed      ⓒ at the target and fired
4. owe      ⓓ against the wall
5. lean      ⓔ my dollars for euros

**C** 다음 영영 뜻풀이에 해당하는 단어를 보기에서 골라 쓰시오.

┌─ 보기 ─────────────────────────────────────┐
| medium     wander     income     fair     chief |
└────────────────────────────────────────────┘

1. _____ : a way of communicating or expressing something
2. _____ : treating everyone in the same way, so that no one has an advantage
3. _____ : to walk slowly about a place without any purpose
4. _____ : money that you earn by working, investing, or producing goods
5. _____ : the leader of a group of people

114

**D** 다음 짝지어진 단어의 관계가 같도록 빈 칸에 알맞은 말을 쓰시오.

1. novel : novelist = invent : i_____
2. pack : unpack = legal : i_____
3. function : functional = doubt : d_____
4. row : line = complete : e_____
5. entertainment : entertain = description : d_____

**E** 다음 문장의 빈 칸에 알맞은 말을 보기에서 골라 쓰시오.

┌─ 보기 ┐

| | | | |
|---|---|---|---|
| anxious | awful | gained | fancy |
| handling | pure | indicated | official |

1. She's very good at _____ difficult customers.

   그녀는 까다로운 손님들을 다루는 데 매우 능숙하다.

2. I was _____ to get home.

   나는 집에 너무 가고 싶었다.

3. The _____ languages of Canada are English and French.

   캐나다의 공식언어는 영어와 프랑스 어이다.

4. I want a simple black suit, nothing _____.

   나는 화려한 것 말고 수수한 검정색 정장을 원한다.

5. I have an _____ lot of work to do this week.

   나는 이번 주에 할 일이 정말 많다.

6. This sweater is _____ wool.

   이 스웨터는 순모이다.

7. He _____ a woman in a black coat.

   그는 검정 코트를 입고 있는 여자를 가리켰다.

8. The country _____ independence in 1948.

   그 나라는 1948년에 독립을 획득했다.

0661 **cell** 명 세포
[sel]

0662 **blow** 동 (바람이) 불다, 입김을 불다
[blou] 명 강타, 구타 (=hit), (정신적) 충격

0663 **bend** 동 구부리다, 숙이다
[bend] 명 굽음, 굽은 곳

0664 **connect** 동 연결하다
[kənékt]
connection 명 연결, 관계

0665 **author** 명 저자, 작가 (=writer)
[ɔ́:θər]

0666 **poison** 명 독, 독약
[pɔ́izən] 동 독살하다
poisonous 형 유독한, 유해한

0667 **vital** 형 생명의, 생기가 넘치는, 지극히 중요한
[váitl]

0668 **sink** 동 가라앉다, 침몰하다
[siŋk]

0669 **policy** 명 정책, 방침
[pɑ́ləsi]

0670 **reliable** 형 의지가 되는, 믿을 수 있는
[riláiəbəl]

0671 **spot** 명 반점, 얼룩, (특정) 장소
[spɑt]

0672 **solid** 형 고체의, 견고한
[sɑ́lid] 명 고체
*cf.* liquid 명 형 액체(의)

0673 **slight** 형 약간의, 가벼운
[slait]
slightly 부 약간, 가볍게

0674 **trial** 명 재판, 시도, 시험 (=test)
[tráiəl]

0675 **muscle** 명 근육
[mʌ́səl]
muscular 형 근육의

다음 예문의 빈 칸에 알맞은 말을 써 넣으면서 익힌 단어를 확인하세요.

1. cancer _____ 암세포
2. A cool sea breeze was _____ _____. 시원한 바닷바람이 불고 있었다.
3. It hurts when I _____ my knee. 나는 무릎을 구부릴 때 아프다.
4. The printer is _____ to the computer. 프린터기는 컴퓨터와 연결되어 있다.
5. a talented young _____ 재능 있는 젊은 작가
6. The heart and lungs are _____ organs 심장과 폐는 생명유지 기관이다.
7. The boat filled with water and began to _____.
   배에 물이 차더니 가라앉기 시작했다.
8. What is the government's _____ on education?
   정부의 교육정책은 무엇입니까?
9. _____ information 믿을 만한 정보
10. The tablecloth has many _____ _____. 식탁보가 얼룩투성이다.
11. I've got a _____ headache. 나는 가벼운 두통이 있다.
12. She's going on _____ for fraud. 그녀는 사기죄로 재판에 회부될 것이다.

## 관련 숙어 탐색

- blow one's nose 코를 풀다
- on trial 공판 중인, 시험적으로
- on the spot 즉석에서, 바로
- trial and error 시행착오

1. cells 2. blowing 3. bend 4. connected 5. author 6. vital 7. sink 8. policy 9. reliable
10. spots 11. slight 12. trial

# Day 23

0676 **pity** 몡 동정, 유감스러운 일
[píti]

pitiful 혱 가엾은

0677 **steep** 혱 가파른
[sti:p]

0678 **folk** 혱 민속의, 민간의
[fouk] 몡 사람들 (=people)

0679 **quarrel** 몡 말다툼, 불화
[kwɔ́:rəl] 동 말다툼하다, 다투다

quarrelsome 혱 걸핏하면 싸우려는

0680 **property** 몡 재산, 부동산
[prɑ́pərti]

0681 **possess** 동 소유하다, 지니다
[pəzés]

possession 몡 소유, 소유물

0682 **strict** 혱 엄격한, 엄밀, 정확한
[strikt]

strictly 뫼 엄격히, 엄밀히

0683 **atmosphere** 몡 대기, 공기, 분위기 (=mood)
[ǽtməsfìər]

0684 **satellite** 몡 위성, 인공위성
[sǽtəlàit]

0685 **organ** 몡 (생물의) 기관, 장기, 오르간
[ɔ́:rgən]

organic 혱 유기체의, 유기의
organism 몡 유기체, 미생물

0686 **obey** 동 복종하다, 따르다 (↔disobey)
[oubéi]

obedient 혱 순종하는, 고분고분한
obedience 몡 복종, 순종

0687 **search** 동 찾다, 수색하다
[sə:rtʃ] 몡 찾기, 수색

0688 **minister** 몡 장관, 성직자, 목사
[mínistər]

0689 **retire** 동 은퇴하다
[ritáiər]

retirement 몡 은퇴, 퇴직

0690 **resign** 동 사임하다, 그만두다
[rizáin]

resignation 몡 사표, 사직

다음 예문의 빈 칸에 알맞은 말을 써 넣으면서 익힌 단어를 확인하세요.

1. It's a _____ you couldn't come. 네가 오지 못한다니 유감이다.

2. The road's too _____ to ride up on a bike.

   그 길은 너무 가팔라서 자전거를 타고 올라갈 수 없다.

3. He is a good _____ story teller. 그는 민화 이야기를 잘한다.

4. What did you _____ about? 너희들은 무슨 일로 다퉜니?

5. Private _____ — no parking. 개인 소유지 — 주차금지.

6. Many nations already _____ chemical weapons.

   많은 나라들이 이미 화학무기를 가지고 있다.

7. My parents were very _____ with me. 부모님은 내게 매우 엄하셨다.

8. The _____ in the room was so stuffy. 방 안 공기가 너무 탁했다.

9. communication _____ 통신위성

10. internal _____ 내장

11. You should _____ your parents. 너는 부모님의 말씀에 따라야 한다.

12. The police _____ the woods for the missing child.

    경찰은 미아를 찾기 위해 숲을 수색했다.

13. the Prime _____ 국무총리, 수상

14. He _____ when he was 65. 그는 65세에 은퇴했다.

15. He has _____ from the company. 그는 회사를 그만두었다.

관련 숙어 탐색

■ be possessed of …을 가지고 있다          ■ be possessed with 마음이 홀리다
■ in search of …을 찾아서                ■ search for 수색하여 찾다, 뒤지다

1. pity  2. steep  3. folk  4. quarrel  5. property  6. possess  7. strict  8. atmosphere  9. satellite
10. organs  11. obey  12. searched  13. Minister  14. retired  15. resigned

**0691 military** 형 군(대)의
[mílitèri] 명 군대

**0692 harvest** 명 수확 (=crop), 수확기
[háːrvist] 동 수확하다

**0693 grateful** 형 감사하는, 고마워하는
[gréitfəl]

**0694 raw** 형 날것의, 가공하지 않은
[rɔː]

**0695 fellow** 명 친구, 동료
[félou]

fellowship 명 동료의식, 친교

**0696 chase** 동 쫓다, 추적하다 (=run after)
[tʃeis] 명 추적, 추격

**0697 aspect** 명 양상, 국면, 견지
[æspekt]

**0698 document** 명 문서, 서류, 증서
[dákjəmənt]

documentary 형 문서의, 서류의
명 기록영화

**0699 command** 명 명령, 통제
[kəmǽnd] 동 명령하다, 지휘하다

commander 명 지휘관, 사령관
cf. commend 동 칭찬하다

**0700 clue** 명 실마리, 단서 (=hint)
[kluː]

**0701 classify** 동 분류하다 (=categorize)
[klǽsəfài]

classification 명 분류, 등급별

**0702 faith** 명 신념, 신뢰 (=belief), 신앙
[feiθ]

faithful 형 충실한, 믿을 수 있는

**0703 bless** 동 은총을 내리다, 축복하다
[bles]

**0704 beneath** 전 부 …아래에, 밑에
[biníːθ]

**0705 dull** 형 지루한 (=boring), 우둔한(=foolish),
[dʌl] 무딘 (=sharp)

다음 예문의 빈 칸에 알맞은 말을 써 넣으면서 익힌 단어를 확인하세요.

1. _____ service 병역

2. We had a good _____ this year. 올해는 풍작이었다.

3. I'm _____ for your love and support. 당신의 애정과 지지에 감사합니다.

4. _____ material 원료

5. _____ workers 같이 일하는 동료들

6. The police _____ a man who had stolen a bag.
   경찰은 가방을 훔친 남자를 쫓아갔다.

7. His illness affects almost every _____ of his life.
   그의 병이 그의 생활의 거의 모든 면에 영향을 미치고 있다.

8. official _____ 공문서

9. Fire when I give the _____. 내가 명령을 내릴 때 발포해라.

10. The books in the library are _____ by subject.
    도서관의 책들은 주제별로 분류되어 있다.

11. I have lost _____ in him. 나는 그를 신뢰하지 못하겠다.

12. His lessons are always so _____. 그의 수업은 늘 너무 지루하다.

■ from every aspect / in all aspects 모든 면에서   ■ by one's faith 맹세코

■ (God) bless you! 신의 가호가 있기를, 저런, 아 가엾어라 (재채기를 한 사람에 대해서도 말함)

 정답

1. military  2. harvest  3. grateful  4. raw  5. fellow  6. chased  7. aspect  8. documents
9. command  10. classified  11. faith  12. dull

# Day 24

0706 **apart** 🖝 떨어져, 따로 (↔together)
[əpá:rt]

0707 **personality** 🖲 개성, 성격, 인격
[pə̀:rsənǽləti]
personal 🖲 개인의, 사적인

0708 **instance** 🖲 예, 실례, 경우
[ínstəns]

0709 **average** 🖲 평균, 보통
[ǽvəridʒ]  🖲 평균의, 보통의

0710 **thus** 🖝 이렇게, 그러므로 (=therefore)
[ðʌs]

0711 **thought** 🖲 생각, 의견
[θɔ:t]
thoughtful 🖲 생각이 깊은

0712 **fortunate** 🖲 행운의 (=lucky)
[fɔ́:rtʃənit]
fortunately 🖝 다행히, 운이 좋게
fortune 🖲 재산, 운

0713 **fund** 🖲 자금, 기금
[fʌnd]

0714 **despite** 🖲 …에도 불구하고 (=in spite of )
[dispáit]

0715 **belief** 🖲 확신, 믿음, 신뢰
[bilí:f]
believe 🖲 믿다
believable 🖲 믿을 수 있는

0716 **unfortunately** 🖝 불행하게, 운 나쁘게
[ʌ̀nfɔ́:rtʃənitli]
unfortunate 🖲 불운한, 불행한

0717 **antique** 🖲 고대의, 구식의 (↔modern)
[æntí:k]  🖲 골동품

0718 **classical** 🖲 고전적인, 고전음악의
[klǽsikəl]
classic 🖲 일류의, 고전적인

0719 **effect** 🖲 결과 (=result), 효과
[ifékt]
effective 🖲 효과적인

0720 **affect** 🖲 영향을 주다 (=influence)
[əfékt]

다음 예문의 빈 칸에 알맞은 말을 써 넣으면서 익힌 단어를 확인하세요.

1. Stand with your feet wide _____. 발을 넓게 벌리고 서라.

2. She has a cheerful, attractive _____.

   그녀는 명랑하고 매력적인 성격을 지녔다.

3. There have been several _____ of violence at the school.

   학교에서 몇 가지 폭력 사례가 있었다.

4. They work an _____ of 40 hours per week.

   그들은 일주일에 평균 40시간 일한다.

5. This plan will reduce waste, and _____ cut costs.

   이 계획은 낭비를 줄일 것이므로 비용도 줄일 것이다.

6. Let me have your _____ on that report by Friday.

   금요일까지 그 보고서에 대한 당신의 의견을 들려 주시오.

7. I'm very _____ to be alive. 살아 있다는 것이 매우 행운이다.

8. a scholarship _____ 장학기금

9. The game continued _____ the rain. 비가 옴에도 불구하고 경기는 계속되었다.

10. His _____ in God gave him hope during difficult times.

    신에 대한 믿음이 어려운 시기 동안 그에게 희망을 주었다.

11. His home is full of valuable _____. 그의 집은 값비싼 골동품들로 가득하다.

12. _____ music 고전음악

13. cause and _____ 원인과 결과

14. The disease only _____ cattle. 그 질병은 소에게만 영향을 준다.

## 관련 숙어 탐색

- apart from …은 별개로 하고
- on average 평균하여, 대개
- for instance 예를 들면
- take effect 효과가 있다

 정답

1. apart  2. personality  3. instances  4. average  5. thus  6. thoughts  7. fortunate  8. fund
9. despite  10. belief  11. antiques  12. classical  13. effect  14. affects

# Review 12

## A 다음 영어는 우리말로, 우리말은 영어로 쓰시오.

| | | | | |
|---|---|---|---|---|
| 1. author | | 11. 가라앉다 | s | |
| 2. muscle | | 12. 재판 | t | |
| 3. satellite | | 13. 엄격한 | s | |
| 4. harvest | | 14. 군대의 | m | |
| 5. clue | | 15. 날것의 | r | |
| 6. vital | | 16. 민속의 | f | |
| 7. property | | 17. 문서, 증서 | d | |
| 8. aspect | | 18. 자금, 기금 | f | |
| 9. classify | | 19. 개성, 성격 | p | |
| 10. classical | | 20. 장기이식 | o_____ transplant | |

## B 자연스러운 표현이 되도록 연결하시오.

1. command          ⓐ to you for all your help
2. bend             ⓑ out the candles
3. blow             ⓒ the armed forces
4. quarrel          ⓓ with the other children
5. grateful         ⓔ down to tie up his shoelaces

## C 다음 영영 뜻풀이에 해당하는 단어를 보기에서 골라 쓰시오.

| 보기 | | | | |
|---|---|---|---|---|
| possess | solid | cell | faith | spot |

1. _____ : the smallest basic unit of a plant or animal
2. _____ : small, round mark which is a different color to the surface it is on
3. _____ : a substance or object that is not a liquid or a gas
4. _____ : to have or own something
5. _____ : a high degree of trust or confidence in something or someone

**D** 다음 짝지어진 단어의 관계가 같도록 빈 칸에 알맞은 말을 쓰시오.

1. reliable : unreliable = obey : d_____
2. add to : increase = run after : c_____
3. thought : thoughtful = poison : p_____
4. connect : connection = resign : r_____
5. chemistry : chemical = effect : e_____

**E** 다음 문장의 빈 칸에 알맞은 말을 보기에서 골라 쓰시오.

┤보기├

| despite | apart | slight | average |
|---------|-------|--------|---------|
| instance | policy | affected | atmosphere |

1. It is company _____ not to allow smoking in meeting.
   회의 때 금연하는 것이 회사 방침이다.
2. She had a _____ cold.
   그녀는 가벼운 감기에 걸렸다.
3. There's a very relaxing _____ in our office.
   우리 사무실은 매우 편안한 분위기이다.
4. What's the _____ rainfall for July?
   7월의 평균 강수량은 얼마인가?
5. I was deeply _____ by the film.
   나는 그 영화에 깊이 감동받았다.
6. She came to work _____ her illness.
   아픔에도 불구하고 그녀는 일하러 갔다.
7. There are many things I would like to learn; for _____, how to swim.
   나는 배우고 싶은 게 많다. 예를 들어 수영하는 법을 배우고 싶다.
8. The two villages are 6 kilometers _____ .
   두 마을은 6킬로미터 떨어져 있다.

## 영미문화엿보기

### ■ 미국의 교육제도

I'm in the 9th grade.

우리나라의 학제는 초등학교 6년, 중학교 3년, 고등학교 3년으로 되어 있지만 미국은 주와 사립 학교마다 조금씩 다릅니다. 어떤 학교는 초등학교에 유치원이 포함되어 8년제인 곳도 있고 중학교 과정과 고등학교 과정이 통합되어 5년제인 곳도 있습니다. 하지만, 대학교 이전까지는 12년의 의무교육을 받는 것으로 통일되어 있습니다. 미국 학생들은 초등학교에서 고등학교에 이르는 전 과정을 통산하여 학년을 말합니다. 따라서, 우리나라의 중학교 1학년이 미국에서는 7학년이 되며, 미국의 학제로 10학년은 우리의 고등학교 1학년과 같습니다.

### ■ Do-it-yourself

미국 사회는 인건비가 비싸기 때문에 사회 전체가 do-it-yourself, 즉 자신의 일은 자신이 합니다. 사회적 지위나 남녀노소를 불문하고 자신의 가방은 자신이 들고 구두도 직접 닦아 신으며 슈퍼마켓에서 줄을 서서 기다리는 것도 모두 다 똑같습니다. 물론 남에게 비싼 서비스

를 받는 사람들도 있지만 대부분은 자신의 손으로 직접 하는 것을 자랑스러워합니다. Warehouse store라고 하는 아주 커다란 가게가 있는데 이 곳에서는 작은 못에서부터 잔디 깎는 기계까지 집과 관련된 모든 것들을 팝니다. 페인트를 사다가 직접 칠하는 것은 물론이고 책장도 나무를 사다가 직접 만듭니다. 특히 자신의 집을 구입하였을 경우, 그 집을 유지하는 데 필요한 많은 일들도 직접 하는 것을 당연한 일로 받아들입니다.

## ■ 재채기

영미인들은 다른 사람 앞에서 코를 푸는 것은 오히려 이해하고 넘어갈 수 있어도 재채기를 하는 것은 큰 실례라고 생각합니다. 본의 아니게 재채기를 하게 되면 Excuse me.라고 하고 이에 주변 사람들이 (God) bless you!(신의 가호가 있기를!)라고 위로의 말을 하면 다시 Thank you.라고 답하여 인사를 주고받습니다. 중세에 흑사병이 유행했을 때 사람들은 재채기를 통해 병이 전염되거나 재채기를 하면 혼이 빠져나간다고 믿었습니다. 실제로 병에 전염된 사람이 재채기를 하면서 죽기도 했다고 합니다. 당시의 교황 그레고리우스 1세가 사람들에게 재채기를 한 사람에게 기원의 말을 해 주라고 명령한 것이 God bless you!의 유래가 되었다고 합니다.

## ■ Garage Sale

미국은 세계 최대의 경제 대국이지만 미국인들에게는 오래 사용한 물건이라도 버리지 않고 이웃에게 싼 값에 팔거나 서로 바꾸어 쓰는 습관이 배어 있습니다. 사용하던 물건을 나누어 쓰고자 할 때 보통 자기 집의 마당이나 차고에 펼쳐 놓고 동네 사람들을 상대로 sale을 하는데, 이를 garage sale 또는 yard sale이라고 합니다. 이런 행사를 알리기 위해 길거리 전신주에 조그만 광고들을 붙여 sale하는 장소의 주소를 적어 놓거나 화살표를 붙여 놓기도 합니다. 이른 봄에 집 안을 대청소하고 난 후 쓸모없는 물건을 내다 파는 경우는 spring sale, 이사하면서 이삿짐 정리 후 가져가지 않을 물건을 파는 것은 moving sale이라고 합니다.

| | |
|---|---|
| 당근이지. | You bet. / Absolutely. / It is natural that... |
| 썰렁하군. | That's a lame joke. |
| 너나 잘해. | Why don't you mind your own business? |
| 잘났어 정말! / 너 잘났어! | You are something else! |
| 어제 필름이 끊겼어. | I got blacked out yesterday. |
| 그래 네 팔뚝 굵다! | Okay, you are the boss! |
| 너도 내 입장이 되어 봐. | Put yourself in my shoes. |
| 너 정말 치사하다. | You are so cheap. |
| 야, 친구 좋다는 게 뭐야? | Come on, what are friends for? |
| 이보다 더 좋을 순 없다! | It couldn't be better than this! |
| 섭섭하지 않게 해 드리겠습니다. | You won't be disappointed. |
| 네가 하는 일이 다 그렇지 뭐. | That's what you always do. |
| 두고 보자! | Just wait! / I'll get〔pay〕you back! |
| 몸이 찌뿌드드하다. | I feel heavy. |
| 오해하지 마세요. | Don't get me wrong. |
| 너 들으라고 한 소리 아니야. | Don't take it personally. |
| 알랑거리지 마. | Don't try to butter me up. |
| 너 공주병이구나? | You think you are all that? |
| 그는 앞뒤가 꽉 막혔어. | He is so stubborn. |

| | |
|---|---|
| 저 애는 내가 찍었어. | That boy [girl] is mine. / He [she] is on my list. |
| 너무 오버하지 마. | Don't get too far. |
| 누구 맘대로? | With whose permission? |
| 내 일은 내가 다 알아서 할 거야. | I'll take care of my business. |
| 시치미 떼지 마. | Don't try to lie. |
| 결코 고의가 아니었어. | I didn't mean to do that. / It's not what I mean. |
| 네게 섭섭해. | I'm disappointed. |
| (비행기 탔을 때) 귀가 멍멍하다. | My ears are muffled. |
| 골라먹는 재미가 있다. | It's fun picking out my favorite. |
| 오늘은 내가 쏜다. | Today, it's on me. |
| 그래도 그만 하길 다행이다. | It could have been worse than that. |
| 그는 골칫덩어리야. | He's a pain in the neck. |
| 모든 일엔 다 때가 있다. | There is a time for everything. |
| 기분 짱인데. | I feel like a million. |
| 아까워라. | What a waste. |
| 맞장구 좀 쳐 주라. | Back me up here. |
| 잠깐 시간 좀 내주실 수 있으세요? | Have you got a minute to spare? |
| 너 제정신이니? | Are you out of your mind? |

**0721 institute** 명 학회, 연구소
[ínstətʃùːt]

institution 명 (공공)시설, 제도

**0722 faint** 형 희미한, 어질어질한
[feint] 동 기절하다

**0723 diligent** 형 근면한, 부지런한
[dílədʒənt]

diligence 명 근면

**0724 departure** 명 출발, 떠남
[dipáːrtʃər]

depart 동 출발하다

**0725 deny** 동 부인하다, 거부하다
[dinái]

denial 명 부정, 거부

**0726 appetite** 명 식욕
[ǽpitàit]

appetizer 명 식욕을 돋우는 것

**0727 boast** 동 자랑하다
[boust]

**0728 compulsory** 형 강제적인, 필수의, 의무적인
[kəmpʌ́lsəri]  ( = obligatory ; ↔ voluntary)

**0729 confine** 동 감금하다, 제한하다
[kənfáin]

confined 형 좁은

**0730 beware** 동 조심하다
[biwέər]

**0731 accommodate** 동 숙박시키다, 수용하다
[əkámədèit]

accommodation 명 숙박시설

**0732 affirm** 동 단언하다, 긍정하다
[əfə́ːrm]

affirmative 형 긍정의

**0733 architect** 명 건축가
[áːrkitèkt]

architecture 명 건축학

**0734 biography** 명 전기, 일대기
[baiágrəfi]

biographer 명 전기 작가

**0735 breed** 동 새끼를 낳다, 번식하다, 기르다
[briːd]

## 내가 완성하는 예문

다음 예문의 빈 칸에 알맞은 말을 써 넣으면서 익힌 단어를 확인하세요.

1. a language _____ 어학연구소

2. There was a _____ sound close by.

   바로 가까이에서 희미한 소리가 들렸다.

3. I _____ from the heat. 나는 더위 때문에 기절했다.

4. Our _____ was delayed because of bad weather.

   안 좋은 날씨 때문에 우리의 출발은 연기되었다.

5. She _____ having seen him. 그녀는 그를 만난 적이 있음을 부인했다.

6. She _____ about her family so much. 그녀는 가족 자랑을 너무 많이 한다.

7. _____ subjects 필수과목

8. Please _____ your questions to the topic we are discussing.

   우리가 토론 중인 주제로 질문을 제한해 주세요.

9. _____ of the dog! 개 조심!

10. Each room can _____ up to six people. 각 방은 6명까지 수용할 수 있다.

11. He _____ his innocence. 그는 자기가 무죄임을 강력히 주장했다.

12. a _____ of Napoleon 나폴레옹 일대기

13. Rats and rabbits _____ quickly. 쥐와 토끼는 빨리 번식한다.

## 관련 숙어 탐색

■ have a good (poor) appetite 식욕이 좋다 (없다)

1. institute  2. faint  3. fainted  4. departure  5. denied  6. boasts  7. compulsory  8. confine
9. Beware  10. accomodate  11. affirmed  12. biography  13. breed

| | | |
|---|---|---|
| 0736 | **cling** 동 달라붙다, 집착하다 [kliŋ] | |
| 0737 | **youth** 명 청춘기, 젊음, 청년 [juːθ] | youthful 형 젊은, 청년의 |
| 0738 | **professional** 형 직업의, 전문의, 전문직의 [prəféʃənəl] 명 전문가 | profession 명 직업 cf. amateur 명 비전문가 |
| 0739 | **laughter** 명 웃음, 웃음소리 [lǽftər] | laugh 동 웃다 |
| 0740 | **silent** 형 조용한 [sáilənt] | silently 부 조용히 silence 명 고요함, 침묵 |
| 0741 | **secretary** 명 비서, 서기 [sékrətèri] | |
| 0742 | **leap** 동 껑충 뛰다, 도약하다 [liːp] 명 도약 | |
| 0743 | **candid** 형 솔직한, 노골적인 (=frank) [kǽndid] | |
| 0744 | **shift** 동 옮기다, 변경하다 [ʃift] 명 변경, (근무의) 교대 | |
| 0745 | **furious** 형 격노한, 격렬한 [fjúəriəs] | fury 명 격노, 격렬 |
| 0746 | **gravity** 명 중력, 중대함 [grǽvəti] | |
| 0747 | **intimate** 형 친밀한 [íntəmit] | intimacy 명 친밀함 intimately 부 친밀히 |
| 0748 | **murder** 명 살인, 살인사건 [mə́ːrdər] 동 살해하다 | murderer 명 살인자 |
| 0749 | **subject** 명 주제, 과목 형 …받기 쉬운, 복종하는 [sʌ́bdʒikt] 동 [səbdʒékt] 복종시키다 | |
| 0750 | **object** 명 물체, 목적, 대상 [ábdʒikt] 동 [əbdʒékt] 반대하다 | objection 명 반대, 이의 objective 형 목표의, 객관적인 |

## 내가 완성하는 예문

다음 예문의 빈 칸에 알맞은 말을 써 넣으면서 익힌 단어를 확인하세요.

1. She _____ to the rope with all her strength.

   그녀는 온 힘을 다해 밧줄에 매달렸다.

2. I was very shy in my _____. 나는 젊은 시절에 부끄러움을 많이 탔었다.

3. She looks very _____ in that suit.

   그 정장을 입으니 그녀는 매우 전문가처럼 보인다.

4. I work as a _____ in a lawyer's office.

   나는 변호사 사무실에서 비서로 일하고 있다.

5. The dog _____ the fence. 개는 울타리를 뛰어넘었다.

6. She was very _____ about her personal life in the interview.

   그녀는 인터뷰에서 자신의 사생활에 대해 매우 솔직했다.

7. The wind _____ to the east. 바람 방향이 동쪽으로 바뀌었다.

8. My boss was _____ with me. 나의 상사는 나에게 몹시 화가 났다.

9. the laws of _____ 중력의 법칙

10. They're _____ friends. 그들은 절친한 친구들이다.

11. What's your favorite _____? 가장 좋아하는 과목이 뭐니?

12. She _____ to the death penalty. 그녀는 사형에 반대한다.

## 관련 숙어 탐색

■ cling to (생각·희망 등에) 집착하다　　■ object to (…에) 반대하다

## 정답

1. clung　2. youth　3. professional　4. secretary　5. leaped　6. candid　7. shifted　8. furious
9. gravity　10. intimate　11. subject　12. objects

| | | |
|---|---|---|
| 0751 | **factor** 몡 요소, 요인 (=element)<br>[fǽktər] | |
| 0752 | **consult** 동 상의하다, 참고하다<br>[kənsʌ́lt] | consultant 몡 의논상대, 컨설턴트 |
| 0753 | **climate** 몡 기후<br>[kláimit] | |
| 0754 | **athlete** 몡 운동선수<br>[ǽθliːt] | athletic 혱 운동(경기)의<br>athletics 몡 운동경기 |
| 0755 | **wreck** 몡 난파, 난파선<br>[rek] 동 난파하다, 파괴하다 | |
| 0756 | **tide** 몡 조수, 조류, 경향<br>[taid] | |
| 0757 | **accustomed** 혱 평소의, 익숙해진<br>[əkʌ́stəmd] | accustom 동 익숙케 하다 |
| 0758 | **otherwise** 붑 그렇지 않으면, 다른 방법으로<br>[ʌ́ðərwàiz] | |
| 0759 | **element** 몡 요소, 성분 (=factor)<br>[éləmənt] | elementary 혱 초보의, 초등의 |
| 0760 | **scholar** 몡 학자<br>[skálər] | scholarship 몡 장학금 |
| 0761 | **privacy** 몡 사생활, 비밀<br>[práivəsi] | private 혱 비밀의, 사적인 |
| 0762 | **breakdown** 몡 고장<br>[bréikdàun] | |
| 0763 | **shortage** 몡 부족, 결핍<br>[ʃɔ́ːrtidʒ] | |
| 0764 | **nevertheless** 붑 그럼에도 불구하고<br>[nèvərðəlés] | |
| 0765 | **mess** 몡 혼란, 뒤죽박죽<br>[mes] 동 더럽히다, 엉망으로 만들다 | messy 혱 어질러진, 지저분한 |

## 내가 완성하는 예문

다음 예문의 빈 칸에 알맞은 말을 써 넣으면서 익힌 단어를 확인하세요.

1. Gasoline fumes from cars are a _____ in air pollution.

   자동차에서 나오는 가솔린 연기는 공기 오염의 한 원인이다.

2. I _____ a doctor about my toothache. 나의 치통에 관해 의사와 상담했다.

3. Antarctica has a cold _____. 남극대륙은 냉대기후다.

4. He became a professional _____ at the age of 15.

   그는 15살의 나이에 전문 운동선수가 되었다.

5. Our ship was _____ in last night's storm.

   우리 배가 어젯밤의 폭풍으로 난파되었다.

6. The sands were swept away with the _____.

   모래가 조류에 의해 휩쓸려갔다.

7. He is _____ to Korean way of life. 그는 한국 생활양식에 익숙해졌다.

8. One _____ of this recipe is missing. 이 조리법 중의 한 요소가 빠져 있다.

9. Please respect my _____. 제발 나의 사생활을 존중해 줘.

10. The long hot summer has led to serious water _____.

    길고 더운 여름날 때문에 심각한 식수 부족이 야기되었다.

11. There was no news. _____, she went on hoping.

    아무 소식도 없었다. 그럼에도 불구하고 그녀는 여전히 희망을 갖고 있었다.

12. Who _____ up the room? 누가 방을 어지럽혔니?

## 관련 숙어 탐색

- **be accustomed to** …에 익숙하다
- **in private** 비밀히, 개인적으로
- **in a mess** 뒤죽박죽이 되어
- **mess up** 더럽히다, 엉망으로 만들다

1. factor  2. consulted  3. climate  4. athlete  5. wrecked  6. tide  7. accustomed  8. element
9. privacy  10. shortage  11. Nevertheless  12. messed

# Day 26

words 0766-0780

---

0766 **seldom** 뷔 좀처럼 … 않는
[séldəm]

---

0767 **electricity** 몡 전기
[ilèktrísəti]

---

0768 **alternative** 혱 양자택일의, 대신의 | alternate 됭 번갈아 하다
[ɔːltə́ːrnətiv]     몡 양자택일, 대안 |        혱 번갈아 일어나는

---

0769 **descendant** 몡 자손, 후예 (↔ancestor) | descend 됭 내려가다, 전해지다
[diséndənt]

---

0770 **pace** 몡 걸음걸이, 걷는 속도, 보폭
[peis]

---

0771 **edit** 됭 편집하다, 교정하다 | edition 몡 판(版)
[édit] | editor 몡 편집자

---

0772 **aid** 몡 도움, 원조
[eid] 됭 돕다, 원조하다

---

0773 **soul** 몡 (영)혼, 넋, 정신 (↔body, flesh)
[soul]

---

0774 **welfare** 몡 복지, 행복
[wélfɛ̀ər]

---

0775 **confirm** 됭 확인하다, 확증하다 | confirmation 몡 확인, 확증
[kənfə́ːrm]

---

0776 **sow** 됭 (씨를) 뿌리다
[sou]

---

0777 **scientific** 혱 과학적인
[sàiəntífik]

---

0778 **prohibit** 됭 금지하다 | prohibition 몡 금지(령)
[prouhíbit]

---

0779 **royal** 혱 왕[여왕]의, 왕족의 | royalty 몡 왕권, 특허권 사용료
[rɔ́iəl] 몡 왕족

---

0780 **loyal** 혱 충성스러운, 성실한 (=faithful) | loyalty 몡 충성, 성실
[lɔ́iəl]

136

## 내가 완성하는 예문

다음 예문의 빈 칸에 알맞은 말을 써 넣으면서 익힌 단어를 확인하세요.

1. She _____ does exercise. 그녀는 좀처럼 운동하지 않는다.

2. Lightning is a natural form of _____. 번개는 전기의 자연 발생적인 형태이다.

3. There is no other _____. 달리 방도가 없다.

4. She has no _____. 그녀는 자손이 없다.

5. We walked at a fast _____. 우리는 빠른 속도로 걸었다.

6. She used to _____ the Times. 그녀는 타임지를 편집했었다.

7. economic _____ 경제적 원조

8. the immortality of the _____ 영혼불멸

9. The government cut down on the _____ budget.
   정부는 복지예산을 삭감했다.

10. I called the airline to _____ my flight schedule.
    나는 비행시간을 확인하기 위해 항공사에 전화했다.

11. He's _____ the field with wheat. 그는 밭에 밀 씨앗을 뿌리고 있다.

12. Smoking is _____. 흡연을 금지함.

13. There's no _____ road to learning. 학문에는 왕도가 없다.

14. He was a _____ friend. 그는 성실한 친구였다.


## 관련 숙어 탐색

- ■ keep pace with …와 보조를 맞추다
- ■ on welfare 생활원조를 받아
- ■ with the aid of …의 도움으로
- ■ prohibit … from -ing …가 ~하는 것을 금하다

1. seldom  2. electricity  3. alternative  4. descendants  5. pace  6. edit  7. aid  8. soul  9. welfare
10. confirm  11. sowing  12. prohibited  13. royal  14. loyal

# Review 13

## A 다음 영어는 우리말로, 우리말은 영어로 쓰시오.

1. athlete _____
2. otherwise _____
3. breakdown _____
4. electricity _____
5. institute _____
6. accommodate _____
7. biography _____
8. candid _____
9. leap _____
10. youth _____

11. 부족 s_____
12. 양자택일 a_____
13. 단언하다 a_____
14. 중력 g_____
15. 조용한 s_____
16. 식욕 a_____
17. 감금하다 c_____
18. 과학적인 s_____
19. 난파선 w_____ ship
20. 응급 치료 first a_____

## B 자연스러운 표현이 되도록 연결하시오.

1. shift
2. cling
3. object
4. edit
5. beware

ⓐ to the rope to keep from falling
ⓑ to the new tax
ⓒ of the dog
ⓓ one's desk closer to the window
ⓔ a collection of short stories

## C 다음 영영 뜻풀이에 해당하는 단어를 보기에서 골라 쓰시오.

| 보기 |
| prohibit    intimate    mess    privacy    tide |

1. _____ : the regular rising and falling of the level of the sea
2. _____ : the state of being free from the attention of public
3. _____ : to say that something is not allowed by law
4. _____ : having a very close relationship
5. _____ : the state of being dirty or untidy

**D** 다음 짝지어진 단어의 관계가 같도록 빈 칸에 알맞은 말을 쓰시오.

1. body : soul = ancestor : d_____

2. murder : murderer = consult : c_____

3. diligence : diligent = silence : s_____

4. depart : departure = deny : d_____

5. loyal : faithful = factor : e_____

**E** 다음 문장의 빈 칸에 알맞은 말을 보기에서 골라 쓰시오.

| 보기 |

| compulsory | faint | subject | furious |
| paces | confirmed | boasting | professional |

1. He moved forward two _____.

   그는 2보 앞으로 움직였다.

2. Our _____ for discussion is environmental pollution.

   우리의 토톤 수제는 환경오염이다.

3. It is _____ to wear a hard hat on the building site.

   건설 현장에서 안전모를 쓰는 것은 의무적이다.

4. I was late and she was _____ with me.

   내가 늦어서 그녀는 격노했다.

5. She _____ our reservation at the hotel.

   그녀는 호텔 예약을 확인했다.

6. Her application was neatly typed and looked very _____.

   그녀의 신청서는 깔끔하게 타이핑되었고 상당히 전문가의 솜씨다웠다.

7. Parents enjoy _____ about their children's achievements.

   부모는 자녀들의 성적에 대해 자랑하는 것을 즐긴다.

8. I feel _____ with hunger and fatigue.

   나는 배고픔과 피로로 기절할 것 같다.

| 0781 | **popular** 형 인기 있는, 대중적인 <br> [pápjələr] | popularity 명 인기, 유행 |
| 0782 | **option** 명 선택(권) (=alternative, choice) <br> [ápʃən] | opt 동 선택하다 |
| 0783 | **piece** 명 조각, 단편, 일부 (=part) <br> [pi:s] | |
| 0784 | **formal** 형 공식의, 정식의, 형식적인 (↔informal) <br> [fɔ́:rməl] | formally 부 공식으로, 형식적으로 |
| 0785 | **candidate** 명 후보자, 지원자 (=applicant) <br> [kǽndədèit] | |
| 0786 | **despair** 명 절망, 자포자기 (↔hope) <br> [dispέər] 동 절망하다, 단념하다 | |
| 0787 | **impact** 명 충돌 (=collision), 영향 (=influence) <br> [ímpækt] | |
| 0788 | **greed** 명 탐욕 <br> [gri:d] | greedy 형 탐욕스러운 |
| 0789 | **crash** 동 와르르 무너지다, 충돌하다 <br> [kræʃ] 명 요란한 소리, 충돌 | |
| 0790 | **afford** 동 …할 여유가 있다 <br> [əfɔ́:rd] | |
| 0791 | **mature** 형 성숙한 (↔immature) <br> [mətʃúər] | maturity 명 성숙(기) |
| 0792 | **inhabit** 동 살다, 거주하다, 서식하다 <br> [inhǽbit] | inhabitant 명 주민, 거주자 |
| 0793 | **arise** 동 일어나다, 발생하다 (=occur) <br> [əráiz] | |
| 0794 | **grave** 명 무덤 (=tomb) <br> [greiv] 형 중대한, 심각한 (=serious) | graveyard 명 묘지 |
| 0795 | **adolescence** 명 청춘기, 사춘기 (=youth) <br> [ædəlésəns] | adolescent 형 청춘의 <br> 명 젊은이 |

## 내가 완성하는 예문

다음 예문의 빈 칸에 알맞은 말을 써 넣으면서 익힌 단어를 확인하세요.

1. This bag is very _____ with teenagers.

   이 가방은 십대들에게 매우 인기가 있다.

2. You have the _____ to take it or leave it.

   그것을 갖거나 말거나 네 마음대로다.

3. There are _____ of broken glass on the floor.

   바닥에 깨진 유리 조각들이 있다.

4. Do you have _____ qualifications? 공식적인 자격증명서가 있습니까?

5. She is in _____ over her lost puppy.

   그녀는 강아지를 잃어버려서 절망에 빠졌다.

6. His speech had a great _____ on voters.

   그의 연설은 유권자들에게 상당한 영향을 미쳤다.

7. He _____ his new car into the tree. 그는 새 차를 나무에 들이받았다.

8. I cannot _____ to buy a car. 나는 차를 살 여유가 없다.

9. She's very _____ for her age. 그녀는 나이에 비해 매우 성숙하다.

10. This island is _____ only by birds and small animals.

    이 섬에는 새와 작은 동물만이 서식하고 있다.

11. The dispute _____ from misunderstanding. 분쟁은 오해에서 비롯됐다.

12. In his _____, he was a baseball star. 그는 젊었을 때 야구 스타였다.

## 관련 숙어 탐색

- **a piece of cake** 손쉬운 일
- **in despair** 절망하여, 자포자기하여
- **take to pieces** 산산조각을 내다, 풀다
- **have an impact on** …에 영향을 주다

1. popular  2. option  3. pieces  4. formal  5. despair  6. impact  7. crashed  8. afford  9. mature
10. inhabited  11. arose  12. adolescence

0796 **constitute** 동 구성하다, 설립하다 (=make up)
[kánstətʃùːt]

0797 **constitution** 명 헌법
[kànstətʃúːʃən]
constitutional 형 헌법(상)의

0798 **stock** 명 재고(품), 주식 (=share)
[stɑk]
stockholder 명 주주

0799 **characteristic** 형 특유의
[kæriktərístik] 명 특질, 특색
character 명 성격, 인물, 문자
characterize 동 특성을 나타내다

0800 **drastic** 형 격렬한, 과감한
[dræstik]

0801 **insight** 명 통찰력
[ínsàit]

0802 **decorate** 동 꾸미다, 장식하다
[dékərèit]
decoration 명 장식

0803 **genius** 명 천재, 특수한 재능
[dʒíːnjəs]

0804 **continent** 명 대륙, 육지
[kántənənt]
continental 형 대륙(성)의

0805 **wound** 명 부상, 상처 (=injury)
[wuːnd] 동 상처를 입히다
wounded 형 부상당한

0806 **transportation** 명 수송, 수송 기관
[trænspərtéiʃən]
transport 동 수송하다

0807 **transfer** 동 옮기다, 갈아타다
[trænsfə́ːr] 명 [trǽnsfər] 이동, 갈아타기

0808 **transform** 동 변형시키다, 바꾸다
[trænsfɔ́ːrm]
transformation 명 변형

0809 **transmit** 동 전하다, 전염시키다
[trænsmít]
transmission 명 전달, 전염

0810 **translate** 동 번역하다, 해석하다 (=interpret)
[trænsléit]
translation 명 번역, 해석
translator 명 번역자, 통역(자)

## 내가 완성하는 예문

다음 예문의 빈 칸에 알맞은 말을 써 넣으면서 익힌 단어를 확인하세요.

1. Five players _____ a basketball team. 농구팀은 다섯 명의 선수들로 구성된다.

2. The book you want is out of _____ right now.

    당신이 찾고 있는 책은 현재 재고가 없습니다.

3. She has a _____ way of speaking. 그녀는 특유한 어투를 갖고 있다.

4. There has been a _____ fall in crime in the area.

    그 지역의 범죄율이 급격히 떨어졌다.

5. This book is full of fascinating _____ into human nature.

    이 책은 인간 본성에 대한 아주 흥미로운 통찰로 가득하다.

6. We _____ the Christmas tree with red lights.

    우리는 크리스마스 트리를 붉은 전등으로 장식했다.

7. He received a bad _____ in his arm. 그는 팔에 심한 상처를 입었다.

8. Bicycles are a cheap and economical form of _____.

    자전거는 저렴하고 경제적인 수송 형태이다.

9. He _____ to the local office. 그는 지방사무소로 전임되었다.

10. A fresh coat of paint _____ the old building.

    새로운 페인트칠로 낡은 빌딩은 변화되었다.

11. Mosquitos _____ diseases. 모기는 질병을 전염시킨다.

12. He _____ the English story into Korean for me.

    그는 나를 위해 영어로 된 이야기를 한국어로 번역해 주었다.

## 관련 숙어 탐색

- **in stock** (상점에) 물건이 구비되어 있는 (↔ out of stock)
- **suffer(receive) a wound** 상처를 입다

 정답

1. constitute  2. stock  3. characteristic  4. drastic  5. insights  6. decorated  7. wound
8. transportation  9. transferred  10. transformed  11. transmit  12. translated

| 0811 | **suspect** 동 의심하다 | suspicion 명 의심 |
| | [səspékt] 명 [sʌ́spekt] 용의자, 혐의자 | suspicious 형 의심스러운 |

| 0812 | **loan** 명 대부(금) | |
| | [loun] 동 빌려주다 ( =lend) | |

| 0813 | **worship** 동 예배하다, 숭배하다 | |
| | [wə́:rʃip] 명 예배, 숭배 | |

| 0814 | **site** 명 현장, 장소 | |
| | [sait] | |

| 0815 | **terrific** 형 무서운, 굉장한, 대단한 ( =great) | terrify 동 겁나게 하다 |
| | [tərífik] | |

| 0816 | **resort** 동 의지하다, 자주 가다 | |
| | [rizɔ́:rt] 명 휴양지, 행락지 | |

| 0817 | **bargain** 명 싼 물건, 거래 | |
| | [bá:rgən] 동 흥정하다 | |

| 0818 | **workforce** 명 총 노동력, 노동 인구 | |
| | [wə́:rkfɔ̀:rs] | |

| 0819 | **strain** 동 잡아당기다, 긴장시키다, 상하게 하다 | |
| | [strein] 명 팽팽함, 긴장, 접질림 | |

| 0820 | **rid** 동 없애다, 제거하다 | |
| | [rid] | |

| 0821 | **excuse** 동 용서하다 ( =forgive), 변명하다 | |
| | [ikskjú:z] 명 [ikskjú:s] 변명 | |

| 0822 | **theme** 명 주제, 화제 ( =subject) | |
| | [θi:m] | |

| 0823 | **sew** 동 꿰매다, 바느질하다 | cf. sow 동 (씨를) 뿌리다 |
| | [sou] | |

| 0824 | **absurd** 형 터무니없는, 어리석은 ( =silly, foolish) | cf. absorb 동 흡수하다 |
| | [əbsə́:rd] | |

| 0825 | **humble** 형 겸손한 ( =modest), 초라한 | |
| | [hʌ́mbəl] | |

## 내가 완성하는 예문

다음 예문의 빈 칸에 알맞은 말을 써 넣으면서 익힌 단어를 확인하세요.

1. She _____ that her husband had been lying.

   그녀는 남편이 거짓말해온 것이 아닐까 의심했다.

2. We _____ regularly at the church. 우리는 교회에서 정기적으로 예배드린다.

3. This is the _____ of the accident. 이 곳이 사고 현장이다.

4. He had to _____ to violence to get his money.

   그는 돈을 얻기 위해 폭력에 호소했다.

5. It's a good _____. 그것은 싸게 잘 산 것이다.

6. This factory has a _____ of about 300. 이 공장에는 300여 명의 노동력이 있다.

7. He _____ his ankle during practice. 그는 연습 중에 발목이 삐었다.

8. I _____ the garden of weeds. 나는 정원의 잡초를 제거했다.

9. Please _____ me for stepping on your foot. 발을 밟아서 죄송합니다.

10. The _____ of discussion was world peace. 토론의 주제는 세계평화였다.

11. She _____ up the hole in her sock. 그녀는 양말에 난 구멍을 꿰맸다.

12. Don't be _____. 얼빠진 소리 마라.

13. Be _____ and learn from your mistakes.

   겸허하게 너의 실수로부터 배워라.

## 관련 숙어 탐색

- **resort to** 자주 드나들다, 호소하다
- **get rid of** …을 제거하다
- **Excuse me?** 다시 한 번 말씀해 주세요.
- **into the bargain** 덤으로, 게다가 (=besides)
- **Excuse me.** 실례합니다., 미안합니다.

1. suspected  2. worship  3. site  4. resort  5. bargain  6. workforce  7. strained  8. rid  9. excuse
10. theme  11. sewed  12. absurd  13. humble

| 0826 | **counsel** 동 충고하다, 조언하다 | counselor 명 상담역, 카운슬러 |
|---|---|---|
| | [káunsəl] 명 상담, 조언 | |

| 0827 | **scenery** 명 풍경, 무대 장치, 배경 | |
|---|---|---|
| | [síːnəri] | |

| 0828 | **ripe** 형 익은 | ripen 동 익다 |
|---|---|---|
| | [raip] | |

| 0829 | **miracle** 명 기적, 경이 | miraculous 형 기적적인 |
|---|---|---|
| | [mírəkəl] | |

| 0830 | **solar** 형 태양의 | |
|---|---|---|
| | [sóulər] | |

| 0831 | **flexible** 형 유연한, 융통성이 있는 | flexibility 명 유연성, 융통성 |
|---|---|---|
| | [fléksəbəl] | |

| 0832 | **resume** 동 다시 시작하다, 되찾다 | |
|---|---|---|
| | [rizúːm] 명 [rézuměi] 이력서 | |

| 0833 | **tablet** 명 정제, 알약 ( =pill) | |
|---|---|---|
| | [tǽblit] | |

| 0834 | **republic** 명 공화국 | |
|---|---|---|
| | [ripʌ́blik] | |

| 0835 | **internal** 형 내부의 ( =inner), 국내의 (↔external) | |
|---|---|---|
| | [intə́ːrnl] | |

| 0836 | **crucial** 형 결정적인, 중대한 ( =decisive, critical) | |
|---|---|---|
| | [krúːʃəl] | |

| 0837 | **primitive** 형 원시의 ( =prehistoric), 원시적인 | |
|---|---|---|
| | [prímətiv] | |

| 0838 | **typical** 형 전형적인, 대표적인 ( =characteristic) | typically 부 전형적으로 |
|---|---|---|
| | [típikəl] | type 명 유형, 전형, 활자 |

| 0839 | **original** 형 본래의, 독창적인 | originality 명 독창성 |
|---|---|---|
| | [ərídʒənəl] 명 원형, 원문 | origin 명 기원, 유래 |

| 0840 | **unique** 형 유일(무이)한, 특이한 | |
|---|---|---|
| | [juːníːk] | |

## 내가 완성하는 예문

다음 예문의 빈 칸에 알맞은 말을 써 넣으면서 익힌 단어를 확인하세요.

1. He _____ unemployed people on how to find work.

   그는 실직자들에게 구직 방법에 대해 조언을 해 준다.

2. We enjoyed beautiful _____ around lake.

   우리는 호수 주변의 아름다운 경치를 즐겼다.

3. Soon _____, soon rotten. 대기만성. (빨리 익은 것은 빨리 썩는다.)

4. We watched the _____ eclipse with special glasses.

   우리는 특수 안경으로 일식을 관찰했다.

5. Rubber is a _____ substance. 고무는 유연한 물질이다.

6. The meeting _____ work. 회의가 재개되었다.

7. Take two aspirin _____ every morning.

   매일 아침마다 아스피린 두 정을 복용하세요.

8. the _____ of Korea 대한민국

9. He made a _____ decision. 그는 중대한 결정을 내렸다.

10. _____ men learned how to use fire. 원시인들은 불을 사용하는 법을 배웠다.

11. _____ symptoms would include severe headaches and vomiting.

   전형적인 증상은 심한 두통과 구토를 동반한다.

12. Is that the _____ painting? 저 그림은 원본이니?

13. Each person's signature is _____. 개개인의 서명은 유일한 것이다.

## 관련 숙어 탐색

■ work (perform) miracles 기적을 행하다, 매우 좋은 결과를 이루다

■ in the original 원문으로, 원서로

1. counsels  2. scenery  3. ripe  4. solar  5. flexible  6. resumed  7. tablets  8. Republic  9. crucial
10. Primitive  11. Typical  12. original  13. unique

# Review 14

## A 다음 영어는 우리말로, 우리말은 영어로 쓰시오.

| | |
|---|---|
| 1. worship | _____ |
| 2. humble | _____ |
| 3. counsel | _____ |
| 4. flexible | _____ |
| 5. crucial | _____ |
| 6. unique | _____ |
| 7. despair | _____ |
| 8. insight | _____ |
| 9. internal | _____ |
| 10. primitive | _____ |

| | | |
|---|---|---|
| 11. 조각 | p | _____ |
| 12. 후보자 | c | _____ |
| 13. 천재 | g | _____ |
| 14. 주식 시장 | s | _____ market |
| 15. 자동차 충돌 | car c | _____ |
| 16. 부상 | w | _____ |
| 17. 탐욕 | g | _____ |
| 18. 사적 | historic s | _____ |
| 19. 변명 | e | _____ |
| 20. 싼 물건 | b | _____ |

## B 자연스러운 표현이 되도록 연결하시오.

1. afford        ⓐ from the bank to buy a house

2. sew        ⓑ to buy a camera

3. popular        ⓒ the country of nuclear weapons

4. rid        ⓓ a button on my shirt

5. loan        ⓔ with young women

## C 다음 영영 뜻풀이에 해당하는 단어를 보기에서 골라 쓰시오.

| 보기 |
|---|
| absurd     constitution     inhabit     theme     decorate |

1. _____ : the subject of a talk, a piece of writing or a work of art

2. _____ : not at all logical or sensible

3. _____ : to live in a place

4. _____ : to add something in order to make a thing more attractive to look

5. _____ : the basic laws or rules of a country or organization

**D** 다음 짝지어진 단어의 관계가 같도록 빈 칸에 알맞은 말을 쓰시오.

1. formal : informal = mature : i_____
2. continent : continental = type : t_____
3. run away : escape = make up : c_____
4. transport : transportation = transform : t_____
5. youth : adolescence = choice : o_____

**E** 다음 문장의 빈 칸에 알맞은 말을 보기에서 골라 쓰시오.

| 보기 |

| original | impact | suspected | drastic |
| transfer | arise | characteristic | strain |

1. If any problems _____ , let me know.
   문제가 생기면 저에게 알려 주세요.
2. The _____ crashed the car.
   충돌로 사냥자가 찌그러졌다.
3. Nose that can grasp things is a _____ of elephants.
   물건을 잡을 수 있는 코는 코끼리의 특징이다.
4. We have to take _____ cuts in our budget.
   우리는 예산을 과감히 줄여야 한다.
5. He strongly _____ that she was lying.
   그는 그녀가 거짓말하고 있다고 강하게 의심했다.
6. The _____ meaning of this word is different from the meaning nowadays.
   이 단어의 원래 의미는 오늘날의 의미와는 다르다.
7. Too much _____ broke the rope.
   너무 당겨서 밧줄이 끊어졌다
8. In order to get to school, I have to _____ at Seoul Station.
   학교에 가려면 서울역에서 갈아타야 한다.

0841 **anniversary** 몡 기념일
[æ̀nəvə́ːrsəri]

0842 **passive** 휑 수동적인, 소극적인 (↔active)
[pǽsiv]

0843 **extraordinary** 휑 이상한, 보통이 아닌
[ikstrɔ́ːrdənèri]　　(↔ordinary)

0844 **landscape** 몡 경치, 풍경(화)
[lǽndskèip]

0845 **compensate** 동 보상하다, 보충하다 　　　　compensation 몡 보상(금)
[kámpənsèit]

0846 **nutrition** 몡 영양(섭취), 음식물 　　　　nutritional 휑 영양의
[njuːtríʃən]

0847 **malnutrition** 몡 영양실조
[mæ̀lnjuːtríʃən]

0848 **furthermore** 뷔 그 위에, 게다가
[fə́ːrðərmɔ̀ːr]　　(=also, in addition, moreover)

0849 **bough** 몡 큰 가지
[bau]

0850 **myth** 몡 신화, 전설
[miθ]

0851 **committee** 몡 위원회
[kəmíti]

0852 **rigid** 휑 굳은, 단단한 (=stiff), 엄격한
[rídʒid]

0853 **atomic** 휑 원자의 　　　　atom 몡 원자
[ətámik]

0854 **tender** 휑 부드러운 (=soft), 상냥한 (=kind)
[téndər]

0855 **launch** 동 진수하다, 발사하다, 시작하다
[lɔːntʃ]　　몡 진수, 발사

## 내가 완성하는 예문

다음 예문의 빈 칸에 알맞은 말을 써 넣으면서 익힌 단어를 확인하세요.

1. Tomorrow is our parents' wedding _____.

   내일은 우리 부모님의 결혼기념일이다.

2. She's very _____ in the class. 그녀는 수업 중에 아주 소극적이다.

3. His behavior yesterday was quite _____. 어제 그의 행동은 아주 이상했다.

4. He is one of famous _____ painters. 그는 유명한 풍경화가 중 한 명이다.

5. I'll _____ them adequately for their efforts.

   나는 그들의 노고에 대해 적절히 보상할 것이다.

6. Poor _____ can cause illness. 불충분한 영양 섭취는 질병을 일으킬 수 있다.

7. They are suffering from severe _____.

   그들은 심각한 영양실조로 고통 받고 있다.

8. Smoking costs money; _____, it's bad for your health.

   담배 피는 것은 돈이 든다. 게다가 건강에도 해롭다.

9. The _____ meets once a week. 위원회는 일주일에 한 번 모인다.

10. _____ rules 엄격한 규칙

11. _____ bomb 원자 폭탄

12. The rocket _____ into space. 로켓이 우주로 발사되었다.


## 관련 숙어 탐색

■ compensate for 보상하다, 보충하다

1. anniversary  2. passive  3. extraordinary  4. landscape  5. compensate  6. nutrition
7. malnutrition  8. furthermore  9. committee  10. rigid  11. atomic  12. launched

**0856 panic** 명 공황, 공포
[pǽnik] 동 당황하다

**0857 international** 형 국제의, 국제적인
[ìntərnǽʃənəl]

**0858 recite** 동 암송하다, 낭독하다
[risáit]

recital 명 연주회

**0859 dismiss** 동 해산시키다, 해고하다 (=fire)
[dismís]

dismissal 명 해산, 면직

**0860 sequence** 명 순서, 차례, 연속(물)
[sí:kwəns]

**0861 grown-up** 명 성인, 어른 (=adult)
[gróunʌ̀p] 형 성장한, 어른스러운 (=mature)

**0862 decent** 형 적당한, 예의바른, 단정한
[dí:sənt]

**0863 nourish** 동 영양분을 주다, 기르다
[nə́:riʃ]

nourishing 형 영양이 되는
nourishment 명 영양물, 육성

**0864 retreat** 명 퇴각, 후퇴
[ri:trí:t] 동 물러서다, 후퇴하다

**0865 fiction** 명 소설, 꾸며낸 이야기
[fíkʃən] (=novel; ↔non-fiction)

fictional 형 소설의, 꾸며낸

**0866 passage** 명 통로, 통행, 한 구절
[pǽsidʒ]

**0867 desperate** 형 필사적인, 절망적인
[déspərit]

desperately 부 필사적으로, 절망적으로

**0868 conscious** 형 의식 있는, 자각하고 있는
[kánʃəs]

consciousness 명 의식

**0869 unconscious** 형 의식불명의, 모르는
[ʌ̀nkánʃəs]

unconsciousness 명 무의식

**0870 subconscious** 형 잠재의식의
[sʌ̀bkánʃəs]

## 내가 완성하는 예문

다음 예문의 빈 칸에 알맞은 말을 써 넣으면서 익힌 단어를 확인하세요.

1. The earthquake caused a _____ in the building.
   지진은 빌딩 내에 공포를 일으켰다.

2. She _____ her poems. 그녀는 자신의 시를 암송했다.

3. The company _____ ten workers. 그 회사는 10명의 직원을 해고시켰다.

4. Arrange the files in alphabetical _____. 파일들을 알파벳순으로 정리하시오.

5. The child acts like a _____. 그 아이는 어른처럼 행동한다.

6. It was very _____ of you to help me.
   나를 도와 주다니 너는 아주 예의바르구나.

7. The sun helps to _____ plants.
   태양은 식물들에게 자양분을 주는 데 도움이 된다.

8. The captain ordered a _____ from the attacking army.
   지휘관은 공격 부대로부터 후퇴를 명령했다.

9. No _____ this way. 이 길은 통행을 금함.

10. I was _____ to get a job. 나는 취직하는 데 필사적이었다.

11. He is _____ of his own faults. 그는 자신의 결점을 알고 있다.

12. He was hit on the head by a stone and knocked _____.
    그는 머리에 돌을 맞고서 쓰러져 의식불명이었다.

13. Such memories exist only at the _____ level.
    그런 기억들은 잠재의식 수준에만 있다.

## 관련 숙어 탐색

- in a panic 허둥지둥, 공황을 일으켜
- in sequence 차례로
- be(become) conscious of …을 자각하다, 알고 있다

## 정답

1. panic  2. recited  3. dismissed  4. sequence  5. grown-up  6. decent  7. nourish  8. retreat
9. passage  10. desperate  11. conscious  12. unconscious  13. subconscious

| | |
|---|---|
| **0871 infinite** 혱 무한한, 끝없는 (↔finite) [ínfənit] | infinitely 뷛 대단히, 극히 |
| **0872 dwell** 통 살다, 거주하다 [dwel] | dweller 명 거주자<br>dwelling 명 집, 주거 |
| **0873 soak** 통 젖다, 스며들다, 빨아들이다 [souk] | |
| **0874 enforce** 통 실시하다, 집행하다 [enfɔ́:rs] | |
| **0875 deprive** 통 빼앗다, 박탈하다 [dipráiv] | deprived 혱 가난한, 불우한 |
| **0876 budget** 명 예산(안), 경비 [bʌ́dʒit] 통 예산을 세우다 | |
| **0877 astonish** 통 깜짝 놀라게 하다 [əstániʃ] | astonishing 혱 놀랄 만한, 놀라운<br>astonishment 명 놀람, 경악 |
| **0878 gratitude** 명 감사 [grǽtətʃùːd] | |
| **0879 decay** 통 썩다 (=rot), 쇠하다 [dikéi] 명 부패, 쇠퇴 | |
| **0880 reap** 통 베다, 수확하다 [riːp] | cf. leap 통 도약하다 |
| **0881 semester** 명 한 학기, 6개월간 [siméstər] | |
| **0882 omit** 통 빼다, 생략하다 [oumít] | |
| **0883 moisture** 명 습기, 수분, 수증기 [mɔ́istʃər] | moist 혱 습기 있는, 축축한<br>moisturize 통 습기를 주다 |
| **0884 cheat** 통 속이다, 부정행위를 하다 [tʃiːt] 명 사기꾼 | |
| **0885 dense** 혱 밀집한, 빽빽한, 짙은 [dens] | density 명 밀도, 농도 |

## 내가 완성하는 예문

다음 예문의 빈 칸에 알맞은 말을 써 넣으면서 익힌 단어를 확인하세요.

1. Your imagination is _____. 네 상상력은 무한하다.

2. The president _____ in the Blue House. 대통령은 청와대에 거주한다.

3. I was _____ by the shower. 나는 소나기를 만나 흠뻑 젖었다.

4. The police _____ speed limits. 경찰이 속도 제한을 실시하고 있다.

5. His failure almost _____ him of hope.

   그의 실패는 그에게서 모든 희망을 앗아 갔다.

6. The government makes a new _____ every year.

   정부는 매년 새 예산안을 작성한다.

7. The news that we won in the lottery _____ us.

   복권에 당첨되었다는 소식은 우리를 깜짝 놀라게 했다.

8. She sent us a present to show her _____.

   그녀는 감사의 표시로 우리에게 선물을 보냈다.

9. _____ leaves make rich soil. 썩은 낙엽은 땅을 기름지게 한다.

10. The farmer _____ the grain from the field. 농부는 들에서 곡식을 수확했다.

11. He took an art class last _____. 그는 지난 학기에 미술수업을 들었다.

12. This chapter may be _____. 이 장은 생략해도 좋다.

13. Plants absorb _____ from the soil. 식물들은 흙에서 수분을 흡수한다.

14. She _____ me into accepting the story.

    그녀는 나를 속여서 그 이야기를 믿게 했다.

15. The garden was _____ with grass. 정원에는 풀이 무성했다.


## 관련 숙어 탐색

- dwell on (upon) …을 깊이 생각하다
- deprive A of B A에게서 B를 빼앗다
- soak up 흡수하다, 빨아들이다
- cheat … (out) of …을 속여 ~을 빼앗다

1. infinite  2. dwells  3. soaked  4. enforce  5. deprived  6. budget  7. astonished  8. gratitude
9. Decayed  10. reaped  11. semester  12. omitted  13. moisture  14. cheated  15. dense

# Day 30

| | |
|---|---|
| **0886 neutral** 형 중립의, 공평한 <br> [njúːtrəl] | neutralize 동 중립시키다 |
| **0887 swift** 형 빠른, 신속한 <br> [swift] | |
| **0888 dedicate** 동 (시간·생애 등을) 바치다, 헌정하다 <br> [dédikèit] | dedication 명 헌신, 헌정의 말 <br> dedicated 명 헌신적인, 몰두하는 |
| **0889 polish** 동 닦다, 윤내다 <br> [páliʃ] 명 광택제 | |
| **0890 session** 명 개회 중, 회의, 회기 <br> [séʃən] | |
| **0891 absent** 형 결석한, 부재의 (↔present) <br> [ǽbsənt] | absence 명 결석, 부재 |
| **0892 capture** 동 붙잡다, 사로잡다 <br> [kǽptʃər] 명 포획, 생포 | |
| **0893 emerge** 동 나타나다 (=appear; ↔submerge) <br> [imə́ːrdʒ] | emergence 명 출현 |
| **0894 fare** 명 요금 <br> [fɛər] | *cf.* fair 형 공정한 명 박람회 |
| **0895 wage** 명 임금, 급료 <br> [weidʒ] | |
| **0896 miserable** 형 불쌍한, 비참한 <br> [mízərəbəl] | |
| **0897 customer** 명 고객, 단골 <br> [kʌ́stəmər] | |
| **0898 infant** 명 (7세 미만의) 유아 <br> [ínfənt] | infancy 명 유년기 |
| **0899 positive** 형 긍정적인, 확신하는 (↔negative) <br> [pázətiv] | *cf.* optimistic 형 낙관적인 |
| **0900 negative** 형 부정의, 반대의 (↔positive) <br> [négətiv] | *cf.* pessimistic 형 비관적인 |

## 내가 완성하는 예문

다음 예문의 빈 칸에 알맞은 말을 써 넣으면서 익힌 단어를 확인하세요.

1. Sweden is a _____ country. 스웨덴은 중립국이다.

2. We had to make a _____ decision. 우리는 신속한 결정을 내려야 했다.

3. The doctor _____ himself to finding a cure for the disease.
   그 의사는 질병의 치료법을 알아내는 데 일생을 바쳤다.

4. I _____ my shoes. 나는 구두를 닦았다.

5. the 17th _____ of the National Assembly 제17회기 국회

6. He has been _____ from school for a week now.
   그는 일주일째 학교에 나오지 않았다.

7. The police _____ a criminal. 경찰이 범인을 체포했다.

8. The sun _____ from behind the clouds. 태양이 구름 뒤에서 나타났다.

9. The bus _____ is only 50 cents for children.
   아이들의 버스 요금은 겨우 50센트이다.

10. Her _____ has gone up. 그녀의 임금이 올랐다.

11. He's _____ about losing his job. 그는 실직에 대해 비참하고 있다.

12. The shop held a special sale for its regular _____.
    상점은 고정 고객들을 위해 특별 할인 판매를 열었다.

13. You need a _____ attitude about your work.
    네 일에 대한 긍정적인 태도가 필요하다.

14. His reply was _____. 그의 대답은 부정적이었다.

## 관련 숙어 탐색

- **in session** 개회[개정, 회의] 중
- **dedicate oneself to** …에 전념하다

## 정답

1. neutral  2. swift  3. dedicated  4. polished  5. session  6. absent  7. captured  8. emerged
9. fare  10. wage  11. miserable  12. customers  13. positive  14. negative

# Review 15

## A 다음 영어는 우리말로, 우리말은 영어로 쓰시오.

1. fiction _____
2. atomic _____
3. semester _____
4. anniversary _____
5. retreat _____
6. furthermore _____
7. nourish _____
8. sequence _____
9. dense _____
10. neutral _____

11. 긍정적인   p_____
12. 잠재의식의   s_____
13. 빼앗다   d_____
14. 수확하다   r_____
15. 위원회   c_____
16. 습기   m_____
17. 생략하다   o_____
18. 국제 전화   i_____ call
19. 콧구멍   nasal p_____
20. 충치   tooth d_____

## B 자연스러운 표현이 되도록 연결하시오.

1. soak      ⓐ from work because of illness
2. compensate      ⓑ of his own fault
3. absent      ⓒ a new product next week
4. conscious      ⓓ for their loss
5. launch      ⓔ stains out of a skirt

## C 다음 영영 뜻풀이에 해당하는 단어를 보기에서 골라 쓰시오.

┤보기├
| fare | nutrition | negative | gratitude | enforce |

1. _____ : the feeling of being grateful or of wanting to give your thanks to somebody
2. _____ : to make people obey a law or rule
3. _____ : the amount of money you pay to travel by bus, train, taxi, etc.
4. _____ : only thinking about the bad qualities of somebody or something
5. _____ : the food that you eat and the way that it affects your health

158

D 다음 짝지어진 단어의 관계가 같도록 빈 칸에 알맞은 말을 쓰시오.

1. rigid : soft = active : p_____

2. grown-up : adult = fire : d_____

3. appear : appearance = emerge : e_____

4. finite : infinite = ordinary : e_____

5. able : enable = neutral : n_____

E 다음 문장의 빈 칸에 알맞은 말을 보기에서 골라 쓰시오.

| 보기 |

| decent | recited | dedicated | tender |
| cheated | panic | desperate | unconscious |

1. I _____ whenever I have to give a speech.

나는 연설해야 할 때마다 당황한다.

2. She attended at the meeting in _____ clothes.

그녀는 단정한 차림으로 회의에 참석했다.

3. The book is _____ to the author's husband.

그 책은 저자의 남편에게 헌정되었다.

4. He _____ during the test by copying the boy in front.

그는 시험 중에 앞에 있는 아이의 답을 베껴 부정행위를 했다.

5. She proudly _____ her poem in the class.

그녀는 수업 시간에 시를 자신 있게 암송했다.

6. This steak is quite _____.

이 스테이크는 아주 부드럽다.

7. He was _____ of his mistakes.

그는 자신의 실수를 깨닫지 못했다

8. The refugees are _____ for food.

피난민들은 먹을 것을 구하는 데 필사적이다.

| | |
|---|---|
| ⁰⁹⁰¹ **debt** 몡 빚, 신세짐 <br> [det] | debtor 몡 채무자 |
| ⁰⁹⁰² **grief** 몡 (깊은) 슬픔, 비탄 (=sorrow) <br> [gri:f] | grieve 동 몹시 슬퍼하다 |
| ⁰⁹⁰³ **bold** 혱 대담한, (선·글씨가) 굵은 <br> [bould] | boldly 분 대담하게 |
| ⁰⁹⁰⁴ **declare** 동 선언하다, 발표하다 <br> [dikléər] | declaration 몡 선언(서), 공표 |
| ⁰⁹⁰⁵ **stubborn** 혱 고집 센, 완고한 (=obstinate) <br> [stʌ́bərn] | |
| ⁰⁹⁰⁶ **withdraw** 동 물러나다, 철회하다, (돈을) 인출하다 <br> [wiðdrɔ́:] | withdrawal 몡 철수, 취소, 인출 |
| ⁰⁹⁰⁷ **addict** 동 (나쁜 일 등에) 빠지게 하다 <br> [ədíkt] 몡 [ǽdikt] (마약 등의) 중독자, 열광하는 사람 | addicted 혱 중독되어, 빠져 <br> addiction 몡 중독 |
| ⁰⁹⁰⁸ **casual** 혱 무심한, 격식을 차리지 않는, 평상복의 <br> [kǽʒuəl] | casually 분 우연히, 무심코 |
| ⁰⁹⁰⁹ **outstanding** 혱 뛰어난, 눈에 띄는 <br> [àutstǽndiŋ] | |
| ⁰⁹¹⁰ **hostile** 혱 적의 있는, 강하게 반대하는 <br> [hástil] | hostility 몡 적의, 적개심 <br> *cf.* hospitality 몡 후한 대접 |
| ⁰⁹¹¹ **conscience** 몡 양심 <br> [kánʃəns] | conscientious 혱 양심적인 |
| ⁰⁹¹² **correspond** 동 일치하다 (=match), 서신 왕래하다 <br> [kɔ̀:rəspánd] | correspondence 몡 일치, 서신 왕래 |
| ⁰⁹¹³ **vehicle** 몡 운송 수단, 탈것, 전달 방법 <br> [ví:ikəl] | |
| ⁰⁹¹⁴ **emergency** 몡 비상사태, 위급 <br> [imə́:rdʒənsi] | emergent 혱 불시의, 긴급한 |
| ⁰⁹¹⁵ **arrest** 동 체포하다 (↔release) <br> [ərést] 몡 체포, 구속 | |

## 내가 완성하는 예문

다음 예문의 빈 칸에 알맞은 말을 써 넣으면서 익힌 단어를 확인하세요.

1. I paid off my _____ in two years. 나는 2년 후에 빚을 다 갚았다.

2. Her _____ over her friend's death was deep.

   친구의 죽음에 대한 그녀의 슬픔은 아주 컸다.

3. a fearless and _____ warrior 두려움 없고 대담한 전사

4. U.S.A. _____ war on Japan in 1941. 미국은 1941년에 일본에 선전포고를 했다.

5. as _____ as a mule 노새처럼 고집이 센

6. She _____ $100 from her bank account.

   그녀는 은행 계좌에서 100달러를 인출했다.

7. He is _____ to gambling. 그는 도박에 빠져 있다.

8. He is an _____ student. 그는 뛰어난 학생이다.

9. _____ attitude 적대적인 태도

10. Did it bother your _____ to tell a lie? 거짓말해서 양심에 찔렸니?

11. Her words and actions don't _____. 그녀의 언행은 일치하지 않는다.

12. _____ room 응급실

13. The policeman _____ him for murder. 경찰이 살인혐의로 그를 체포했다.

## 관련 숙어 탐색

- **run (get) into debt** 빚지다, 빚을 얻다
- **be in one's debt** …에게 신세를 지다
- **be hostile to (toward)** …에게 적대적이다
- **correspond with (to)** …와 일치하다
- **correspond to** …와 편지를 주고받다
- **under arrest** 체포되어 있는

1. debts  2. grief  3. bold  4. declared  5. stubborn  6. withdrew  7. addicted  8. outstanding
9. hostile  10. conscience  11. correspond  12. emergency  13. arrested

**0916 debate** 명 토론, 논쟁
[dibéit] 동 토론〔논쟁〕하다

**0917 awkward** 형 어색한, 서투른, 곤란한 (=difficult)
[ɔ́:kwərd]

**0918 deceive** 동 속이다
[disíːv]

deception 명 사기, 속임수

**0919 calculate** 동 계산하다, 추정하다
[kǽlkjəlèit]

calculated 형 계산된, 계획적인
calculator 명 소형 전자계산기

**0920 illusion** 명 환영, 환각, 착각
[ilúːʒən]

illusionary 형 환영의, 착각의

**0921 scatter** 동 뿌리다, 뿔뿔이 흩어지다
[skǽtər]

scattered 형 뿔뿔이 된, 드문드문한

**0922 fluent** 형 유창한, 거침없는
[flúːənt]

fluently 부 유창하게, 거침없이

**0923 diplomatic** 형 외교의, 교섭에 능한
[dìpləmǽtik]

diplomat 명 외교관

**0924 reform** 동 개혁하다, 개정하다
[riːfɔ́ːrm] 명 개혁, 개선

reformation 명 개혁, 개선

**0925 gaze** 동 지켜보다, 응시하다
[geiz] 명 응시, 주시

cf. graze 동 풀을 뜯어 먹다

**0926 eager** 형 열망하는, 간절히 바라는
[íːgər]

eagerly 부 열망하여, 간절히
cf. eagle 명 독수리

**0927 aggressive** 형 공격적인, 적극적인
[əgrésiv]

aggression 명 공격, 침략

**0928 cultivate** 동 경작하다 (=farm), 재배하다 (=grow)
[kʌ́ltəvèit]

cultivation 명 경작, 재배

**0929 optimistic** 형 낙관적인, 낙천적인 (↔ pessimistic)
[àptəmístik]

optimism 명 낙관(론), 낙천주의
optimist 명 낙천주의자

**0930 pessimistic** 형 비관적인, 염세적인 (↔ optimistic)
[pèsəmístik]

pessimism 명 비관론, 염세주의
pessimist 명 염세주의자

## 내가 완성하는 예문

다음 예문의 빈 칸에 알맞은 말을 써 넣으면서 익힌 단어를 확인하세요.

1. a _____ on diplomatic policy 외교 정책에 대한 논쟁

2. an _____ silence 어색한 침묵

3. She _____ us about her age. 그녀는 우리에게 자신의 나이를 속였다.

4. Let's _____ the total cost of the trip. 여행의 총경비를 계산해 보자.

5. I'm under no _____ that I'll be a model.

   나는 내가 모델이 될 것이라는 착각은 하지 않는다.

6. The farmer _____ grain for the chickens.

   농부는 닭들에게 곡식을 뿌려 주었다.

7. He is _____ in English. 그는 영어를 유창하게 한다.

8. break off _____ relations 외교 관계를 단절하다

9. The educational system needs to be _____.

   교육제도는 개혁될 필요성이 있다.

10. She _____ into the space. 그녀는 허공을 응시했다.

11. She is _____ for her success. 그녀는 성공을 간절히 바란다.

12. a fierce and _____ dog 사납고 공격적인 개

13. She's _____ about her future. 그녀는 자신의 미래에 대해 낙천적이다.

14. The doctors are _____ about her recovery.

    의사들은 그녀의 회복에 대해 비관적이다.

## 관련 숙어 탐색

■ be under debate 토론 중에 있다.  ■ be under an illusion that …라고 잘못 생각하다

■ gaze at …을 응시하다  ■ be eager for …을 간절히 바라다

## 정답

1. debate  2. awkward  3. deceived  4. calculate  5. illusions  6. scattered  7. fluent
8. diplomatic  9. reformed  10. gazed  11. eager  12. aggressive  13. optimistic  14. pessimistic

| | |
|---|---|
| **0931 rob** 동 훔치다, 빼앗다<br>[rɑb] | robbery 명 강탈, 약탈<br>robber 명 강도 |
| **0932 sin** 명 죄<br>[sin] | |
| **0933 exhaust** 동 써버리다 (=use up),<br>[igzɔ́:st]　지치게 하다 (=tire out) | exhaustion 명 고갈 |
| **0934 fade** 동 바래다, 사라지다, 약해지다<br>[feid] | faded 형 빛바랜 |
| **0935 alter** 동 바꾸다, 변경하다<br>[ɔ́:ltər] | alteration 명 변경, 개조 |
| **0936 philosophy** 명 철학<br>[filάsəfi] | philosopher 명 철학자 |
| **0937 dignity** 명 위엄, 존엄<br>[dígnəti] | dignify 동 위엄을 갖추다 |
| **0938 sensitive** 형 민감한, 예민한<br>[sénsətiv] | |
| **0939 fundamental** 형 기초의, 근본적인 (=basic)<br>[fʌ̀ndəméntl]　명 원리, 원칙, 기본 | |
| **0940 vivid** 형 명확한, 생생한, 선명한<br>[vívid] | |
| **0941 further** 부 더 나아가서, 더욱이, 더욱 멀리<br>[fə́:rðər] | cf. farther 부 더 멀리 |
| **0942 dominate** 동 지배하다, 위압하다<br>[dάmənèit] | dominant 형 지배적인, 유력한<br>domination 명 지배, 우세 |
| **0943 bind** 동 묶다 (=fasten), 강제하다, 구속하다<br>[baind] | binder 명 묶는 사람[것], 매어 철한<br>표지 |
| **0944 hesitate** 동 주저하다, 망설이다<br>[hézətèit] | hesitation 명 주저, 우유부단<br>hesitant 형 머뭇거리는, 주저하는 |
| **0945 confess** 동 자백[고백]하다, 인정하다<br>[kənfés] | confession 명 자백, 실토 |

## 내가 완성하는 예문

다음 예문의 빈 칸에 알맞은 말을 써 넣으면서 익힌 단어를 확인하세요.

1. My wallet's gone! I've been _____! 내 지갑이 없어졌어! 도둑맞았나봐!

2. According to the Bible, it is a _____ to kill. 성서에 따르면 살생은 죄이다.

3. The long journey _____ him. 오랜 여행이 그를 지치게 했다.

4. The sound of the train _____ away. 기차 소리가 점차 약해졌다.

5. We've had to _____ some of our plans. 우리 계획의 일부를 변경해야 했다.

6. Descartes is regarded as the founder of modern _____.

   데카르트는 현대 철학의 창설자로 여겨진다.

7. a man of _____ 위엄 있는 사람

8. A _____ change is required. 근본적인 변화가 필요하다.

9. a very _____ description 아주 생생한 묘사

10. Let's not discuss it _____. 더 이상 의논하지 말자.

11. He always tends to _____ the conversation.

    그는 언제나 대화를 주도하려고 한다.

12. He _____ the newspapers with string. 그는 끈으로 신문을 묶었다.

13. If you have any questions, don't _____ to ask me.

    만약 질문이 있다면 망설이지 말고 저에게 물으세요.

14. _____ a crime 죄를 고백하다

## 관련 숙어 탐색

■ rob A of B A에게서 B를 훔치다(빼앗다)   ■ fade away(out) 사라지다, 점점 희미해지다

■ with dignity 위엄 있게, 점잖을 빼고

## 정답

1. robbed  2. sin  3. exhausted  4. faded  5. alter  6. philosophy  7. dignity  8. fundamental
9. vivid  10. further  11. dominate  12. bound  13. hesitate  14. confess

**0946 deposit** 동 예금하다, 맡기다
[dipázit] 명 예금(액)

**0947 impulse** 명 충동
[ímpʌls]

impulsive 형 충동적인

**0948 inevitable** 형 피할 수 없는, 부득이한
[inévitəbəl]

inevitably 부 불가피하게

**0949 astronomy** 명 천문학
[əstránəmi]

astronomer 명 천문학자

**0950 glory** 명 영광, 명예
[glɔ́:ri]

glorious 형 영광스러운, 멋진

**0951 ache** 동 아프다, 쑤시다
[eik] 명 (-ache) 아픔, 통증

cf. toothache 명 치통
backache 명 요통

**0952 invest** 동 투자하다
[invést]

investment 명 투자(액)
investor 명 투자자

**0953 phenomenon** 명 현상
[finámənàn]

**0954 inspect** 동 점검하다, 시찰하다 ( = examine)
[inspékt]

inspection 명 조사, 시찰
inspector 명 검사자

**0955 minimum** 명 형 최소〔최저〕 한도(의) (↔maximum)
[mínəməm] 부 최소〔최저〕한으로

minimize 동 최소로 하다

**0956 approximate** 형 대략의, 근사한
[əpráksəmit]

approximately 부 대략

**0957 monotonous** 형 단조로운, 변화 없는
[mənátənəs]

monotony 명 단조로움

**0958 spoil** 동 망치다, 손상하다 ( = ruin)
[spɔil]

**0959 minor** 형 소수의, 중요치 않은, 미성년의 (↔major)
[máinər] 명 미성년자

minority 명 소수

**0960 major** 형 주요한 (↔minor) 명 (대학의) 전공과목
[méidʒər] 동 전공하다 ( =specialize)

majority 명 대부분, 대다수

## 내가 완성하는 예문

다음 예문의 빈 칸에 알맞은 말을 써 넣으면서 익힌 단어를 확인하세요.

1. I _____ $200 in my account. 나는 내 계좌에 200달러를 예금했다.

2. I bought a skirt on _____ but now I'm regretting it.

   충동적으로 치마를 하나 샀는데 지금 후회하고 있다.

3. The accident was the _____ result of carelessness.

   사고는 부주의함에 따른 피할 수 없는 결과였다.

4. Navigation is an application of _____. 항해술은 천문학을 응용한 것이다.

5. He _____ his money in stocks. 그는 주식에 돈을 투자했다.

6. Gravity is a natural _____. 중력은 자연적인 현상이다.

7. Schools should be _____ regularly by the fire-safety officer.

   학교는 정기적으로 화재 안전 관리사에게 점검받아야 한다.

8. We need a _____ of five people to play this game.

   이 게임을 하는 데 최소 5명이 필요하다.

9. an _____ cost 대략의 비용

10. She was speaking in a low _____ voice.

    그녀는 낮고 단조로운 목소리로 이야기하고 있었다.

11. The rain _____ my vacation. 비 때문에 휴가를 망쳤다.

12. It's only a _____ problem. 이것은 대단치 않은 문제일 뿐이다.

13. a _____ cause of the conflict 분쟁의 주요 원인

## 관련 숙어 탐색

- **on (an) impulse** 충동적으로, 충동에 의해
- **invest in (-ing)** …에 투자하다
- **major in** …을 전공하다

1. deposited  2. impulse  3. inevitable  4. astronomy  5. invested  6. phenomenon  7. inspected
8. minimum  9. approximate  10. monotonous  11. spoiled  12. minor  13. major

## A 다음 영어는 우리말로, 우리말은 영어로 쓰시오.

1. fade                                 
11. 지배하다    d_____

2. alter                                 
12. 천문학    a_____

3. inevitable                          
13. 예금하다    d_____

4. glory                                 
14. 최소의    m_____

5. ache                                  
15. 현상    p_____

6. spoil                                 
16. 빚    d_____

7. declare                           
17. 양심    c_____

8. fundamental                 
18. 충동구매    i_____ buying

9. debate                            
19. 외교관계    d_____ relations

10. aggressive                  
20. 착시    an optical i_____

## B 자연스러운 표현이 되도록 연결하시오.

1. addicted                         ⓐ all my money in this company

2. bind                                 ⓑ to criticism

3. sensitive                        ⓒ the package

4. arrest                              ⓓ to alcohol

5. invest                              ⓔ him for drunk driving

## C 다음 영영 뜻풀이에 해당하는 단어를 보기에서 골라 쓰시오.

| 보기 |
| emergency    monotonous    stubborn    confess    reform |

1. _____ : refusing to change your plans or decisions

2. _____ : a serious event that needs immediate action

3. _____ : to change a system, the law, etc. in order to make it better

4. _____ : never changing and therefore boring

5. _____ : to admit that you have done something bad or wrong

**D** 다음 짝지어진 단어의 관계가 같도록 빈 칸에 알맞은 말을 쓰시오.

1. excellent : outstanding = sorrow : g_____
2. arrest : release = pessimistic : o_____
3. hostile : hostility = major : m_____
4. deceive : deceit = rob : r_____
5. hesitate : hesitation = withdraw: w_____

**E** 다음 문장의 빈 칸에 알맞은 말을 보기에서 골라 쓰시오.

| 보기 | | | |
|---|---|---|---|
| scattered | hostile | further | fluent |
| casual | major | approximate | exhausted |

1. We can wear _____ clothes on Fridays.
   우리는 금요일에는 평상복을 입을 수 있다.

2. Papers lay _____ all over the floor.
   신문이 바닥 전체에 흩어져 있었다.

3. Our drinking water will be _____ before long.
   머지않아 우리의 식수는 고갈될 것이다.

4. Have you anything _____ to add?
   그 외에 덧붙일 것이 있나요?

5. His _____ is economics.
   그의 전공은 경제학이다.

6. The _____ time of arrival is 5 o'clock.
   도착 시간은 대략 5시쯤이다.

7. She is very _____ to any change.
   그녀는 어떠한 변화에도 매우 적대적이다.

8. He speaks _____ Japanese.
   그는 일본어를 유창하게 말한다.

| 0961 | **fate** 몡 운명, 숙명 ( =fortune)<br>[feit] | fatal 혱 치명적인 |
|---|---|---|
| 0962 | **compel** 동 강제하다, 억지로 …시키다 ( =force)<br>[kəmpél] | |
| 0963 | **paralyze** 동 마비시키다<br>[pǽrəlàiz] | paralysis 몡 마비 |
| 0964 | **investigate** 동 조사하다, 수사하다<br>[invéstəgèit] | investigation 몡 조사, 수사<br>investigator 몡 수사관 |
| 0965 | **fatigue** 몡 피로<br>[fətíːg] | |
| 0966 | **prescription** 몡 처방(전)<br>[priskrípʃən] | prescribe 동 처방하다 |
| 0967 | **receipt** 몡 영수증<br>[risíːt] | |
| 0968 | **disgust** 몡 혐오, 역겨움<br>[disgʌ́st] 동 싫어지게 하다, 메스껍게 하다 | disgusting 혱 역겨운, 정말 싫은 |
| 0969 | **remote** 혱 멀리 떨어진, 외딴<br>[rimóut] | |
| 0970 | **associate** 동 연합시키다 ( =join), 교제하다<br>[əsóuʃièit] | association 몡 협회, 교제 |
| 0971 | **endure** 동 참다, 견디다 ( =tolerate)<br>[indjúər] | endurable 혱 참을 수 있는<br>endurance 몡 인내, 지구력 |
| 0972 | **starve** 동 굶주리다, 굶어 죽다<br>[stɑːrv] | starvation 몡 굶주림, 기아 |
| 0973 | **scarcely** 뷔 간신히, 가까스로, 거의 …않다<br>[skɛ́ərsli] | |
| 0974 | **scarce** 혱 부족한 (↔ plentiful), 희귀한, 드문 ( =rare)<br>[skɛəs] | scarcity 몡 부족, 희귀 |
| 0975 | **despise** 동 경멸하다, 몹시 싫어하다<br>[dispáiz] | |

## 내가 완성하는 예문

다음 예문의 빈 칸에 알맞은 말을 써 넣으면서 익힌 단어를 확인하세요.

1. No one can _____ obedience. 누구도 남에게 복종을 강요할 수는 없다.

2. The disease _____ his legs. 그 질병은 그의 다리를 마비시켰다.

3. The police are _____ the crime. 경찰이 그 범죄를 수사하고 있다.

4. He was suffering from _____ and stress.

   그는 피로와 스트레스로 힘들어하고 있었다.

5. The doctor gave me a _____ for stomachache medicine.

   의사는 복통약에 대한 처방전을 주었다.

6. Keep the _____ in case you want to exchange the bag.

   가방을 교환할 경우를 대비해 영수증을 보관하세요.

7. He walked away in _____. 그는 기분이 매우 나빠져서 가버렸다.

8. The village is in a _____ mountain. 마을은 외딴 산속에 있다.

9. Don't _____ with dishonest people. 정직하지 않은 사람과는 교제하지 마라.

10. _____ the pain 고통을 참다

11. Many people in Africa are _____. 아프리카의 많은 사람들이 굶어 죽어 가고 있다.

12. He's _____ seventeen. 그는 겨우 17세다.

13. Clean water was becoming _____. 깨끗한 물이 점점 부족해지고 있다.

14. I _____ liars. 나는 거짓말쟁이를 경멸한다.


## 관련 숙어 탐색

- under investigation 조사 중인
- in disgust 매우 기분이 나빠서, 넌더리나서
- associate with …와 어울리다
- despise A for B B의 이유로 A를 경멸하다 (몹시 싫어하다)

1. compel  2. paralyzed  3. investigating  4. fatigue  5. prescription  6. receipt  7. disgust
8. remote  9. associate  10. endure  11. starving  12. scarcely  13. scarce  14. despise

| 0976 | **sculpture** 명 조각, 조각 작품 | |
| | [skʌ́lptʃər] 동 조각하다 | |

| 0977 | **frank** 형 솔직한 ( =candid) | frankly 부 솔직히 |
| | [fræŋk] | |

| 0978 | **enthusiastic** 형 열심인, 열광적인 | enthusiasm 명 열심, 열의 |
| | [enθúːziæ̀stik] | |

| 0979 | **spectator** 명 관객, 구경꾼 | |
| | [spékteitər] | |

| 0980 | **nuclear** 형 (세포)핵의, 원자핵의, 핵무기의 | nucleus 명 (원자)핵, 핵심 |
| | [njúːkliər] | |

| 0981 | **ruin** 명 파멸, 폐허, 유적 ( =remains) | |
| | [rúːin] 동 파괴하다, 망치다 ( =spoil, destroy) | |

| 0982 | **stiff** 형 뻣뻣한, 딱딱한 | stiffen 동 굳어지다, 딱딱해지다 |
| | [stif] | |

| 0983 | **cancer** 명 암 | |
| | [kǽnsər] | |

| 0984 | **funeral** 명 형 장례식(의) | |
| | [fjúːnərəl] | |

| 0985 | **cruel** 형 잔인한, 무자비한 | cruelty 명 무자비, 잔인한 행위 |
| | [krúːəl] | |

| 0986 | **annual** 형 매년의, 일년에 한 번의 ( =yearly) | annually 부 매년, 일년에 한 번씩 |
| | [ǽnjuəl] | |

| 0987 | **melancholy** 명 우울(증) | |
| | [mélənkàli] 형 우울한, 쓸쓸한 | |

| 0988 | **leak** 동 새다, 누설하다 | |
| | [liːk] 명 샘, 누출, 누설 | |

| 0989 | **superior** 형 우수한, 뛰어난 (↔inferior) | superiority 명 우월, 우위 |
| | [səpíəriər] | |

| 0990 | **inferior** 형 열등한, 하위의 (↔superior) | inferiority 명 하위, 열등 |
| | [infíəriər] | |

## 내가 완성하는 예문

다음 예문의 빈 칸에 알맞은 말을 써 넣으면서 익힌 단어를 확인하세요.

1. have a _____ discussion about sex 성에 관한 솔직한 토론을 하다

2. She is very _____ about learning cooking.

   그녀는 요리를 배우는 데 아주 열심이다.

3. The _____ cheered loudly for their baseball team.

   구경꾼들은 그들의 야구팀을 소리높이 응원했다.

4. a _____ power plant 원자력 발전소

5. the _____ of ancient Greece 고대 그리스 유적

6. a _____ neck 뻣뻣한 목

7. The _____ will be held next Saturday. 장례식은 다음 토요일에 치뤄질 예정이다.

8. Don't tease her about her appearance — it's _____.

   외모를 갖고 그녀를 놀리지 마라. 잔인하잖아.

9. _____ income 연간 수입

10. She likes _____ autumn days. 그녀는 쓸쓸한 가을날을 좋아한다.

11. My shoes are _____. 내 신발에 물이 새어 들어오고 있다.

12. Our product is _____ to our competitor's.

    우리 제품이 경쟁사 제품보다 우수하다.

13. These apples are _____ to those we bought yesterday.

    이 사과는 어제 샀던 것보다 못하다.


## 관련 숙어 탐색

- to be frank with you 사실은
- leak out (정보 등을) 누설하다
- fall into ruin 폐허가 되다, 멸망하다
- superior〔inferior〕 to …보다 뛰어난〔열등한〕


## 정답

1. frank  2. enthusiastic  3. spectators  4. nuclear  5. ruins  6. stiff  7. funeral  8. cruel
9. annual  10. melancholy  11. leaking  12. superior  13. inferior

| | | |
|---|---|---|
| 0991 **accident** 몡 사고, 뜻밖의 사건 [ǽksidənt] | accidental 혱 우연한, 뜻밖의 |
| 0992 **simply** 뷘 간단히, 검소하게 [símpli] | simple 혱 단순한, 검소한 <br> simplify 됭 단순화하다 |
| 0993 **excellent** 혱 뛰어난, 훌륭한 [éksələnt] | excel 됭 능가하다, 뛰어나다 <br> excellence 몡 우수, 장점 |
| 0994 **strange** 혱 이상한, 낯선 [streindʒ] | stranger 몡 낯선 사람, 이방인 |
| 0995 **rule** 몡 규칙, 통례 [ru:l] 됭 다스리다, 통치하다 | ruler 몡 지배자, 자 |
| 0996 **female** 몡 혱 여성(의), 암컷(의) (↔male) [fíːmeil] | |
| 0997 **control** 몡 지배(력), 관리, 억제 [kəntróul] 됭 지배하다, 억제하다 | |
| 0998 **blind** 혱 눈 먼 [blaind] 됭 눈멀게 하다 | blindly 뷘 맹목적으로 |
| 0999 **ahead** 뷘 앞쪽에, 앞으로 [əhéd] | |
| 1000 **unless** 졉 만일 …이 아니라면 (=if … not) [ənlés] 젼 …을 제외하고 (=except) | |
| 1001 **shape** 몡 모양, 상태 [ʃeip] 됭 모양 짓다, 구체화되다 | -shaped 혱 …의 모양을 한 |
| 1002 **costume** 몡 복장, 의상 [kάstjuːm] | |
| 1003 **rush** 됭 돌진하다, 서두르다 [rʌʃ] 몡 돌진, 분주한 행동 | cf. rush hour 혼잡 시간, 러시아워 |
| 1004 **amount** 몡 양, 총계, 총액 [əmáunt] 됭 총계가 …이 되다 | |
| 1005 **grade** 몡 등급, 성적, 학년 [greid] 됭 등급으로 나누다 | |

## 내가 완성하는 예문

다음 예문의 빈 칸에 알맞은 말을 써 넣으면서 익힌 단어를 확인하세요.

1. _____ will happen. 사고는 일어나기 마련이다.

2. His house was _____ built. 그의 집은 간소한 구조였다.

3. His performance was truly _____. 그의 연주는 대단히 훌륭했다.

4. This is _____ — the window's open. 이거 이상한데. 창문이 열려 있어.

5. There is no _____ without some exceptions. 예외 없는 규칙은 없다.

6. a _____ flower 암꽃

7. He got upset but kept his anger in _____. 그는 화가 났지만 화를 참았다.

8. a _____ person 맹인; _____ date 서로 모르는 남녀 간의 데이트

9. The road _____ is busy. 앞쪽의 길이 혼잡하다.

10. Don't go _____ you want to. 가길 원치 않는다면 가지 마라.

11. What _____ is the table — round or square?
    탁자의 모양은 어떤 거니? 둥근 거야 사각형이야?

12. 16th century _____ 16세기 복장; stage _____ 무대의상

13. There's plenty of time — we don't need to _____.
    시간은 많아. 서두를 필요 없어.

14. What is the _____ of the bill? 청구서의 총액이 얼마입니까?

15. He's in third _____. 그는 3학년이다.


## 관련 숙어 탐색

- **by accident** 우연히, 뜻밖에
- **break a rule** 규칙(법)을 어기다
- **lose control** …을 제어할 수 없게 되다
- **under control** 지배(관리) 하에 있는
- **as a rule** 일반적으로, 대개
- **make it a rule to do** …을 원칙으로 하다
- **take control of** …을 지배(관리)하다
- **go ahead** (일을) 진행하다, (이야기를) 계속하세요

1. Accidents  2. simply  3. excellent  4. strange  5. rule  6. female  7. control  8. blind, blind
9. ahead  10. unless  11. shape  12. costume, costume  13. rush  14. amount  15. grade

| 1006 | **exploit** ⑧ 이용하다, 착취하다, (자원 등을) 개발하다 [iksplɔ́it] | exploitation ⑲ 착취, 개발 |
|---|---|---|
| 1007 | **agree** ⑧ 동의하다 (↔disagree), 승낙하다 (↔refuse) [əgríː] | agreement ⑲ 동의, 계약 |
| 1008 | **hang** ⑧ 걸다, 매달다, 교수형에 처하다 [hæŋ] | hanger ⑲ 옷걸이, 고리 |
| 1009 | **tax** ⑲ 세금 [tæks] ⑧ 과세하다 | |
| 1010 | **sight** ⑲ 시력, 봄, 시야, 조망 [sait] | see ⑧ 보다 |
| 1011 | **romantic** ⑱ 낭만적인, 공상적인 [roumǽntik] ⑲ 로맨틱한 사람 | romanticism ⑲ 낭만주의 |
| 1012 | **huge** ⑱ 거대한, 엄청난 [hjuːdʒ] | |
| 1013 | **fuel** ⑲ 연료 [fjúːəl] ⑧ 연료를 공급하다 | |
| 1014 | **earn** ⑧ 일하여 벌다, 받을 만하다 [əːrn] | earnings ⑲ 소득 |
| 1015 | **genuine** ⑱ 진짜의 (=real), 진실한 (=honest) [dʒénjuin] | |
| 1016 | **tropical** ⑱ 열대(지방)의 [trɑ́pikəl] | tropic ⑲ 회귀선 |
| 1017 | **vision** ⑲ 시력, 상상력, 비전, 미래상 [víʒən] | |
| 1018 | **visible** ⑱ 보이는 (↔invisible), 명백한 [vízəbəl] | |
| 1019 | **view** ⑲ 견해, 시야, 전망 [vjuː] ⑧ 간주하다, 바라보다 | viewer ⑲ 보는 사람, 시청자 |
| 1020 | **visual** ⑱ 시각의, 보는 [víʒuəl] | visualize ⑧ 상상하다 visually ⑨ 시각적으로 |

## 내가 완성하는 영단어

다음 예문의 빈 칸에 알맞은 말을 써 넣으면서 익힌 단어를 확인하세요.

1. Children working in factories were _____.

   공장에서 일하는 어린 아이들은 착취당했다.

2. Let's _____ the picture on that wall. 그림을 저 벽에 걸자.

3. Alcohol and cigarettes are heavily _____. 술과 담배는 세금이 많이 부과된다.

4. Out of _____, out of mind. 눈에서 멀어지면 마음에서도 멀어진다.

5. a _____ rock 거대한 바위; a _____ sum of money 막대한 금액

6. Gas, oil, and coal are the most common heating _____.

   가스, 석유, 석탄이 가장 일반적인 난방 연료이다.

7. She _____ her living as a doctor. 그녀는 의사로 생활비를 번다.

8. That necklace is made of _____ gold. 저 목걸이는 진짜 금으로 만들어졌다.

9. _____ vegetation 열대 식물

10. There are leaders of _____ in every industry.

    모든 산업 분야에는 비전을 가진 지도자들이 있다.

11. _____ to the naked eye 육안으로도 보이는

12. You and I have different points of _____. 당신과 나는 견해가 다르다.

13. the _____ arts 시각 예술; the _____ nerve 시신경

## 관련 숙어 탐색

- ■ hang on (전화를) 잠시 기다리다, 꼭 붙잡다
- ■ at sight 보자마자
- ■ earn a (one's) living 생활비를 벌다
- ■ in one's view …의 견해[생각]로는
- ■ hang up 전화를 끊다
- ■ at first sight 첫눈에
- ■ in view 보이는 곳에, 보여 (= in sight)
- ■ with a view to (-ing) …하려고, …할 목적으로

## 정답

1. exploited  2. hang  3. taxed  4. sight  5. huge, huge  6. fuels  7. earns  8. genuine  9. tropical
10. vision  11. visible  12. view  13. visual, visual

# Review 17

## A 다음 영어는 우리말로, 우리말은 영어로 쓰시오.

| | |
|---|---|
| 1. compel | _____ |
| 2. fatigue | _____ |
| 3. scarce | _____ |
| 4. rule | _____ |
| 5. earn | _____ |
| 6. despise | _____ |
| 7. spectator | _____ |
| 8. tropical | _____ |
| 9. visual | _____ |
| 10. grade | _____ |

| | | |
|---|---|---|
| 11. 운명 | f_____ | |
| 12. 마비시키다 | p_____ | |
| 13. 영수증 | r_____ | |
| 14. 모양 | s_____ | |
| 15. 진짜의 | g_____ | |
| 16. 세금 | t_____ | |
| 17. 혼잡 시간 | r_____ | hour |
| 18. 핵폐기물 | n_____ | waste |
| 19. 교통사고 | traffic a_____ | |
| 20. 액체 연료 | liquid f_____ | |

## B 자연스러운 표현이 되도록 연결하시오.

1. control             ⓐ to ten million dollars
2. prescription      ⓑ the smell of the sea with my childhood
3. enthusiastic      ⓒ for my cough
4. associate        ⓓ your quick temper
5. amount          ⓔ response from the audiences

## C 다음 영영 뜻풀이에 해당하는 단어를 보기에서 골라 쓰시오.

| 보기 |
|---|
| starve     disgust     melancholy     inferior     investigate |

1. _____ : to try to find out all the facts about something
2. _____ : a feeling of sadness which lasts for a long time
3. _____ : to cause a strong feeling of not liking of somebody or something
4. _____ : to suffer or die because you do not have enough food to eat
5. _____ : low or lower in social position, importance, quality, etc.

**D** 다음 짝지어진 단어의 관계가 같도록 빈 칸에 알맞은 말을 쓰시오.

1. annual : annually = simple : s_____

2. excellent : excellence = endurable : e_____

3. optimistic : optimism = romantic : r_____

4. agree : disagree = visible : i_____

5. arrive : arrival = see : s_____

**E** 다음 문장의 빈 칸에 알맞은 말을 보기에서 골라 쓰시오.

┃ 보기 ┃

| | | | |
|---|---|---|---|
| ruined | unless | view | superior |
| remote | hanged | leaked | scarcely |

1. The moon is very _____ from the earth.

   달은 지구에서 아주 멀리 떨어져 있다.

2. I could _____ believe it when he proposed marrlage to me.

   그가 나에게 청혼했을 때 거의 믿을 수 없었다.

3. The stock market crash _____ him, so he's broken.

   주식 시장의 붕괴로 그는 파산하여 빈털터리가 되었다.

4. Oil _____ out of the car.

   자동차에서 기름이 새어 나왔다.

5. In the navy, admiral is _____ to a captain.

   해군에서는 제독이 선장보다 상급이다.

6. I will be there _____ it rains.

   비가 오지 않는 한 갈게요.

7. He was _____ for murder.

   그는 살인죄로 교수형에 처해졌다.

8. A dim light came into _____ through the woods.

   나무들 사이로 어렴풋한 불빛이 보였다.

| | | |
|---|---|---|
| 1021 **feed** ⑧ 음식을[먹이를] 주다, 기르다 [fi:d] | | |
| 1022 **deserve** ⑧ …할[받을] 만하다 [dizə́:rv] | deserved ⑱ 당연한 | |
| 1023 **beyond** ㉠ ㉡ …의 저쪽에, …을 넘어서, …을 지나서 [bijánd] | | |
| 1024 **modern** ⑱ 현대의, 최신의 [mádərn] | modernize ⑧ 현대화하다 modernism ⑲ 모더니즘, 현대식 | |
| 1025 **pile** ⑲ 쌓아올린 것, 더미, 대량 [pail] ⑧ 쌓아올리다 | | |
| 1026 **height** ⑲ 높이, 키 [hait] | heighten ⑧ 높게 하다 | |
| 1027 **gym** ⑲ 체육관 (gymnasium), 체조 (gymnastics) [dʒim] | | |
| 1028 **empty** ⑱ 빈 (=vacant; ↔full), 공허한 [émpti] ⑧ 비우다 | | |
| 1029 **divide** ⑧ 나누다, 분배하다 [diváid] | division ⑲ 분할, 분해, 나눗셈 | |
| 1030 **former** ⑱ 이전의, (the -) 전자의 (↔the latter) [fɔ́:rmər] | | |
| 1031 **split** ⑧ 쪼개다, 분배하다 [split] | | |
| 1032 **quarter** ⑲ 4분의 1, 15분, 3개월 [kwɔ́:rtər] | | |
| 1033 **path** ⑲ 작은 길, 오솔길 [pæθ] | | |
| 1034 **lock** ⑧ 잠그다 (↔unlock), 가두다 [lɑk] ⑲ 자물쇠 | locker ⑲ 라커, 작은 벽장 | |
| 1035 **bottom** ⑲ 밑바닥, 아랫부분 (↔top) [bátəm] | | |

## 내가 완성하는 예문

다음 예문의 빈 칸에 알맞은 말을 써 넣으면서 익힌 단어를 확인하세요.

1. How often do you _____ your dog a day?

    너는 하루에 몇 번 개에게 먹이를 주니?

2. The boy well _____ praise. 그 소년은 충분히 칭찬받을 만하다.

3. _____ the horizon 지평선 너머에

4. a _____ of books 책 더미

5. He was below the standard _____. 그는 표준 키보다 작았다.

6. He's playing basketball in the _____ now.

    지금 그는 체육관에서 농구를 하고 있다.

7. The book is _____ into five chapters.

    그 책은 다섯 개의 장으로 나누어져 있다.

8. Of these two opinions, I prefer the latter to the _____.

    이 두 가지 의견 중에서 전자보다 후자가 낫다.

9. They _____ the sum equally. 그들은 그 돈을 똑같이 나누었다.

10. three _____ 4분의 3

11. a _____ through the woods 숲속으로 난 오솔길

12. He forgot to _____ the door. 그는 문을 잠그는 것을 잊었다.

13. There's the price tag on the _____ of the box.

    상자 밑바닥에 가격표가 붙어 있다.

## 관련 숙어 탐색

- **feed on** …을 먹고 살다
- **pile up** 축적하다, 쌓이다
- **divide A into B** A를 B로 나누다〔분배하다〕
- **lock up** 자물쇠를 채우다, (감옥에) 감금하다
- **beyond doubt〔question〕** 말할 것도 없이
- **be at the height of** …의 절정에 있다
- **split up (with)** …와 헤어지다

##  정답

1. feed  2. deserves  3. beyond  4. pile  5. height  6. gym  7. divided  8. former  9. split
10. quarters  11. path  12. lock  13. bottom

**1036 addition** 명 추가, 덧셈 (↔ subtraction)
[ədíʃən]

additional 형 부가적인, 추가의
add 동 더하다, 증가하다

**1037 satisfy** 동 만족시키다, 조건을 충족시키다
[sǽtisfài]

satisfactory 형 만족스러운
satisfaction 명 만족

**1038 leather** 명 가죽, 가죽 제품
[léðər]

**1039 desert** 명 사막, 황무지
[dézərt] 동 [dizə́:rt] 버리다, 유기하다 (= abandon)

cf. dessert 명 후식

**1040 elect** 동 선출하다, 뽑다
[ilékt]

election 명 선거

**1041 bet** 동 돈을 걸다, 내기하다, 단언하다
[bet] 명 내기

**1042 active** 형 활발한, 적극적인 (↔ inactive), 활동 중인
[ǽktiv]

activity 명 활동, 활기

**1043 act** 명 행위, (연극의) 막, 법령
[ækt] 동 행동하다, 연기하다

action 명 행동, 활동, 연기
actor 명 배우, 남자배우
actress 명 여배우

**1044 shadow** 명 그림자, 그늘
[ʃǽdou]

**1045 bomb** 명 폭탄
[bɑm] 동 폭탄을 투하하다

**1046 lick** 동 핥다
[lik] 명 한 번 핥기

**1047 automobile** 명 자동차
[ɔ̀:təməbí:l]

**1048 neglect** 동 무시하다, 게을리하다
[niglékt] 명 무시, 태만

negligent 형 소홀한, 무관심한
negligence 명 태만, 소홀

**1049 goods** 명 상품, 물품
[gudz]

**1050 merchandise** 명 제품
[mə́:rtʃəndàiz]

## 내가 완성하는 예문

다음 예문의 빈 칸에 알맞은 말을 써 넣으면서 익힌 단어를 확인하세요.

1. I paid 5 dollars in _____. 나는 5달러를 추가로 더 지불했다.

2. That will _____ both parties. 그렇게 하면 양쪽 다 만족할 것이다.

3. a _____ jacket 가죽 재킷

4. He was _____ president. 그는 대통령으로 선출되었다.

5. He _____ $200 on that horse. 그는 저 말에 200달러를 걸었다.

6. He is not as _____ as he was. 그는 전만큼 활동적이지 않다.

7. a thoughtless _____ 사려 없는 행동

8. The room is always half in _____. 방의 반은 항상 그늘이 져 있다.

9. The _____ never went off. 폭탄은 한 번도 발사되지 않았다.

10. The kitten was _____ its paws. 새끼 고양이가 앞발을 핥고 있었다.

11. the _____ industry 자동차 산업

12. He _____ his own health. 그는 자신의 건강에 소홀했다.

13. household _____ 가정용품

14. This store sells _____ from foreign countries.

　　　이 가게는 외국산 제품을 판매한다.

## 관련 숙어 탐색

- **in addition** 그 외에, 게다가
- **be satisfied with** …에 만족하다
- **act on** …에 작용하다
- **in addition to** …에 더하여
- **You bet.** 물론,, 틀림없어.

## 정답

1. addition　2. satisfy　3. leather　4. elected　5. bet　6. active　7. act　8. shadow　9. bomb
10. licking　11. automobile　12. neglected　13. goods　14. merchandise

| 1051 | **neighborhood** 명 이웃, 근처<br>[néibərhùd] | neighbor 명 이웃 (사람)<br>neighboring 형 이웃의, 인접한 |

**1051 neighborhood** 명 이웃, 근처
[néibərhùd]
neighbor 명 이웃 (사람)
neighboring 형 이웃의, 인접한

**1052 grace** 명 우아, 품위, 감사 기도
[greis]
graceful 형 우아한
cf. disgrace 명 불명예, 치욕

**1053 applaud** 동 박수갈채하다
[əplɔ́ːd]
applause 명 박수갈채

**1054 deadline** 명 마감 시간, 최종 기한
[dédlàin]

**1055 zealous** 형 열심인, 열광적인 (=enthusiastic)
[zéləs]
zeal 명 열중, 열의

**1056 sweep** 동 쓸다, 치우다
[swiːp] 명 청소, 제거

**1057 tolerate** 동 묵인하다, 참다 (=bear)
[tálərèit]
tolerance 명 관용, 아량
tolerable 형 참을 수 있는

**1058 suspicious** 형 의심스러운, 수상쩍은
[səspíʃəs]
suspicion 명 의심, 혐의

**1059 aside** 부 곁에, 옆에, 따로
[əsáid]

**1060 part-time** 형 파트 타임의, 시간제의 (↔full-time)
[páːrttàim]

**1061 destination** 명 목적지, 목적
[dèstənéiʃən]
destine 동 예정하다

**1062 trait** 명 특징, 특색
[treit]

**1063 sightseeing** 명 관광, 구경
[sáitsìːiŋ]
sightsee 동 관광하다

**1064 rot** 동 썩다, 부패하다 (=decay)
[rɔt] 명 썩음, 부패
rotten 형 썩은, 부패한

**1065 glare** 동 번쩍이다, 노려보다
[glɛər] 명 번쩍이는 빛, 노려봄
glaring 형 눈부신, 명백한

## 내가 완성하는 예문

다음 예문의 빈 칸에 알맞은 말을 써 넣으면서 익힌 단어를 확인하세요.

1. He moved into the _____ recently. 그는 최근에 근처로 이사했다.

2. She has _____ and dignity. 그녀는 우아하고 위엄이 있다.

3. We _____ his play. 우리는 그의 연기에 박수갈채를 보냈다.

4. The _____ for applications is February 28th.

   원서 접수 마감일은 2월 28일까지이다.

5. a _____ reformer 열성적인 개혁가

6. He _____ the dust off his desk. 그는 책상에서 먼지를 쓸어냈다.

7. She didn't _____ his selfishness. 그녀는 그의 이기심을 묵인하지 않았다.

8. His behavior was very _____. 그의 행동은 아주 수상쩍었다.

9. He took me _____. 그는 나를 옆으로 데리고 갔다.

10. a _____ job 시간제 일

11. The airplane's _____ is Paris. 비행기의 목적지는 파리이다.

12. Longevity is a family _____ with them. 장수는 그들 가족의 특징이다.

13. The fruit _____ on the ground. 열매가 땅에 떨어져 썩었다.

14. The sun _____ down on us. 뙤약볕이 우리에게 내리쬐었다.

## 관련 숙어 탐색

- **in the neighborhood of** …의 근처에
- **put (set) aside** 따로 떼어 두다
- **glare at** …을 노려보다
- **aside from** …은 별문제로 하고
- **go sightseeing** 관광하러 가다

## 정답

1. neighborhood  2. grace  3. applauded  4. deadline  5. zealous  6. swept  7. tolerate
8. suspicious  9. aside  10. part-time  11. destination  12. trait  13. rotted  14. glared

**Day 36**

words 1066-1080

---

<sup>1066</sup> **vocabulary** 몡 어휘, 단어집
[voukǽbjəlèri]

---

<sup>1067</sup> **genetic** 혱 발생의, 유전의
[dʒinétik]

gene 몡 유전(인)자
genetics 몡 유전학

---

<sup>1068</sup> **praise** 동 칭찬하다
[preiz]   몡 칭찬

---

<sup>1069</sup> **earthquake** 몡 지진
[ə́:rθkwèik]

---

<sup>1070</sup> **dim** 혱 어둑한, 흐릿한
[dim]

---

<sup>1071</sup> **composition** 몡 구성, 합성, 작문〔곡〕
[kàmpəzíʃən]

compose 동 구성하다, (시·글을)
짓다

---

<sup>1072</sup> **barrier** 몡 장벽, 장애물
[bǽriər]

bar 동 폐쇄하다, 방해하다

---

<sup>1073</sup> **grand** 혱 장대한, 호화로운
[grænd]

---

<sup>1074</sup> **staff** 몡 직원, 사원
[stæf]

---

<sup>1075</sup> **afterward** 부 뒤에, 나중에
[ǽftərwərd]

---

<sup>1076</sup> **voluntary** 혱 자발적인, 지원의
[váləntèri]

volunteer 몡 지원자, 자원봉사자
동 지원하다

---

<sup>1077</sup> **terminal** 몡 종점, 터미널
[tə́:rmənəl]   혱 최종적인, 학기말의

---

<sup>1078</sup> **strategy** 몡 작전, 전략
[strǽtədʒi]

---

<sup>1079</sup> **compliment** 몡 (사교적인) 칭찬, 인사
[kámpləmənt]   동 칭찬하다, 축하하다

complimentary 혱 칭찬의, 찬사
의, 무료의

---

<sup>1080</sup> **complement** 몡 보완하는 것, 보어
[kámpləmənt]   동 …을 완전하게 하다

## 내가 완성하는 예문

다음 예문의 빈 칸에 알맞은 말을 써 넣으면서 익힌 단어를 확인하세요.

1. The boy has a large _____ of English. 그 소년은 영어 어휘가 풍부하다.

2. _____ engineering 유전 공학

3. His action calls for _____. 그의 행동은 칭찬받을 만하다.

4. the _____ glow of the candle 양초의 흐릿한 불빛

5. the _____ of a committee 위원회의 구성

6. the language _____ 언어의 장벽

7. The _____ is working overtime. 직원들은 시간외 근무를 하고 있다.

8. We went for a walk, and _____ we had lunch.
    우리는 산책을 했고 나중에 점심을 먹었다.

9. a _____ donation 자발적인 기증

10. a bus _____ 버스 터미널

11. business _____ 사업 전략

12. She paid him a _____ on his speech.
    그녀는 그에게 그의 연설에 대해 칭찬했다.

13. Music is a good _____ to a party. 파티에는 음악이 있어야 제격이다.

## 관련 숙어 탐색

- prasie A for B B의 이유로 A를 칭찬하다
- be on the staff 직원이다
- barrier to …에의 방해(물)
- pay … a compliment …를 칭찬하다

## A 다음 영어는 우리말로, 우리말은 영어로 쓰시오.

| | | | | |
|---|---|---|---|---|
| 1. leather | | 11. 4분의 1 | q | |
| 2. shadow | | 12. 사막, 버리다 | d | |
| 3. lick | | 13. 내기하다 | b | |
| 4. merchandise | | 14. 참다 | t | |
| 5. neighborhood | | 15. 무시하다 | n | |
| 6. zealous | | 16. 불명예, 치욕 | d | |
| 7. afterward | | 17. 마감 시간 | d | |
| 8. praise | | 18. 구성, 합성 | c | |
| 9. strategy | | 19. 유전 정보 | the g | code |
| 10. atomic bomb | | 20. 관세 장벽 | tariff b | |

## B 자연스러운 표현이 되도록 연결하시오.

1. feed      ⓐ an apple into two
2. split      ⓑ a compliment
3. lock      ⓒ a large family
4. pay      ⓓ at me with anger
5. glare      ⓔ the door

## C 다음 영영 뜻풀이에 해당하는 단어를 보기에서 골라 쓰시오.

| 보기 |
|---|
| sweep     height     trait     staff     bottom |

1. _____ : how tall or how high someone or something is
2. _____ : the lowest part of something
3. _____ : to clean the dirt from a floor using a brush
4. _____ : a way of behaving or thinking that is typical of someone
5. _____ : the people who work for an organization

## D 다음 짝지어진 단어의 관계가 같도록 빈 칸에 알맞은 말을 쓰시오.

1. grace : graceful = suspicion : s_____
2. former : latter = empty : f_____
3. active : inactive = lock : u_____
4. desert : abandon = decay : r_____
5. applaud : applause = satisfy : s_____

## E 다음 문장의 빈 칸에 알맞은 말을 보기에서 골라 쓰시오.

| 보기 | | | |
|---|---|---|---|
| elected | piled | aside | divides |
| addition | act | deserves | voluntary |

1. A good worker _____ good pay.
   훌륭한 근로자는 높은 급여를 받을 만하다.
2. We _____ the boxes in the corner.
   우리는 상자를 구석에 쌓았다.
3. A low wall _____ our garden from our neighbor's.
   낮은 담이 우리 정원과 이웃집 정원을 갈라놓고 있다.
4. He speaks French in _____ to English.
   그는 영어 외에 프랑스 어도 할 줄 안다.
5. Don't _____ like a child any more.
   더 이상 아이처럼 행동하지 마라.
6. The plan will be put _____ for some time.
   그 계획은 당분간 보류될 것이다.
7. He does _____ work at the local hospital.
   그는 지역 병원에서 지원봉사를 하고 있다.
8. We _____ him as our representative.
   우리는 그를 대표로 선출했다.

# 02 쉬어가기

## Body Language

### I don't know.

미국인이 가장 많이 하는 몸짓 중의 하나로 양팔을 늘어뜨리고 두 손바닥을 앞으로 벌리며 어깨를 으쓱합니다. 어려운 문제에 대하여 답을 찾지 못하거나 입장이 난처한 경우에 씁니다.

### Quote

대화에서 특별히 강조하고 싶은 단어나 다른 사람이 말한 것을 인용할 때 큰 따옴표를 표시 내어 손동작으로 몇 번 까딱 까딱 합니다. 특정 단어를 비교하면서 강조하거나 과장된 말을 장난으로 할 때 많이 씁니다.

### Be quiet!

'조용히 해'라는 뜻으로 거의 모든 나라에서 통하는 몸짓이 아닐까요?

### Thumb up !

엄지손가락을 위로 향하게 세우는 것은 우리나라에서는

'최고, 우두머리'라는 뜻이지만 미국에서는 '좋다'를 뜻

합니다. 미국인들이 둘째 손가락을 뻗쳐 세울 때는 최고

를 뜻한다고 하네요.

### Good luck !

'행운을 빌다'라는 뜻입니다. 시험 볼 때 학생들이 서로

주고받거나 아니면 자기 혼자 기원할 때 많이 씁니다.

### I can't hear you.

상대의 말이 잘 안 들린다고 표현할 때 씁니다.

### Come here.

우리나라에서는 사람을 이리 오라고 부를 때 손등을 위

로 향하게 해서 손짓을 하죠. 그런데 미국에서는 그렇게

하면 가라고 하는 손짓이 됩니다.

# 02 쉬어가기

## Broken English!

**싸인** 싸인(sign)은 '서명하다, 신호하다'라는 뜻의 동사이거나, '표지판, 부호, 손짓'을 나타내는 명사입니다. 유명인사에게 싸인을 해 달라고 부탁할 때는 "Can I have your autograph, please?"라고 말해야 합니다. 여기서 autograph가 자필서명을 뜻하는 바른 영어입니다.

**핸드폰** 손에 들고 다니는 전화니까 핸드폰(handphone)이 맞다고요? 아쉽게도 핸드폰은 틀린 표현입니다. cellular phone, cell phone, mobile phone이 바른 영어랍니다. 참고로 가정에서 흔히 사용하는 무선전화기는 cordless phone이라고 합니다.

**컴퓨터가 다운되었다** 컴퓨터 사용하다가 다운되어서 짜증난 적 많죠. 그럴 때마다 다시 부팅해야 하고... 헌데 '컴퓨터가 다운(down)되었다'는 틀린 표현입니다. 'My computer is frozen.'이라고 해야 합니다. frozen은 freeze(얼다)의 과거분사형으로 '컴퓨터가 얼어서 움직이지 않는다'는 의미니 우리말과도 대충 뜻이 통하는 거 같죠.

**컨닝** 시험칠 때 부정행위하는 것을 컨닝(cunning)한다고 말들 하죠. cunning은 '교활한'의 뜻을 가진 형용사로 우리가 생각하는 시험칠 때의 부정행위와는 상관이 없습니다. 그렇다면 시험칠 때 부정행위는 뭐라고 할까요? cheating이 바른 영어입니다. 참고로 컨닝 페이퍼(cunning paper)도 틀린 표현으로 crib sheet 혹은 그냥 crib이 바른 영어입니다.

**카레라이스**  카레라이스(curryrice)는 일본식 표현입니다. curry and rice 또는 curried rice가 바른 영어입니다.

**프림**  커피에 설탕과 프림(prim)을 넣는 다고 하는데요, 여기서 프림은 틀린 표현입니다. cream이 바른 영어입니다. 그러니까 커피에 프림이 아니라 크림을 넣어 드세요.

**믹서**  쥬스를 만드는 기계를 믹서(mixer)라고 하는데 blender가 바른 영어입니다.

**비닐봉투** Vinyl bag일 것 같으나 plastic bag이 바른 영어입니다.

**솔로**  '독신' 또는 '미혼상태'를 가리켜 솔로(solo)라는 말을 사용하는데, 솔로는 '혼자 노래를 부르는 것' 즉 '독창'을 의미하는 말입니다. 독신이나 미혼상태를 나타낼 때는 single이 바른 영어입니다. 따라서 '저는 미혼입니다'는 'I'm single.'이라고 표현해야 옳습니다.

**미팅**  '나 오늘 미팅한다. 룰루랄라~.' 헌데 어쩌죠? meeting은 공식적인 모임을 말합니다. 상대방이 누구인지 모르면서 만나 데이트를 즐기는 것은 blind date가 바른 영어입니다. blind는 '보이지 않는'이란 뜻이고 date는 '이성간의 약속'이니까 의미가 맞죠?

| | |
|---|---|
| **1081** **extinct** 형 멸종한, (화산이) 활동을 그친<br>[ikstíŋkt] | extinction 명 멸종, 소화(消火) |
| **1082** **sigh** 동 한숨 쉬다<br>[sai]  명 한숨, 탄식 | |
| **1083** **retail** 명 형 소매(의)<br>[rí:teil] | retailer 명 소매 상인<br>cf. wholesale 명 형 도매(의) |
| **1084** **afflict** 동 괴롭히다, 학대하다<br>[əflíkt] | affliction 명 고통 |
| **1085** **lecture** 명 강의, 설교<br>[léktʃər]  동 강의하다, 설교하다 | lecturer 명 강사 |
| **1086** **earnest** 형 성실한, 진지한<br>[ə́:rnist] | earnestly 부 진지하게 |
| **1087** **radical** 형 급진적인<br>[rǽdikəl]  명 급진주의자 | |
| **1088** **prevail** 동 우세하다, 널리 보급되다<br>[privéil] | prevailing 형 널리 보급되어 있는,<br>우세한 |
| **1089** **meadow** 명 목초지, 초원<br>[médou] | |
| **1090** **dynamic** 형 활동적인 (=energetic), 동적인 (↔static)<br>[dainǽmik] | |
| **1091** **ally** 동 동맹하다<br>[əlái]  명 [ǽlai, əlái] 동맹국, 협력자 | alliance 형 동맹, 협력 |
| **1092** **majesty** 명 위엄, (M-) 폐하<br>[mǽdʒisti] | majestic 형 위엄 있는, 장엄한 |
| **1093** **likewise** 부 마찬가지로 (=similarly)<br>[láikwàiz] | |
| **1094** **glacier** 명 빙하<br>[ɡléiʃər] | |
| **1095** **fiber** 명 섬유, 섬유질<br>[fáibər] | |

## 내가 완성하는 단어

다음 예문의 빈 칸에 알맞은 말을 써 넣으면서 익힌 단어를 확인하세요.

1. The species became _____ thousand years ago.

   그 종은 천 년 전에 멸종했다.

2. She _____ over her unhappy fate. 그녀는 자신의 불행한 운명에 한숨 쉬었다.

3. Famine and war still _____ mankind. 기근과 전쟁은 여전히 인류를 괴롭힌다.

4. That _____ held everyone's attention. 그 강의는 모두의 관심을 끌었다.

5. He was in _____ conversation with her.

   그는 그녀와 진지한 대화를 하고 있었다.

6. a _____ reform of the tax system 조세 제도의 급진적인 개혁

7. The custom still _____ in some regions.

   그 풍습은 아직도 어떤 지역에서는 널리 행해지고 있다.

8. a _____ personality 활동적인 성격

9. NATO _____ 나토 동맹국

10. the _____ of Baekdusan 백두산의 장엄함

11. He worked hard and we must do _____.

    그는 열심히 했고 우리도 마찬가지로 열심히 해야 한다.

12. _____ are similar to slow-moving rivers of ice.

    빙하는 천천히 흐르는 얼음의 강과 비슷하다.

13. Cotton and wool are natural _____. 면과 양모는 천연 섬유이다.

## 관련 숙어 탐색

- **at retail** 소매로
- **be afflicted with(by)** …으로 괴로워하다
- **lecture on(about)** …에 관한 강의
- **give(deliver) a lecture** 강의하다
- **in earnest** 진지하게, 진심으로, 본격적으로

1. extinct  2. sighed  3. afflict  4. lecture  5. earnest  6. radical  7. prevails  8. dynamic  9. allies
10. majesty  11. likewise  12. Glaciers  13. fibers

| 1096 | **so-called** 형 소위, 이른바 (=what is called)<br>[sóukɔ́:ld] | |
|------|------|------|
| 1097 | **enrich** 동 높이다, 진하게 하다, 부유하게 하다<br>[enrítʃ] | enrichment 명 농축, 강화 |
| 1098 | **marine** 형 바다의, 해군의<br>[mərí:n] 명 해병대원, 선박 | |
| 1099 | **elegant** 형 우아한 (=graceful), 기품 있는<br>[éləgənt] | elegance 명 우아, 기품 |
| 1100 | **lease** 명 임대차 계약<br>[li:s] 동 임대하다 | |
| 1101 | **doom** 동 (좋지 않게) 운명짓다<br>[du:m] 명 불운, 파멸 | |
| 1102 | **dirt** 명 먼지, 진흙<br>[də:rt] | dirty 형 더러운, 부정한 |
| 1103 | **destine** 동 예정하다, 운명으로 정해지다<br>[déstin] | destined 형 운명으로 정해진, …행의<br>destiny 명 운명, 숙명 |
| 1104 | **curriculum** 명 커리큘럼, 교과 과정<br>[kəríkjələm] | |
| 1105 | **asset** 명 재산, 강점<br>[ǽset] | |
| 1106 | **patriot** 명 애국자<br>[péitriət] | patriotic 형 애국적인, 애국의<br>patriotism 명 애국심 |
| 1107 | **recreation** 명 휴양, 기분전환<br>[rèkriéiʃən] | |
| 1108 | **bribe** 명 뇌물<br>[braib] 동 뇌물을 쓰다, 매수하다 | |
| 1109 | **attach** 동 붙이다 (↔detach)<br>[ətǽtʃ] | attachment 명 부착, 부착물 |
| 1110 | **detach** 동 떼어내다, 분리하다 (↔attach)<br>[ditǽtʃ] | detachment 명 분리, 이탈 |

## 내가 완성하는 예문

다음 예문의 빈 칸에 알맞은 말을 써 넣으면서 익힌 단어를 확인하세요.

1. He is a _____ walking dictionary. 그는 이른바 걸어다니는 사전이다.

2. Art _____ one's life. 예술은 인생을 윤택하게 해 준다.

3. _____ animals 해양동물

4. I _____ a small apartment. 나는 조그만 아파트를 임대했다.

5. Their plan was _____ to failure. 그들의 계획은 실패할 운명이었다.

6. He washed the _____ off his car. 그는 차의 먼지를 씻어냈다.

7. A human being is _____ to die. 인간은 결국 죽을 운명에 있다.

8. Chinese is not included in the school _____.

   중국어는 교과 과정에 들어 있지 않다.

9. A sense of humor is a great _____.

   유머감각은 큰 재산이다.

10. I swear to God I never took a _____.

    절대로 뇌물을 받지 않았다는 것을 신께 맹세합니다.

11. She _____ a stamp to the envelope and mailed it.

    그녀는 봉투에 우표를 붙여서 편지를 보냈다.

12. You can _____ the hood from the coat. 코트에서 모자를 떼어낼 수 있다.

## 관련 숙어 탐색

■ **by (on) lease** 임대(임차)로  ■ **take bribes** 뇌물을 받다

■ **attach A to B** A를 B에 붙이다  ■ **be attached to** …에 애착을 갖다

■ **detach A from B** A를 B에서 분리하다

1. so-called  2. enriches  3. marine  4. leased  5. doomed  6. dirt  7. destined  8. curriculum
9. asset  10. bribe  11. attached  12. detach

| | | |
|---|---|---|
| 1111 | **affair** 명 일, 사건, 업무<br>[əfɛ́ər] | |
| 1112 | **burst** 동 파열하다, 터뜨리다<br>[bəːrst] 명 파열, 폭발 | |
| 1113 | **charming** 형 매력적인, 아름다운 ( =attractive)<br>[tʃáːrmiŋ] | charm 명 매력 동 매혹하다 |
| 1114 | **routine** 명 판에 박힌 일, 일상의 일<br>[ruːtíːn] 형 일상의, 틀에 박힌 | |
| 1115 | **unusual** 형 이상한 (↔usual), 유별난<br>[ʌnjúːʒuəl] | unusually 부 이상하게, 몹시 |
| 1116 | **sacred** 형 신성한, 종교적인<br>[séikrid] | |
| 1117 | **collapse** 동 붕괴하다, 쓰러지다<br>[kəlǽps] 명 붕괴 | |
| 1118 | **dare** 동 감히 …하다<br>[dɛər] | daring 형 대담한, 용감한 |
| 1119 | **restore** 동 회복하다, 복귀〔수선〕하다<br>[ristɔ́ːr] | restoration 명 회복, 복구, 복원 |
| 1120 | **geography** 명 지리, 지리학<br>[dʒiːágrəfi] | geographic 형 지리학의, 지리적인<br>geographer 명 지리학자 |
| 1121 | **indispensable** 형 없어서는 안 될, 절대 필요한<br>[ìndispénsəbəl] ( =essential; ↔dispensable) | |
| 1122 | **cherish** 동 소중히 하다, 마음에 품다<br>[tʃériʃ] | |
| 1123 | **weapon** 명 무기 ( =arms)<br>[wépən] | |
| 1124 | **reverse** 동 거꾸로 하다, 뒤집다<br>[rivə́ːrs] 형 명 반대(의), 거꾸로(의), 뒤(의) | reversal 명 전도, 역전 |
| 1125 | **loose** 형 풀린, 헐렁한 (↔tight)<br>[luːs] | loosen 동 풀다, 늦추다 |

## 내가 완성하는 예문

다음 예문의 빈 칸에 알맞은 말을 써 넣으면서 익힌 단어를 확인하세요.

1. That is a private _____. 그것은 사적인 일이다.

2. The river _____ its banks. 강물이 둑을 무너뜨렸다.

3. This is my daily _____. 이것이 내 일과다.

4. It is _____ for him to be absent. 그가 결석하다니 이상하다.

5. _____ land 성스러운 땅

6. The building _____ in the earthquake. 그 건물은 지진으로 붕괴되었다.

7. They did not _____ to come. 그들은 감히 오지 못했다.

8. _____ confidence 신용을 회복하다

9. He knows the _____ of this area very well. 그는 이 근처 지리에 환하다.

10. Computers have become an _____ part of our lives.

　　　컴퓨터는 우리 생활에 없어서는 안 될 부분이 되었다.

11. I still _____ the memory of my childhood.

　　　나는 아직도 내 어린시절의 기억을 소중히 간직하고 있다.

12. _____ of mass destruction 대량 살상 무기

13. _____ a procedure 순서를 거꾸로 하다

14. The screw is _____. 나사가 풀렸다.

## 관련 숙어 탐색

- burst into 갑자기 …하나
- I dare say 아마 …일 것이다, 감히 말하다
- indispensable to …에 없어서는 안되는
- don't you dare 절대 …하지 마라
- restore A to B A를 B의 상태로 되돌리다 (회복시키다)
- in reverse 거꾸로, 후미에

## 정답

1. affair  2. burst  3. routine  4. unusual  5. sacred  6. collapsed  7. dare  8. restore
9. geography  10. indispensable  11. cherish  12. weapons  13. reverse  14. loose

| 1126 | **native** 형 출생(지)의, 모국어의 | native-born 형 본토박이의 |
| | [néitiv] 명 …태생의 사람, 원주민 | |

| 1127 | **oblige** 동 의무를 지우다, 은혜를 베풀다 | obligation 명 의무, 책임 |
| | [əbláidʒ] | obligatory 형 의무적인, 필수의 |

| 1128 | **adequate** 형 충분한 (=enough; ↔inadequate) | |
| | [ǽdikwət] | |

| 1129 | **perplex** 동 당혹케 하다, 난감하게 하다 (=puzzle) | perplexed 형 당혹한, 난처한 |
| | [pərpléks] | |

| 1130 | **regulation** 명 규칙, 법규 | regulate 동 규정하다, 통제하다 |
| | [règjəléiʃən] | |

| 1131 | **embrace** 동 포옹하다 (=hug), 포함하다 (=include) | |
| | [embréis] | |

| 1132 | **circulation** 명 순환, 유통, 발행부수 | circulate 동 순환하다, 유통되다 |
| | [sə̀ːrkjəléiʃən] | |

| 1133 | **scorn** 명 경멸, 멸시 (=contempt) | scornful 형 경멸하는, 비웃는 |
| | [skɔːrn] 동 경멸하다, 무시하다 | |

| 1134 | **tame** 형 길들인, 유순한 (↔wild), 지루한 (=dull) | |
| | [teim] 동 길들이다 | |

| 1135 | **merchant** 명 상인 | |
| | [mə́ːrtʃənt] | |

| 1136 | **infect** 동 감염시키다, 영향을 주다 | infected 형 감염된 |
| | [infékt] | infection 명 전염, 감염 |

| 1137 | **voyage** 명 항해, 우주 여행 | voyager 명 항해자, 보이저 (미국 |
| | [vɔ́iidʒ] 동 항해하다 | 무인 우주 탐사기) |

| 1138 | **swear** 동 맹세하다, 선서하다, 욕하다 | |
| | [swɛər] | |

| 1139 | **ecology** 명 생태학, 생태 환경 | |
| | [iːkálədʒi] | |

| 1140 | **ecosystem** 명 생태계 | |
| | [íːkousìstəm] | |

## 내가 완성하는 예문

다음 예문의 빈 칸에 알맞은 말을 써 넣으면서 익힌 단어를 확인하세요.

1. He is a _____ speaker of English. 그는 영어가 모국어인 사람이다.

2. We are _____ to pay taxes. 우리는 납세 의무가 있다.

3. He took _____ clothes for a weekend trip.

   그는 주말여행에 충분한 옷을 가져갔다.

4. He was _____ by her silence. 그는 그녀의 침묵에 당혹스러워 했다.

5. safety _____ 안전 법규

6. She _____ her baby tenderly. 그녀는 자신의 아기를 부드럽게 안았다.

7. He has a poor _____ of blood. 그는 혈액 순환이 잘 되지 않는다.

8. He _____ my suggestion. 그는 내 제안을 무시했다.

9. a _____ elephant 길들여진 코끼리

10. a wine _____ 포도주 상인

11. He was _____ with virus. 그는 바이러스에 감염됐다.

12. a _____ to the West Indies 서인도 제도로의 항해

13. Do you _____ to tell the truth? 진실을 말하겠다고 맹세합니까?

14. Pollution can have disastrous effects on the _____ .

    오염은 생태계에 파괴적인 영향을 줄 수 있다.

## 관련 숙어 탐색

- **regulation on** …에 대한 법규〔규칙〕
- **under the regulations** 규칙〔법규〕에 따르면〔따라서〕
- **be in circulation** 유통되고 있다
- **go on voyage** 항해하다
- **swear by** …을 두고 맹세하다

1. native  2. obliged  3. adequate  4. perplexed  5. regulations  6. embraced  7. circulation
8. scorned  9. tame  10. merchant  11. infected  12. voyage  13. swear  14. ecosystem

# Review 19

## A 다음 영어는 우리말로, 우리말은 영어로 쓰시오.

1. afflict _____
2. earnest _____
3. meadow _____
4. glacier _____
5. fiber _____
6. bribe _____
7. tame _____
8. ecosystem _____
9. marine products _____
10. traffic regulation _____

11. 소위, 이른바   s_____
12. 빌리다   l_____
13. 재산, 강점   a_____
14. 일, 사건   a_____
15. 소중히 하다   c_____
16. 붕괴하다   c_____
17. 당혹케 하다   p_____
18. 소매 가격   a r_____ price
19. 급진당   the r_____ party
20. 일과   daily r_____

## B 자연스러운 표현이 되도록 연결하시오.

1. give
2. renew
3. burst
4. enrich
5. swear

ⓐ the lease on the apartment
ⓑ to God
ⓒ into tears
ⓓ a sigh of relief
ⓔ a nation by trade

## C 다음 영영 뜻풀이에 해당하는 단어를 보기에서 골라 쓰시오.

| 보기 |

curriculum     lecture     recreation     restore     ally

1. _____ : a talk to a group of people that teaches them about a subject
2. _____ : a country that helps another country, especially in a war
3. _____ : fun things to do, such as sports, hobbies, and amusements
4. _____ : the courses offered at an educational institution (school, college, etc.)
5. _____ : to repair something so that it looks new

**D** 다음 짝지어진 단어의 관계가 같도록 빈 칸에 알맞은 말을 쓰시오.

1. extinct : extinction = oblige : o_____
2. loose : tight = attach : d_____
3. elegant : graceful = enough : a_____
4. embrace : exclude = usual : u_____
5. charming : attractive = arms : w_____

**E** 다음 문장의 빈 칸에 알맞은 말을 보기에서 골라 쓰시오.

| 보기 |

| dare | destined | reverse | likewise |
|------|----------|---------|----------|
| enriches | extinct | indispensable | prevails |

1. The volcano in Jejudo is an _____ one.
   제주도에 있는 화산은 활동을 그친 사화산이다.

2. Influenza _____ throughout the country.
   독감이 전국적으로 유행하고 있다.

3. I must go to bed now, and you _____.
   나는 자러가야 하고 너 또한 마찬가지다.

4. The cards are in _____ order.
   카드의 순서가 거꾸로 되어 있다.

5. International trade _____ the nation.
   국제 무역은 나라를 부강하게 한다.

6. A good dictionary is _____ for learning foreign language.
   좋은 사전은 외국어를 배우는 데 절대 필요하다.

7. They were _____ never to meet again.
   그들은 두 번 다시 만날 수 없는 운명이었다.

8. Don't you _____ do that again!
   다시는 그런 일을 하지 마라!

| | | |
|---|---|---|
| 1141 | **concept** 몡 개념, 구상<br>[kɑ́nsept] | conception 몡 고안, 구상 |
| 1142 | **flavor** 몡 독특한 맛, 풍미<br>[fléivər] 동 맛을 내다 | -flavored 혱 …맛을 낸 |
| 1143 | **alien** 몡 외국인 (=foreigner), 외계 생명체<br>[éiljən] 혱 외국의, 성질이 다른 | |
| 1144 | **tough** 혱 힘든, 강인한, 단단한, 질긴<br>[tʌf] | toughen 동 강인하게(단단하게) 만<br>들다 |
| 1145 | **shrink** 동 줄어들다, 움츠리다<br>[ʃriŋk] | |
| 1146 | **collide** 동 충돌하다, (의견 등이) 일치하지 않다<br>[kəláid] | collision 몡 충돌, 불일치 |
| 1147 | **vocation** 몡 천직, 직업<br>[voukéiʃən] | vocational 혱 직업의<br>cf. vacation 몡 휴가 |
| 1148 | **dumb** 혱 벙어리의, 우둔한<br>[dʌm] | |
| 1149 | **resemble** 동 …와 닮다, 비슷하다 (=look like)<br>[rizémbəl] | resemblance 몡 유사, 닮음 |
| 1150 | **execute** 동 실행하다, 사형하다<br>[éksikjùːt] | executive 몡 경영진, 간부, 행정부<br>혱 수행의, 행정상의 |
| 1151 | **offend** 동 기분을 상하게 하다, (법 등을) 위반하다<br>[əfénd] | offense 몡 위반, 반칙, 불쾌한 것<br>offended 혱 기분이 상한 |
| 1152 | **statistics** 몡 통계, 통계학<br>[stətístiks] | |
| 1153 | **inspire** 동 고무(격려)하다, (사상·감정을) 일어나게 하다<br>[inspáiər] | inspiration 몡 영감, 고무, 격려 |
| 1154 | **mercy** 몡 자비, 연민<br>[mə́ːrsi] | merciful 혱 자비로운<br>merciless 혱 무자비한 |
| 1155 | **wipe** 동 닦다, 지우다<br>[waip] | wiper 몡 닦는 사람(것), 자동차의<br>와이퍼 |

## 내가 완성하는 예문

다음 예문의 빈 칸에 알맞은 말을 써 넣으면서 익힌 단어를 확인하세요.

1. an abstract _____ 추상 개념

2. a strawberry _____ 딸기맛

3. an _____ culture 외국 문화

4. It was a _____ decision to make. 내리기 힘든 결정이었다.

5. This sweater will _____ if washed. 이 스웨터는 세탁하면 줄 것이다.

6. The car _____ with a bus. 차가 버스와 충돌했다.

7. She believed that her _____ was caring for poor people.

    그녀는 가난한 사람들을 돌보는 일을 천직으로 믿었다.

8. He _____ his father closely. 그는 아버지를 많이 닮았다.

9. Let's _____ the plan. 그 계획을 실행하자.

10. I hope you won't be _____. 네가 기분 상하지 않았으면 좋겠어.

11. His speech _____ the crowd. 그의 연설은 군중을 고무시켰다.

12. They showed little _____ to their enemies.

    그들은 적에게 자비를 베풀지 않았다.

13. I _____ my hands on the towel. 나는 수건에 손을 닦았다.

## 관련 숙어 탐색

- **have no concept of** …을 이해하지 못하다
- **alien to** …에 낯설은, 이질적인
- **have a tough time** 힘든 시간을 보내다
- **at the mercy of** …의 마음대로 되어
- **have mercy on** …에게 자비를 베풀다
- **wipe out** 완전히 파괴하다
- **collide with A over B** B의 건으로 A와 의견충돌을 하다

1. concept  2. flavor  3. alien  4. tough  5. shrink  6. collided  7. vocation  8. resembles
9. execute  10. offended  11. inspired  12. mercy  13. wiped

| 1156 | **status** 뗑 지위, 상태<br>[stéitəs] | |
|------|------|------|
| 1157 | **practical** 뗑 실제의, 실용적인, 실행 가능한<br>[prǽktikəl] | practically 뜀 사실상, 실제적으로 |
| 1158 | **reputation** 뗑 평판, 명성 (=name)<br>[rèpjətéiʃən] | |
| 1159 | **ancestor** 뗑 조상, 선조 (↔descendant)<br>[ǽnsestər] | |
| 1160 | **contract** 뗑 계약, 계약서<br>[kántrækt]　뜀 [kəntrǽkt] 계약하다, 수축시키다 | |
| 1161 | **merely** 뜀 오직, 단지<br>[míərli] | mere 뗑 단순한, 단지 …에 불과한 |
| 1162 | **scratch** 뜀 긁다, 할퀴다<br>[skrætʃ]　뗑 긁기, 할퀴기 | |
| 1163 | **flourish** 뜀 번영〔번창〕하다, (동·식물이) 잘 자라다<br>[flə́:riʃ] | |
| 1164 | **inherit** 뜀 물려받다, 유전되다<br>[inhérit] | inheritance 뗑 상속, 유산 |
| 1165 | **superficial** 뗑 표면적인, 피상적인<br>[sùːpərfíʃəl] | |
| 1166 | **trap** 뗑 덫, 속임수<br>[træp] | |
| 1167 | **utter** 뜀 (말·목소리를) 내다, 발음하다<br>[ʌ́tər]　뗑 전적인, 완전한 | utterance 뗑 발언<br>utterly 뜀 아주, 전혀 |
| 1168 | **vast** 뗑 광대한, 거대한 (=immense), 막대한<br>[væst] | |
| 1169 | **disclose** 뜀 털어놓다, 폭로하다, 드러내다<br>[disklóuz] | disclosure 뗑 폭로, 탄로 |
| 1170 | **enclose** 뜀 둘러싸다 (=surround), 동봉하다<br>[enklóuz] | enclosure 뗑 둘러쌈, 포위, 동봉 |

## 내가 완성하는 예문

다음 예문의 빈 칸에 알맞은 말을 써 넣으면서 익힌 단어를 확인하세요.

1. We made efforts to raise the _____ of women.
   우리는 여성의 지위 향상을 위하여 노력했다.

2. a _____ knowledge 실제적인 지식

3. This restaurant has a good _____. 이 식당은 평판이 좋다.

4. His _____ came from France. 그의 선조는 프랑스에서 왔다.

5. He has a two-year _____ with the firm. 그는 회사와 2년 계약을 했다.

6. I asked it _____ out of curiosity. 나는 단지 호기심에서 그것을 물었다.

7. The cat _____ me. 고양이가 나를 할퀴었다.

8. His business was _____. 그의 사업은 번창하고 있었다.

9. He _____ a huge fortune from his father.
   그는 아버지로부터 막대한 유산을 물려받았다.

10. His knowledge is all _____. 그의 지식은 모두 피상적이다.

11. They set a _____ for mice. 그들은 쥐를 잡으려고 덫을 놓았다.

12. Siberia is covered with _____ forests. 시베리아는 광대한 숲으로 덮여 있다.

13. _____ a secret 비밀을 폭로하다

14. You'd better _____ the garden with a higher wall.
    정원을 높은 담으로 둘러싸는 것이 좋겠다.

## 관련 숙어 탐색

- **make a contract with** …와 계약을 맺다
- **break the contract** 계약을 파기하다
- **from scratch** 처음부터, 무에서부터
- **fall into the trap** 함정에 빠지다
- **lose (build) one's reputation** 신망을 잃다 (쌓다)
- **scratch one's head (over)** (…에 대해) 골똘히 생각하다

1. status 2. practical 3. reputation 4. ancestors 5. contract 6. merely 7. scratched
8. flourishing 9. inherited 10. superficial 11. trap 12. vast 13. disclose 14. enclose

| | | |
|---|---|---|
| 1171 | **restrain** 동 제지하다, 참다<br>[ri:stréin] | restraint 명 억제, 구속 |
| 1172 | **furnish** 동 (특히 가구를) 비치하다 (=equip),<br>[fə́:rniʃ] 공급하다 (=provide, supply) | |
| 1173 | **assign** 동 할당하다, 임무를 주다<br>[əsáin] | assignment 명 할당, 임무, 숙제 |
| 1174 | **convention** 명 풍습, 관례, 총회<br>[kənvénʃən] | conventional 형 전통적인, 형식적인, 진부한 |
| 1175 | **virtue** 명 미덕 (↔vice), 장점 (=advantage, merit)<br>[və́:rtʃu:] | |
| 1176 | **corrupt** 형 부정한, 타락한<br>[kərʌ́pt] 동 타락시키다 | corruption 명 타락, 부패 |
| 1177 | **destiny** 명 운명, 숙명 (=fate)<br>[déstəni] | destine 동 운명으로 정해지다 |
| 1178 | **shelter** 명 피난처, 수용시설<br>[ʃéltər] 동 피난하다, 보호하다 | |
| 1179 | **endanger** 동 위험에 빠뜨리다, 위태롭게 하다<br>[endéindʒər] | endangered 형 멸종 위기에 처한 |
| 1180 | **install** 동 설치하다 (=put in)<br>[instɔ́:l] | installation 명 설치, 임명, 취임(식)<br>installment 명 할부금, 분할, 1회분 |
| 1181 | **timid** 형 겁 많은, 소심한 (=shy; ↔bold)<br>[tímid] | timidity 명 겁 많음, 소심함 |
| 1182 | **modify** 동 수정하다, 변경하다<br>[mádəfài] | modification 명 수정, 변경 |
| 1183 | **spill** 동 엎지르다<br>[spil] 명 엎지름, 유출 | |
| 1184 | **outcome** 명 결과, 성과<br>[áutkʌ̀m] | |
| 1185 | **respective** 형 각각의, 각자의<br>[rispéktiv] | respectively 부 각각, 각기 |

## 내가 완성하는 예문

다음 예문의 빈 칸에 알맞은 말을 써 넣으면서 익힌 단어를 확인하세요.

1. I had to ＿＿＿＿＿＿ my dog from running out into the street.
   나는 내 개가 도로로 뛰어드는 것을 제지해야 했다.

2. This room is well ＿＿＿＿＿＿. 이 방은 가구가 잘 비치되어 있다.

3. They ＿＿＿＿＿＿ work to each man. 그들은 각자에게 일을 할당했다.

4. social ＿＿＿＿＿＿ 사회적 관습

5. Patience is a ＿＿＿＿＿＿. 인내는 미덕이다.

6. ＿＿＿＿＿＿ officials 부패한 공무원들

7. What determines our ＿＿＿＿＿＿? 무엇이 우리의 운명을 결정짓는가?

8. a ＿＿＿＿＿＿ for the homeless 노숙자들을 위한 수용시설

9. If unemployment continues to rise, social stability may be ＿＿＿＿＿＿.
   실업이 계속 증가하면 사회 안정이 위태로워질 수 있다.

10. We ＿＿＿＿＿＿ a telephone yesterday. 우리는 어제 전화를 설치했다.

11. He is a rather ＿＿＿＿＿＿ child. 그는 겁이 좀 많은 아이이다.

12. The plan needs to be ＿＿＿＿＿＿. 그 계획은 수정될 필요가 있다.

13. She ＿＿＿＿＿＿ coffee on her dress. 그녀는 옷에 커피를 엎질렀다.

14. the ＿＿＿＿＿＿ of an election 선거의 결과

15. Go to your ＿＿＿＿＿＿ jobs. 각자 자기 할 일을 해라.

## 관련 숙어 탐색

- **restrain from** …하는 것을 제지하다, 참다
- **assign A to B** B에게 A의 임무를 주다
- **under the shelter of** …의 비호아래
- **furnish A with B** A에게 B를 공급〔제공〕하다
- **by〔in〕virtue of** …에 의해, …의 힘으로

## 정답

1. restrain 2. furnished 3. assigned 4. convention 5. virtue 6. corrupt 7. destiny 8. shelter
9. endangered 10. installed 11. timid 12. modified 13. spilled 14. outcome 15. respective

| | |
|---|---|
| **1186 surpass** 동 …보다 뛰어나다, …을 능가하다 [sərpǽs] | |
| **1187 disorder** 명 무질서, 혼란 (=order), 소동, 질환 [disɔ́:rdər] | |
| **1188 tremble** 동 떨다, 전율하다 (=shake) [trémbəl] 명 떨림, 전율 | |
| **1189 vacant** 형 비어 있는, 공석인 [véikənt] | vacancy 명 빈 상태, 공석, 빈 집 |
| **1190 arrogant** 형 오만한, 거만한 [ǽrəgənt] | arrogance 명 거만, 오만 |
| **1191 cope** 동 대처하다, 극복하다 [koup] | |
| **1192 warrant** 명 근거, 보증 [wɔ́(:)rənt] 동 정당화하다, 보증하다 | warranty 명 보증(서), 근거 |
| **1193 curse** 명 저주, 욕설 [kə:rs] 동 욕설을 퍼붓다, 저주하다 | cursed 형 저주받은 |
| **1194 due** 형 …할 예정인, … 때문에 [dju:] | |
| **1195 rumor** 명 소문 [rúmər] 동 소문을 내다 | |
| **1196 numerous** 형 다수의, 수많은 (=many) [njú:mərəs] | |
| **1197 selfish** 형 이기적인, 이기주의의 [sélfiʃ] | self 명 자기, 자신 |
| **1198 planet** 명 행성, 혹성 [plǽnət] | |
| **1199 capability** 명 능력, 재능 [kèipəbíləti] | capable 형 …할 능력이 있는, 유능한 |
| **1200 capacity** 명 수용량, 용적, 능력 [kəpǽsəti] | |

## 내가 완성하는 예문

다음 예문의 빈 칸에 알맞은 말을 써 넣으면서 익힌 단어를 확인하세요.

1. His idea _____ mine in originality.

   그의 아이디어가 독창성 면에서 내 것보다 뛰어나다.

2. The room was in total _____. 그 방은 온통 어질러져 있었다.

3. Her voice was _____ with cold. 그녀의 목소리는 추위로 떨고 있었다.

4. Do you have a _____ room? 비어 있는 방이 있습니까?

5. He is _____ toward everyone. 그는 누구에게나 거만하다.

6. He'll _____ with all the work. 그는 모든 일을 잘 처리할 것이다.

7. I will be your _____. 내가 네 보증을 서마.

8. The witch put a _____ on the princess.

   마녀는 공주에게 저주를 내렸다.

9. She is _____ to arrive here soon. 그녀는 곧 이 곳에 도착하기로 되어 있다.

10. The _____ is generally disbelieved.

    그 소문은 일반적으로 믿어지지 않는다.

11. _____ visitors to the museum 박물관을 찾는 수많은 관람객들

12. Don't be _____. 이기적으로 굴지 마라.

13. The moon is not a _____. 달은 행성이 아니다.

14. a manufacturing _____ 생산 능력

15. The hall has a seating _____ of 2,000.

    그 홀은 2,000명의 수용 능력이 있다.

## 관련 숙어 탐색

- **cope with** …에 대처하다
- **due to** …때문인, …할 예정인
- **spread(start) rumors** 소문을 퍼트리다
- **Rumor has it that** …라는 소문이다

## 정답

1. surpasses  2. disorder  3. trembling  4. vacant  5. arrogant  6. cope  7. warrant  8. curse
9. due  10. rumor  11. numerous  12. selfish  13. planet  14. capabilities  15. capacity

# Review 20

**A** 다음 영어는 우리말로, 우리말은 영어로 쓰시오.

1. dumb _____
2. resemble _____
3. inspire _____
4. reputation _____
5. assign _____
6. spill _____
7. respective _____
8. a written contract _____
9. a convention hall _____
10. the due date _____

11. 천직, 직업　v_____
12. 닦다, 지우다　w_____
13. 지위, 신분　s_____
14. 긁다, 할퀴다　s_____
15. 행성, 혹성　p_____
16. 뛰어나다　s_____
17. 떨다　t_____
18. 외상　s_____ wound
19. 외국인 등록　a_____ registration
20. 방공호　air-raid s_____

**B** 자연스러운 표현이 되도록 연결하시오.

1. make
2. take up
3. restrain
4. break out
5. inherit

ⓐ a disorder
ⓑ a tough decision
ⓒ his father's wealth
ⓓ the vocation of teaching
ⓔ one's temper

**C** 다음 영영 뜻풀이에 해당하는 단어를 보기에서 골라 쓰시오.

| 보기 |
| --- |
| modify　mercy　rumor　flourish　flavor |

1. _____ : the taste that a food or drink has
2. _____ : kindness and willingness to forgive people
3. _____ : to grow well or be successful
4. _____ : to make small changes to something
5. _____ : information that one person tells another which may not be true

**D** 다음 짝지어진 단어의 관계가 같도록 빈 칸에 알맞은 말을 쓰시오.

1. capability : capable = self : s_____
2. alien : foreigner = shy : t_____
3. ancestor : descendant = virtue : v_____
4. vacant : vacancy = arrogant : a_____
5. resemble : resemblance = offend : o_____

**E** 다음 문장의 빈 칸에 알맞은 말을 보기에서 골라 쓰시오.

┤ 보기 ├
| | | | |
|---|---|---|---|
| due | concept | practical | collided |
| shrink | contract | furnished | cope |

1. It's difficult to grasp the _____ of eternity.
   영원의 개념을 이해하기는 어렵다.
2. This won't _____ in the wash.
   이것은 세탁해도 줄어들지 않는다.
3. They almost _____ with each other.
   그들은 하마터면 부딪칠 뻔했다.
4. It's of no _____ use.
   그것은 실용적이지 못하다.
5. Our _____ becomes effective on March 1.
   우리의 계약은 3월 1일부터 발효한다.
6. Do you think you can _____ with the present situation?
   당신이 현 사태를 수습할 수 있겠습니까?
7. The apartment is well _____.
   그 아파트는 가구가 잘 비치되어 있다.
8. Her worldwide fame is _____ to his support.
   그녀의 세계적 명성은 그의 지원 덕택이다.

| 1201 | **receive** 동 받다, 수취하다 ( =accept)<br>[risíːv] | receipt 명 영수증<br>receiver 명 받는 사람, 수화기<br>reception 명 수취, 접대 |
|---|---|---|

**1202 calm** 형 침착한, 잔잔한 (↔rough) — calmly 부 침착하게
[kɑːm]

**1203 gentle** 형 온화한, 점잖은 — gentleman 명 신사 / gently 부 점잖게, 부드럽게
[dʒéntl]

**1204 diet** 명 식이요법, 음식물
[dáiət] 동 (체중 감량 위해) 식이요법을 하다

**1205 central** 형 중앙의, 중심적인 — center 명 중앙, 중심
[séntrəl]

**1206 narrow** 형 폭이 좁은 (↔wide, broad)
[nǽrou]

**1207 narrowly** 부 간신히 (=barely), 좁게
[nǽrouli]

**1208 leisure** 명 여가 (=free time)
[líːʒər]

**1209 conversation** 명 회화, 대화 — converse 동 담화하다
[kànvərséiʃən]

**1210 sentence** 명 문장, 선고
[séntəns] 동 형을 선고하다

**1211 perfect** 형 완벽한, 완전한 (↔imperfect) — perfectly 부 완벽하게
[pə́ːrfikt] 동 [pə(ː)rfékt] 완성하다

**1212 manner** 명 방법 (=method), (-s) 예절
[mǽnər]

**1213 introduce** 동 소개하다, 도입하다 — introduction 명 소개, 도입
[ìntrədjúːs]

**1214 extra** 형 부 여분의 (=additional), 특별히
[ékstrə] 명 보조 출연자

**1215 complain** 동 불평하다 — complaint 명 불평
[kəmpléin]

## 내가 완성하는 예문

다음 예문의 빈 칸에 알맞은 말을 써 넣으면서 익힌 단어를 확인하세요.

1. I _____ an e-mail from him. 나는 그에게서 이메일을 받았다.

2. I tried to keep _____. 나는 침착하려고 애썼다.

3. a _____ smile 온화한 미소

4. a low-salt _____ 저염식

5. the _____ area of the city 도시의 중심부

6. I _____ escaped injury. 나는 간신히 부상을 면했다.

7. How do you spend your _____ time? 여가 시간에 뭘 하니?

8. I had a _____ with him yesterday. 나는 어제 그와 대화를 나누었다.

9. The murderer was _____ to death. 살인자는 사형선고를 받았다.

10. He has no _____. 그는 예의가 없다.

11. Allow me to _____ myself. 제 소개를 하겠습니다.

12. I need some _____ money to buy clothes.
    나는 옷을 살 여분의 돈이 필요하다.

13. an _____ large T-shirt 특별히 큰 사이즈(특대) 티셔츠

14. Some people are always _____. 항상 불평을 하는 사람들이 있다.

## 관련 숙어 탐색

■ be(go) on a diet 다이어트를 하다         ■ at one's leisure 한가한 때에

■ have a conversation with …와 말하다      ■ make conversation 잡담하다

## 정답

1. received  2. calm  3. gentle  4. diet  5. central  6. narrowly  7. leisure  8. conversation
9. sentenced  10. manners  11. introduce  12. extra  13. extra  14. complaining

| 1216 | **seed** 명 씨(앗), 원인 (=source, origin) | seedless 형 씨 없는 |
| | [siːd] 동 씨를 뿌리다 | |

| 1217 | **roll** 동 구르다, 회전하다 | |
| | [roul] 명 두루마리, 한 통 | |

| 1218 | **fault** 명 과실, 잘못 | |
| | [fɔːlt] | |

| 1219 | **bath** 명 목욕, 욕조 | bathe 동 씻다 |
| | [bæθ] | bathroom 명 욕실, 화장실 |

| 1220 | **trick** 명 속임수, 장난 | |
| | [trik] 동 속이다 (=deceive) | |

| 1221 | **rod** 명 막대기, 회초리 | *cf.* rob 동 강탈하다 |
| | [rɑd] | |

| 1222 | **rent** 동 빌리다, 세놓다 | |
| | [rent] 명 임대(료) | |

| 1223 | **plenty** 명 많음, 풍부 | plentiful 형 많은 |
| | [plénti] | |

| 1224 | **metal** 명 금속 | *cf.* mental 형 정신의 |
| | [métl] | |

| 1225 | **kindergarten** 명 유치원 | |
| | [kíndərgàːrtn] | |

| 1226 | **hide** 동 숨기다, 비밀로 하다 | hidden 형 숨겨진, 비밀의 |
| | [haid] | |

| 1227 | **waste** 명 쓰레기, (산업) 폐기물, 낭비 | wasted 형 헛된 |
| | [weist] 동 낭비하다 (↔save) | |

| 1228 | **garbage** 명 음식 찌꺼기, 쓰레기 | garbage can 명 쓰레기통 |
| | [gáːrbidʒ] ※주로 음식 찌꺼기 등의 젖은 쓰레기 | |

| 1229 | **trash** 명 폐물, 쓰레기 | trash can 명 쓰레기통 |
| | [træʃ] ※주로 휴지, 종이, 또는 폐물 등의 마른 쓰레기 | |

| 1230 | **junk** 명 고물, 잡동사니 | |
| | [dʒʌŋk] | |

## 내가 완성하는 예문

다음 예문의 빈 칸에 알맞은 말을 써 넣으면서 익힌 단어를 확인하세요.

1. Hamsters like sunflower _____ . 햄스터는 해바라기 씨를 좋아한다.

2. A coin _____ on the floor. 동전이 마루 위를 굴러갔다.

3. It's not my _____ he came late.

그가 늦게 온 것이 내 잘못은 아니다.

4. He pretended to be sick, but it was a _____ .

그는 아픈 척 했지만 그것은 속임수였다.

5. Spare the _____ and spoil the child. 매를 아끼면 자식을 망친다.

6. Is this house for _____ ? 이 집 임대하는 겁니까?

7. There's ____ ____ of time. 시간은 많다.

8. a _____ frame 금속 틀

9. _____ is for children aged 5.

유치원은 다섯 살짜리 어린이들을 위한 것이다.

10. You can't _____ your age. 나이를 숨길 수는 없다.

11. nuclear _____ 핵폐기물

12. Can you take the _____ out? 음식 쓰레기 좀 밖에 내다 놓을래?

13. The street was littered with _____ . 거리는 쓰레기투성이였다.

14. Their yard is full of _____ , such as old chairs and broken
lamps. 그들의 뒤뜰은 낡은 의자와 망가진 램프같은 고물로 가득하다.

## 관련 숙어 탐색

- **find fault with** …의 흠을 잡다, 나무라다
- **play tricks on** …에게 장난을 하다
- **take a bath** 목욕하다
- **go (run) to waste** 폐기물이 되다

 정답

1. seeds  2. rolled  3. fault  4. trick  5. rod  6. rent  7. plenty  8. metal  9. Kindergarten
10. hide  11. waste  12. garbage  13. trash  14. junk

| 1231 | **spicy** 형 향신료를 넣은, 매운 양념을 한<br>[spáisi] | spice 명 양념류 |
|---|---|---|
| 1232 | **appropriate** 형 적합한, 적당한<br>[əpróupriit]　　( =suitable; ↔inappropriate) | |
| 1233 | **jewelry** 명 보석류<br>[dʒú:əlri] | jewel 명 보석 |
| 1234 | **host** 명 주인, 사회자<br>[houst] 동 접대하다, 사회를 보다 | *cf.* hostess 명 여주인, 여성 사회자 |
| 1235 | **frost** 명 서리<br>[frɔːst] 동 서리가 내리다 | frosty 형 서리가 내린(듯한) |
| 1236 | **bleed** 동 피를 흘리다<br>[bliːd] | blood 명 피 |
| 1237 | **frame** 명 틀, 테, 뼈대<br>[freim]　 동 테를 씌우다, 뼈대를 만들다 | *cf.* flame 명 불길 |
| 1238 | **clap** 동 (손뼉을) 치다<br>[klæp] | |
| 1239 | **cancel** 동 중지하다, 취소하다 ( =call off)<br>[kǽnsəl] | |
| 1240 | **appearance** 명 외관, 출현<br>[əpíərəns] | appear 동 나타나다 |
| 1241 | **challenge** 명 도전<br>[tʃǽlindʒ]　 동 도전하다 | challenging 형 도전적인 |
| 1242 | **explode** 동 폭발하다<br>[iksplóud] | explosion 명 폭발<br>explosive 명 폭약 형 폭발성의 |
| 1243 | **conclusion** 명 결론, 결말<br>[kənklúːʒən] | conclude 동 결론을 내리다<br>conclusive 형 결정적인, 확실한 |
| 1244 | **weaken** 동 약하게 하다 (↔strengthen)<br>[wíːkən] | weak 형 약한<br>weakness 명 약함, 약점 |
| 1245 | **sole** 형 유일한 ( =only), 독점적인 ( =exclusive)<br>[soul] 명 발바닥 | solely 부 혼자서<br>*cf.* soul 명 영혼, 정신 |

## 내가 완성하는 예문

다음 예문의 빈 칸에 알맞은 말을 써 넣으면서 익힌 단어를 확인하세요.

1. Do you like _____ food? 향신료가 들어간 음식 좋아하니?

2. This book is _____ for children. 이 책은 아이들이 읽기에 적당하다.

3. Seoul _____ the World Cup in 2002.
   서울에서 2002년 월드컵을 주최했다.

4. The ground was covered with _____. 땅이 서리로 뒤덮였다.

5. Your leg is ___ _____. 네 다리에서 피가 난다.

6. The audience cheered and _____. 관객들은 환성을 지르고 손뼉을 쳤다.

7. _____ a subscription 구독을 취소하다

8. The _____ of computer has changed the world.
   컴퓨터의 출현이 세상을 바꾸었다.

9. I like a _____. 나는 도전을 좋아한다.

10. A bomb _____. 폭탄이 폭발했다.

11. I came to the _____ that I should leave tomorrow.
    내일 떠나야겠다는 결론에 이르렀다.

12. His health was _____ by drinking. 그의 건강은 음주로 인해 약해졌다.

13. the _____ survivor of the plane crash 비행기 사고의 유일한 생존자

## 관련 숙어 탐색

■ bleed to death 출혈과다로 죽다    ■ cancel out 소멸시키다, 상쇄하다

■ to(by) all appearance(s) 어느 모로 보나    ■ accept a challenge 도전에 응하다

■ in conclusion 결론적으로

■ reach(come to) the conclusion 결론에 이르다

1. spicy  2. appropriate  3. hosted  4. frost  5. bleeding  6. clapped  7. cancel  8. appearance
9. challenge  10. exploded  11. conclusion  12. weakened  13. sole

| | |
|---|---|
| 1246 **reproduce** 동 재생하다, 복제하다<br>[rìːprədjúːs] | reproduction 명 재생, 복제 |
| 1247 **magical** 형 마술같은, 매혹적인<br>[mǽdʒikəl] | magic 명 마법<br>magician 명 마술사 |
| 1248 **flu** 명 인플루엔자, 유행성 감기<br>[fluː] | |
| 1249 **consequence** 명 결과 (=result),<br>[kánsikwèns]　중요함 (=importance) | consequent 형 결과로서 일어나는<br>consequently 부 그 결과로 |
| 1250 **warehouse** 명 창고<br>[wɛ́ərhàus] | ware 명 제품, 상품 |
| 1251 **ultimately** 부 마침내, 결국 (=finally)<br>[ʌ́ltəmitli] | ultimate 형 최후의, 궁극의 |
| 1252 **thrifty** 형 검소한, 절약하는<br>[θrífti] | thrift 명 절약, 검소 |
| 1253 **prosper** 동 번창하다, 성공하다<br>[práspər] | prosperous 형 번영하는<br>prosperity 명 번창, 성공 |
| 1254 **mount** 동 올라가다, 타다 (↔dismount)<br>[maunt]　명 산 | |
| 1255 **inner** 형 안의 (↔outer), 내적인<br>[ínər] | innermost 형 마음 속 깊은, 맨 안쪽의 |
| 1256 **link** 명 고리, 연결<br>[liŋk]　동 연결하다 | |
| 1257 **grocery** 명 식료품류, 식품점 (=grocery store)<br>[gróusəri] | |
| 1258 **enormous** 형 거대한 (=huge; ↔small)<br>[inɔ́ːrməs] | |
| 1259 **custom** 명 습관, 관습, (-s) 관세<br>[kʌ́stəm]　※ 국가나 사회의 전통적인 관습 | customer 명 고객 |
| 1260 **habit** 명 습관, 버릇<br>[hǽbit]　※ 잦은 반복으로 생긴 개인의 습관 | habitual 형 습관적인, 평소의 |

## 내가 완성하는 예문

다음 예문의 빈 칸에 알맞은 말을 써 넣으면서 익힌 단어를 확인하세요.

1. The lizard _____ its torn tail. 도마뱀은 끊어진 꼬리를 재생한다.
2. You have to take the _____ of your actions.
   너는 네가 취한 행동에 따른 결과를 책임져야 한다.
3. Goods are stored in a _____. 물품은 창고에 보관되어 있다.
4. _____, the decision rests with us. 결국, 결정은 우리가 해야 한다.
5. My parents are _____. 우리 부모님은 검소하신 분들이다.
6. His business _____ at that time. 그 시절에 그의 사업은 번창했었다.
7. She _____ her horse and rode away.
   그녀는 말에 올라타고는 가버렸다.
8. an _____ pocket 안 호주머니
9. There's a _____ between smoking and lung cancer.
   흡연과 폐암은 관계가 있다.
10. an _____ building 거대한 빌딩
11. It's my _____ to get up at 6. 나는 6시에 일어나는 습관이 있다.
12. social _____ 사회적 관습
13. Old _____ die hard. 오래된 버릇은 고치기 힘들다.

## 관련 숙어 탐색

- catch (the) flu 유행성 감기에 걸리다
- in consequence (of) (…의) 결과로서
- link up (with) …와 제휴하다
- break the habit 버릇을 고치다
- make a custom of -ing 항상 …하기로 하고 있다
- make it a habit to do / make a habit of -ing …하는 것을 습관으로 하다

## 정답

1. reproduces  2. consequences  3. warehouse  4. Ultimately  5. thrifty  6. prospered
7. mounted  8. inner  9. link  10. enormous  11. custom  12. customs  13. habits

## A 다음 영어는 우리말로, 우리말은 영어로 쓰시오.

| | | | |
|---|---|---|---|
| 1. sentence | _____ | 11. 중앙의 | c_____ |
| 2. extra | _____ | 12. 소개하다 | i_____ |
| 3. seed | _____ | 13. 막대기 | r_____ |
| 4. trash | _____ | 14. 숨기다 | h_____ |
| 5. cancel | _____ | 15. 서리 | f_____ |
| 6. sole | _____ | 16. 폭발하다 | e_____ |
| 7. link | _____ | 17. 식품점 | g_____ store |
| 8. warehouse | _____ | 18. 거대한 | e_____ |
| 9. reproduce | _____ | 19. 사진틀 | picture f_____ |
| 10. bleed | _____ | 20. 도전 | c_____ |

## B 자연스러운 표현이 되도록 연결하시오.

1. receive          ⓐ diet
2. go on a          ⓑ habit
3. find             ⓒ one's hands
4. break the        ⓓ a letter
5. clap             ⓔ fault with

## C 다음 영영 뜻풀이에 해당하는 단어를 보기에서 골라 쓰시오.

| 보기 | | | | |
|---|---|---|---|---|
| flu | host | leisure | narrow | plenty |

1. _____ : time when someone does not have to work
2. _____ : not wide
3. _____ : more than enough
4. _____ : a person who receives and entertains guests in their own home
5. _____ : an infectious disease like a very bad cold

**D** 다음 짝지어진 단어의 관계가 같도록 빈 칸에 알맞은 말을 쓰시오.

1. machine : machinery = jewel : j_____
2. significant : important = suitable : a_____
3. quit : stop = result : c_____
4. approve : disapprove = outer : i_____
5. breathe : breath = bathe : b_____

**E** 다음 문장의 빈 칸에 알맞은 말을 보기에서 골라 쓰시오.

| 보기 |

| appearance | complain | gentle | rent |
| spicy | thrifty | waste | weakened |

1. He looks fierce, but he's a really _____ tiger.

그것은 사나워 보이지만 정말 순한 호랑이다.

2. I'm going to _____ to the manager about the poor service.

난 지배인에게 형편없는 서비스에 대한 불만을 이야기하겠다.

3. It's a _____ of time.

그것은 시간 낭비이다.

4. Room for _____. 방 세놓습니다.

5. Do you like _____ chicken wings?

매운 양념을 한 닭날개 좋아하니?

6. The earthquake has _____ the building's foundations.

지진이 건물의 기초를 약하게 했다.

7. He grew up during the war and learned to be _____.

그는 전쟁 기간 동안에 성장해서 검소하게 사는 것을 익혔다.

8. Judging by _____ can be misleading.

외모로 판단하는 것은 그릇된 판단을 유도할 수도 있다.

| | |
|---|---|
| **1261 ease** 동 완화시키다, 안심시키다<br>[iːz] 명 편함, 쉬움 | easy 형 쉬운, 편안한<br>easily 부 쉽게 |
| **1262 dip** 동 살짝 담그다<br>[dip] 명 (비스킷 등을 찍어 먹는) 소스 | |
| **1263 decline** 동 거절하다, 기울다, 쇠퇴하다<br>[dikláin] 명 경사, 쇠퇴 | declining 형 쇠퇴하는 |
| **1264 convict** 명 죄인, 죄수<br>[kánvikt] 동 [kənvíkt] 유죄를 선언하다 | conviction 명 유죄판결 |
| **1265 bud** 명 싹, 꽃봉오리<br>[bʌd] | |
| **1266 wretched** 형 비참한, 불쌍한 ( =miserable)<br>[rétʃid] | |
| **1267 whistle** 명 휘파람, 호각, 경적<br>[hwísəl] 동 휘파람을 불다, 호각으로 신호하다 | |
| **1268 suspend** 동 매달다 ( =hang), (잠시) 중지하다<br>[səspénd] ( =delay, postpone) | cf. suspect 동 의심하다 |
| **1269 sanitation** 명 (공중) 위생, 하수구 설비<br>[sæ̀nətéiʃən] | sanitary 형 (공중) 위생의, 위생적인 |
| **1270 revenge** 명 보복, 복수<br>[rivéndʒ] 동 복수하다 | revengeful 형 복수심에 불타는 |
| **1271 rational** 형 이성적인, 합리적인 ( ↔irrational)<br>[rǽʃənl] | |
| **1272 era** 명 시대, 연대<br>[íərə] | |
| **1273 overwhelm** 동 압도하다 ( =overcome)<br>[òuvərhwélm] | overwhelming 형 압도적인 |
| **1274 accuse** 동 고소하다, 고발하다, 비난하다<br>[əkjúːz] | |
| **1275 scold** 동 꾸짖다, 잔소리하다 ( =tell off)<br>[skould] | |

## 내가 완성하는 예문

다음 예문의 빈 칸에 알맞은 말을 써 넣으면서 익힌 단어를 확인하세요.

1. She won the race with _____. 그녀는 쉽게 경기에서 이겼다.

2. He _____ the bread into the milk. 그는 빵을 우유에 적셨다.

3. Demand for this software has _____. 이 소프트웨어의 수요가 하락했다.

4. He has been _____ of robbery. 그는 절도죄로 유죄선고를 받았다.

5. a _____ childhood 비참한 유년시절

6. blow a _____ 휘파람을 불다

7. Balloons were _____ by strings from the ceiling.
   풍선들은 실로 천장에 매달려 있었다.

8. Poor _____ causes many illnesses. 허술한 위생이 많은 질병을 초래한다.

9. I'll take _____ on him for deceiving me.
   날 속인 것에 대해 그에게 복수할 것이다.

10. Man is a _____ being. 인간은 이성적인 존재이다.

11. We're living in the Internet _____. 우리는 인터넷 시대에 살고 있다.

12. Her charisma _____ her opponent.
    그녀의 카리스마가 그녀의 상대를 압도했다.

13. The police _____ him of theft. 경찰은 그를 절도죄로 고발했다.

14. He _____ his son for being rude. 그는 자기 아들을 버릇이 없다고 꾸짖었다.


## 관련 숙어 탐색

- **at ease** 편안히 (↔ ill at ease)
- **with ease** 쉽게 (=easily)
- **take one's revenge on** 복수하다
- **accuse A of B** B로 A를 고소하다, 비난하다

 정답

1. ease  2. dipped  3. declined  4. convicted  5. wretched  6. whistle  7. suspended  8. sanitation
9. revenge  10. rational  11. era  12. overwhelmed  13. accused  14. scolded

 **Day 43**

| | | |
|---|---|---|
| 1276 | **liar** 몡 거짓말쟁이 [láiər] | lie 됨 거짓말하다 <br> *cf.* lie 됨 눕다, 놓여 있다 |
| 1277 | **irony** 몡 뜻밖의 결과, 반어법 [áirəni] | ironic 휑 반어적인, 비꼬는 |
| 1278 | **intersection** 몡 교차(점), 횡단 [ìntərsékʃən] | intersect 됨 가로지르다 |
| 1279 | **strip** 됨 옷을 벗다, (껍질 등을) 벗기다 [strip] 몡 길고 가느다란 조각 | *cf.* stripe 몡 줄(무늬) |
| 1280 | **handicap** 몡 불리한 조건, 신체장애 [hǽndikæp] 됨 불리한 입장에 두다, 방해하다 | handicapped 휑 장애가 있는 |
| 1281 | **fragile** 휑 부서지기 쉬운 (=breakable), [frǽdʒəl] 허약한 (=weak) | |
| 1282 | **enroll** 됨 명부에 올리다, 등록하다 (=register) [enróul] | enrollment 몡 기재, 등록 |
| 1283 | **renew** 됨 다시 시작하다, 새롭게 하다 [rinjú:] | renewal 몡 재개, 일신 |
| 1284 | **discard** 됨 버리다, 처분하다 (=throw away) [diská:rd] | |
| 1285 | **day care** 몡 주간 탁아소 [déi kέər] | day-care center 몡 탁아소 |
| 1286 | **ultraviolet** 몡 자외선 (약어 UV) [ʌ̀ltrəváiəlit] | |
| 1287 | **nap** 몡 낮잠 [næp] 됨 졸다, 낮잠 자다 | |
| 1288 | **expel** 됨 쫓아내다, 추방하다 [ikspél] | |
| 1289 | **blame** 됨 비난하다, 책임을 돌리다 [bleim] 몡 비난, 책임 | |
| 1290 | **condemn** 됨 (강하게) 비난하다, 죄를 선고하다 [kəndém] ※ 사법적 의미가 강함 | |

## 내가 완성하는 예문

다음 예문의 빈 칸에 알맞은 말을 써 넣으면서 익힌 단어를 확인하세요.

1. Socratic _____ 소크라테스식 반어법

2. Turn left at the next _____. 다음 교차로에서 좌회전 하세요.

3. Not speaking English can be a _____.

   영어를 못 한다는 것은 불리한 일이 될 수 있다.

4. a _____ glass vase 깨지기 쉬운 유리 화병

5. They _____ 200 new students. 그들은 200명의 신입생을 학적에 올렸다.

6. _____ the car insurance 자동차 보험을 갱신하다

7. Read the guidelines before you _____ the box.

   상자를 버리기 전에 설명서를 읽어 보세요.

8. I don't want to put my baby in a _____.

   나는 내 아이를 탁아소에 보내기를 원치 않는다.

9. This cream protects skin from the _____.

   이 크림은 피부를 자외선으로부터 보호한다.

10. My cat likes to _____ in the shade.

    내 고양이는 그늘에서 낮잠 자는 것을 좋아한다.

11. The government _____ all foreign journalists.

    정부는 모든 외국인 저널리스트들을 추방했다.

12. They _____ her for the accident. 그들은 사고에 대한 책임을 그녀에게 돌렸다.

13. The world _____ the terrorist actions as evil.

    세계는 테러행위를 악이라고 비난한다.

## 관련 숙어 탐색

- take a nap 낮잠을 자다
- put the blame on …에게 죄를 씌우다
- be to blame … 탓이다, 책임이 있다
- be condemned to death 사형 선고를 받다

## 정답

1. irony  2. intersection  3. handicap  4. fragile  5. enrolled  6. renew  7. discard  8. day care
9. ultraviolet  10. nap  11. expelled  12. blamed  13. condemns

| 1291 | **penalty** 명 형벌, 벌금 [pénəlti] | |
|---|---|---|
| 1292 | **hinder** 동 방해하다, 저지하다 (=prevent) [híndər] | hindrance 명 장애물 |
| 1293 | **controversy** 명 논란, 논쟁 [kántrəvə̀ːrsi] | controversial 형 논란을 일으키는 |
| 1294 | **prominent** 형 눈에 띄는, 돌출한, 저명한 [prámənənt] | prominence 명 현저, 탁월 |
| 1295 | **dizzy** 형 현기증 나는 [dízi] | |
| 1296 | **eminent** 형 저명한, 뛰어난 (=outstanding) [émənənt] | eminence 명 명성 |
| 1297 | **persist** 동 고집하다, 지속하다 (=last) [pəːrsíst] | persistent 형 끈덕진 persistence 명 끈기 |
| 1298 | **intense** 형 격렬한, 심한 [inténs] | intensive 형 집중적인 |
| 1299 | **seize** 동 (붙)잡다 (=grab), 압류하다 [siːz] | |
| 1300 | **prompt** 형 신속한, 즉석의 (=immediate) [prɑmpt] | promptly 부 즉시, 정각에 |
| 1301 | **convey** 동 운반하다 (=transport) [kənvéi] | conveyer 명 운반장치 |
| 1302 | **portion** 명 부분 (=part), (음식의) 1인분 [póːrʃən] 동 나누다, 분배하다 | |
| 1303 | **miss** 동 놓치다, 그리워하다 [mis] 명 …양, 아가씨 | missing 형 없어진, 행방불명의 |
| 1304 | **disguise** 동 변장하다 [disɡáiz] 명 변장, 가면 | |
| 1305 | **immense** 형 막대한, 거대한 (=enormous) [iméns] | immensely 부 굉장히 |

## 내가 완성하는 예문

다음 예문의 빈 칸에 알맞은 말을 써 넣으면서 익힌 단어를 확인하세요.

1. pay the _____ 벌금을 물다

2. A lot of scientific work is _____ by lack of money.

   자금 부족으로 많은 과학적 연구가 지연된다.

3. cause much _____ 큰 논란을 일으키다

4. I feel _____ in high places. 나는 높은 곳에 가면 현기증이 난다.

5. Einstein is an _____ scientist. 아인슈타인은 저명한 과학자이다.

6. If the pain _____, consult a doctor. 통증이 지속되면 의사의 진찰을 받아라.

7. The police _____ illegal guns. 경찰이 불법 총기류를 압수했다.

8. I expect a _____ reply to my letter. 내 편지에 대한 신속한 답장을 바란다.

9. _____ goods by truck 트럭으로 물품을 운반하다

10. She read a _____ of the book. 그녀는 책의 한 부분을 읽었다.

11. I _____ him a lot while he was away.

    그가 없는 동안 나는 그가 몹시 그리웠다.

12. He _____ himself as a beggar. 그는 걸인으로 변장했다.

13. She gets _____ pleasure from her garden.

    그녀는 자신의 정원에서 매우 큰 기쁨을 얻는다.

## 관련 숙어 탐색

- **hinder ... from -ing** …가 ~하는 것을 방해하다
- **You can't miss it.** 금방 알 수 있어.
- **seize the day** 오늘을 즐기다, 기회를 포착하다
- **miss ... out** 생략하다, 빠뜨리다
- **in disguise** 변장한

## 정답

1. penalty  2. hindered  3. controversy  4. dizzy  5. eminent  6. persists  7. seized  8. prompt
9. convey  10. portion  11. missed  12. disguised  13. immense

**1306 grab** 동 움켜잡다 ( =seize)
[græb] 명 움켜쥐기

**1307 hospitable** 형 (방문자에게) 호의적인, 친절한
[háspitəbəl] ( =friendly)

hospitality 명 환대

**1308 delicate** 형 손상되기 쉬운, 섬세한
[délikət]

delicacy 명 섬세, 민감

**1309 incline** 동 마음이 쏠리다, 경사지다
[inkláin]

inclined 형 …하고 싶은

**1310 dawn** 명 새벽 ( =sunrise)
[dɔːn] 동 날이 새다

**1311 obscure** 형 분명치 않은
[əbskjúər]

**1312 misfortune** 명 불운, 재난 (↔fortune)
[misfɔ́ːrtʃən]

**1313 parallel** 형 평행의, 유사한 동 평행하다
[pǽrəlèl] 명 평행선, 유사(물)

**1314 vain** 형 헛된 (↔useless)
[vein]

vainly 부 헛되이, 자만하여

**1315 willing** 형 기꺼이 …하는, 자발적인 (↔unwilling)
[wíliŋ]

willingly 부 자진해서

**1316 relative** 명 친척
[rélətiv] 형 상대적인, 비례하는

relatively 부 비교적으로

**1317 tomb** 명 무덤 ( =grave)
[tuːm]

tombstone 명 묘비

**1318 discriminate** 동 차별하다, 구별하다
[diskrímənèit]

discrimination 명 차별, 구별

**1319 spectacular** 형 구경거리의, 장관의
[spektǽkjələr]

spectacle 명 광경, 장관

**1320 splendid** 형 화려한, 훌륭한
[spléndid]

## 내가 완성하는 예문

다음 예문의 빈 칸에 알맞은 말을 써 넣으면서 익힌 단어를 확인하세요.

1. The villagers were very _____ to anyone who passed through.

   그 마을 주민들은 그 곳을 거쳐 가는 모든 사람들에게 매우 호의적이었다.

2. _____ skin 연약한 피부

3. I was _____ to go for a walk. 나는 산책하고 싶은 생각이 들었다.

4. an _____ figure in the fog 안개 속에 잘 보이지 않는 형체

5. He had the _____ to break his leg. 불행하게도 그는 다리가 부러졌다.

6. The road runs _____ to the sea. 길이 바다와 나란히 나 있다.

7. _____ efforts 헛수고

8. I am _____ to do anything for you. 너를 위해 무엇이든 기꺼이 하겠다.

9. A good neighbor is better than a _____ far away.

   멀리 있는 친척보다 가까운 이웃이 낫다.

10. the _____ of the Pharaohs 파라오의 무덤

11. _____ against women employees 여자 종업원을 차별 대우하다

12. Their concert in the stadium was _____.

   경기장에서 열린 그들의 공연은 장관이었다.

13. We had a _____ time on our vacation. 우리는 멋진 휴가를 보냈다.

## 관련 숙어 탐색

■ be inclined to …하고 싶어지다

■ in vain 헛되이

■ at dawn 새벽녘에

■ be willing to 기꺼이 …하다

1. hospitable  2. delicate  3. inclined  4. obscure  5. misfortune  6. parallel  7. vain  8. willing
9. relative  10. tombs  11. discriminate  12. spectacular  13. splendid

# Review 22

## A 다음 영어는 우리말로, 우리말은 영어로 쓰시오.

1. bud _____
2. irony _____
3. intersection _____
4. hinder _____
5. dizzy _____
6. disguise _____
7. delicate _____
8. willing _____
9. obscure _____
10. nap _____

11. 복수 r_____
12. 추방하다 e_____
13. 나무라다 b_____
14. 막대한 i_____
15. 저명한 e_____
16. 새벽 d_____
17. 무덤 t_____
18. 부서지기 쉬운 f_____
19. 자외선 u_____ rays
20. 사형 death p_____

## B 자연스러운 표현이 되도록 연결하시오.

1. seize
2. accuse
3. blow
4. renew
5. dip

ⓐ one's passport
ⓑ the brush into the paint
ⓒ her by her wrist
ⓓ somebody of murder
ⓔ the whistle

## C 다음 영영 뜻풀이에 해당하는 단어를 보기에서 골라 쓰시오.

| 보기 |
| convict    disguise    portion    splendid    strip |

1. _____ : a person serving a prison sentence
2. _____ : a piece or part of a whole; a share
3. _____ : magnificent; very good
4. _____ : to change one's appearance to fool others
5. _____ : to take one's clothes off; to remove by peeling or pulling off

**D** 다음 짝지어진 단어의 관계가 같도록 빈 칸에 알맞은 말을 쓰시오.

1. free time : leisure = throw away : d_____

2. trash : junk = immediate : p_____

3. waste : save = fortune : m_____

4. source : origin = seize : g_____

5. suspend : suspension = expulsion : e_____

**E** 다음 문장의 빈 칸에 알맞은 말을 보기에서 골라 쓰시오.

| 보기 |

| scolded | declined | discriminating | enroll |
| hospitable | persisted | prominent | suspended |

1. The number of customers _____ by 20%.

   고객 수의 20%가 감소했다.

2. A basket was _____ by a rope from the tree branch.

   바구니가 나뭇가지에 밧줄로 매달려 있었다.

3. You need to _____ before the end of March.

   3월 말일 전에 등록해야 한다.

4. My mother _____ me for arriving late.

   어머니께서는 내가 늦게 도착했다고 잔소리를 하셨다.

5. He _____ with his research.

   그는 그의 연구를 고집했다.

6. 63 Building is a _____ feature.

   63 빌딩은 눈에 띄는 건물이다.

7. Koreans are very _____ to strangers.

   한국 사람들은 외국인에게 매우 친절하다.

8. She's good at _____ voices.

   그녀는 목소리 구별을 잘 한다.

| 1321 | **isolate** 동 고립시키다, 격리하다<br>[áisəlèit] | isolation 명 고립 |
|---|---|---|

| 1322 | **sting** 동 (침·가시 등이) 찌르다, 쏘다<br>[stiŋ] 명 침, 쏘기 | |

| 1323 | **rank** 명 계급, 등급<br>[ræŋk] 동 등급을 매기다 | ranking 명 등급 매기기 |

| 1324 | **trace** 명 흔적, 발자국 (=track, footprint)<br>[treis] 동 추적하다 | |

| 1325 | **stuff** 명 (막연한) 물건, 것<br>[stʌf] 동 (속을) 채우다 | |

| 1326 | **tribe** 명 종족, 부족<br>[traib] | tribal 형 부족의 |

| 1327 | **undergo** 동 경험하다, 겪다<br>[ʌndərgóu] (=experience, go through) | |

| 1328 | **suburb** 명 교외, 근교<br>[sʌ́bəːrb] | suburban 형 교외의 |

| 1329 | **refrain** 동 삼가다, 참다<br>[rifréin] | |

| 1330 | **urgent** 형 긴급한, 위급한<br>[ə́ːrdʒənt] | urgency 명 긴급, 절박<br>urge 동 재촉하다 |

| 1331 | **summit** 명 (산의) 정상, (국가 간의) 정상회담<br>[sʌ́mit] | |

| 1332 | **refuge** 명 피난(처), 은신처<br>[réfjuːdʒ] | refugee 명 난민 |

| 1333 | **liquid** 명 액체<br>[líkwid] | *cf.* solid 명 고체 |

| 1334 | **stern** 형 심각한, 엄격한<br>[stə́ːrn] | |

| 1335 | **vacuum** 명 진공, 진공청소기 (=vacuum cleaner)<br>[vǽkjuəm] 동 진공청소기로 청소하다 | |

## 내가 완성하는 예문

다음 예문의 빈 칸에 알맞은 말을 써 넣으면서 익힌 단어를 확인하세요.

1. He was _____ from all the other prisoners.

   그는 다른 모든 죄수들로부터 격리되었다.

2. Ow! I've been _____ by a bee! 아야! 벌에 쏘였어!

3. I've got lots of _____ to do tomorrow. 나는 내일 할 일이 많다.

4. the Arab _____ 아랍족

5. _____ an operation 수술을 받다

6. Most people live in the _____ and work in the center of town.

   대부분 사람들이 교외에 거주하면서 도시의 중심부에서 일한다.

7. _____ from laughing 웃음을 참다

8. an _____ message 긴급 메시지

9. Next year, the _____ conference will be held in Seoul.

   내년 정상회담은 서울에서 열릴 것이다.

10. _____ converts to gas when heated.

    액체를 가열하면 기체가 된다.

11. She was brought up in a _____ family. 그녀는 엄격한 가정에서 자랐다.

12. I _____ the carpets today. 오늘 카펫을 진공청소기로 청소했다.

## 관련 숙어 탐색

- ■ on the traces of ···을 추격하여
- ■ refrain from 삼가다, 참다
- ■ without (a) trace 흔적도 없이
- ■ take refuge at ···에 피난하다

1. isolated  2. stung  3. stuff  4. tribes  5. undergo  6. suburbs  7. refrain  8. urgent  9. summit
10. Liquid  11. stern  12. vacuumed

¹³³⁶ **supreme** 형 최고의, 극도의
[səprí:m]

¹³³⁷ **punctual** 형 시간을 엄수하는
[pʌ́ŋktʃuəl]

¹³³⁸ **undertake** 동 (일·책임 등을) 떠맡다, 시작하다
[ʌ̀ndərtéik]

¹³³⁹ **swell** 동 부풀다, 팽창하다
[swel]
swelling 명 팽창, 종기

¹³⁴⁰ **territory** 명 영토, 세력권
[térətɔ̀:ri]

¹³⁴¹ **orbit** 명 궤도
[ɔ́:rbit] 동 궤도를 그리며 돌다

¹³⁴² **sweat** 동 땀을 흘리다, 고생하다
[swet] 명 땀, 힘드는 일
sweaty 형 땀투성이의

¹³⁴³ **throne** 명 왕좌
[θroun]
*cf.* thorn 명 가시

¹³⁴⁴ **ridiculous** 형 우스운, 터무니없는 (=foolish)
[ridíkjələs]
ridicule 명 조롱 동 놀리다

¹³⁴⁵ **pronounce** 동 발음하다
[prənáuns]
pronunciation 명 발음

¹³⁴⁶ **reluctant** 형 꺼리는, 마지못해 하는
[rilʌ́ktənt]

¹³⁴⁷ **oxygen** 명 산소
[ɑ́ksidʒən]

¹³⁴⁸ **mission** 명 사절(단), 사명
[míʃən]
missionary 명 선교사

¹³⁴⁹ **soar** 동 날아오르다, 치솟다
[sɔ:r]

¹³⁵⁰ **sour** 형 시큼한, 신
[sáuər]

## 내가 완성하는 예문

다음 예문의 빈 칸에 알맞은 말을 써 넣으면서 익힌 단어를 확인하세요.

1. I was always _____ for class.

   나는 수업에 언제나 늦는 일이 없었다.

2. He _____ a responsible post. 그는 책임 있는 지위를 떠맡았다.

3. I twisted my ankle and it _____ up. 발목을 삐어서 부었다.

4. The moon _____ the earth. 달은 지구의 둘레를 돈다.

5. wipe the _____ from one's forehead 이마의 땀을 닦다

6. Do I look _____ in this hat?

   내가 이 모자를 쓰니 우스워 보이니?

7. Can you _____ his name correctly?

   그의 이름을 정확히 발음할 수 있니?

8. He was _____ to ask for help.

   그는 도움을 요청하는 데 주저했다.

9. Plants and animals cannot live without _____.

   식물과 동물은 산소 없이는 살 수 없다.

10. be sent on a _____ 임무를 띠고 파견되다

11. The eagle _____ into the sky. 독수리가 하늘로 날아올랐다.

12. The milk went _____. 우유가 시큼해졌다.

## 관련 숙어 탐색

- **swell up** 부어오르다, (화가) 치밀어 오르다
- **sour grapes** 지기 싫어 허세부리기

 정답

1. punctual  2. undertook  3. swelled  4. orbits  5. sweat  6. ridiculous  7. pronounce
8. reluctant  9. oxygen  10. mission  11. soared  12. sour

1351 **rest** 명 휴식, 나머지
[rest] 동 쉬다

1352 **naked** 형 나체의 (=bare), 적나라한
[néikid]

1353 **proportion** 명 비율, 몫 | proportional 형 비례하는
[prəpɔ́ːrʃən]

1354 **external** 형 외부의, 대외적인 (↔internal)
[ikstə́ːrnəl]

1355 **pulse** 명 맥박
[pʌls] 동 맥이 뛰다

1356 **oriental** 형 동양의 | orient 명 동양
[ɔ̀ːriéntl]

1357 **monumental** 형 기념(비)의, 불멸의 | monument 명 기념비
[mànjəméntl]

1358 **negotiate** 동 협상하다 | negotiator 명 협상자
[nigóuʃièit] | negotiation 명 협상

1359 **output** 명 산출(량), 출력 | *cf.* input 명 투입(량), 입력
[áutpùt]

1360 **devil** 명 악마
[dévl]

1361 **preach** 동 설교하다, 훈계하다 | preacher 명 설교자
[priːtʃ]

1362 **magnificent** 형 장대한, 장엄한
[mægnífəsənt]

1363 **flatter** 동 아첨하다 | flattery 명 아첨
[flǽtər]

1364 **oppress** 동 억압하다, 학대하다 | *cf.* suppress 동 진압하다, 참다
[əprés]

1365 **fable** 명 우화
[féibəl]

## 내가 완성하는 제 문

다음 예문의 빈 칸에 알맞은 말을 써 넣으면서 익힌 단어를 확인하세요.

1. _____ feet 맨발

2. the _____ of girls to boys in the class

   학급에서 남학생에 대한 여학생의 비율

3. His _____ is still beating. 그의 맥박은 아직 뛰고 있다.

4. _____ languages 동양의 언어

5. Tolstoy's 'War and Peace' is a _____ book.

   톨스토이의 '전쟁과 평화'는 불멸의 작품이다.

6. We _____ with the landlord about the rent.

   우리는 집세에 관해 집주인과 협의했다.

7. Speak of the _____, and he will appear.

   호랑이도 제 말하면 온다.

8. The minister _____ a sermon on brotherly love.

   목사님은 형제간의 사랑에 대해 설교하셨다.

9. The Alps looked _____ from the airplane.

   비행기에서 본 알프스 산맥은 웅장했다.

10. He always _____ me. 그는 항상 나에게 알랑거린다.

11. The government has _____ political activists.

    정부는 정치 운동가들을 억압했다.

12. Aesop's _____ 이솝우화

## 관련 숙어 탐색

- **at rest** 휴식하여, 잠자코
- **take[get] a rest** 쉬다, 잠자다
- **in proportion to** …에 비례하여
- **flatter oneself** 우쭐거리다

1. naked  2. proportion  3. pulse  4. oriental  5. monumental  6. negotiated  7. devil
8. preached  9. magnificent  10. flatters  11. oppressed  12. Fables

| 1366 | **mankind** 몡 인류, 사람 [mæ̀nkáind] | |

**mankind** 몡 인류, 사람
[mæ̀nkáind]

1367 **extinguish** 동 끄다, 진화하다 (=put out)
[ikstíŋgwiʃ]　　extinguisher 몡 소화기

1368 **derive** 동 …에서 끌어내다, 유래하다
[diráiv]

1369 **masterpiece** 몡 걸작
[mǽstərpìːs]

1370 **contradict** 동 반박하다, 모순되다
[kὰntrədíkt]　　contradiction 몡 모순

1371 **district** 몡 지역, 지구
[dístrikt]

1372 **endeavor** 동 애쓰다 (=strive)
[endévər]　 몡 시도 (=attempt)

1373 **esteem** 몡 존중, 존경
[istíːm]　 동 존경하다 (=respect)　cf. self-esteem 몡 자존(심)

1374 **hazard** 몡 위험(요소)
[hǽzərd]

1375 **guard** 동 지키다, 보호하다
[gɑːrd]　 몡 경호인, 감시　guardian 몡 감시인, 보호자

1376 **infer** 동 추론하다
[infə́ːr]　　inference 몡 추론

1377 **partial** 혱 부분적인, 불공평한 (↔impartial)
[pɑ́ːrʃəl]　　part 몡 일부

1378 **embarrassed** 혱 난처한, 당혹스러운
[imbǽrəst]　　embarrass 동 난처하게 하다
embarrassing 혱 난처하게 하는

1379 **ashamed** 혱 부끄러워하는 (↔proud)
[əʃéimd]

1380 **shame** 몡 부끄럼, 수치
[ʃeim]　 동 창피를 주다　shameful 혱 부끄러운

**240**

## 내가 완성하는 예문 ✏️

다음 예문의 빈 칸에 알맞은 말을 써 넣으면서 익힌 단어를 확인하세요.

1. The fire was _____ very quickly. 불은 매우 신속히 진화되었다.

2. The English word 'olive' is _____ from the latin word 'oliva'.

   영어의 'olive' 는 라틴어의 'oliva' 에서 유래한다.

3. 'The Last Supper' is regarded as Leonardo da Vinci's _____.

   '최후의 만찬' 은 레오나르도 다 빈치의 걸작으로 여겨진다.

4. She dared not _____ him. 그녀는 감히 그에게 반박하지 못했다.

5. the financial _____ of the city 도시의 금융 구역

6. _____ to find the problem 문제점을 찾아내려 애쓰다

7. The old professor was highly _____. 그 노교수는 매우 존경받았다.

8. The poor ventilation in this building is a health _____.

   이 건물의 나쁜 통풍 상태가 건강을 해칠 위험 요소이다.

9. Policemen are always on _____. 경찰관들이 언제나 지키고 있다.

10. I _____ from our conversation that he was unhappy with his

    job. 나는 대화를 통해 그가 자기의 일에 만족하지 못하고 있음을 알았다.

11. a _____ eclipse of the sun 부분 일식

12. I felt _____ when I was asked to sing.

    노래를 불러달라는 청을 받았을 때 나는 난처했다.

13. She was _____ of her old clothes. 그녀는 자기의 낡은 옷이 부끄러웠다.

14. He flushed with _____. 그는 부끄러워 얼굴을 붉혔다.

## 관련 숙어 탐색

■ off〔on〕 guard 방심〔경계〕하여　　■ infer from 추리하다, 추론하다

■ be ashamed of …을 부끄러워하다　　■ Shame on you! 무슨 꼴이냐!, 부끄럽지 않느냐!

1. extinguished　2. derived　3. masterpiece　4. contradict　5. district　6. endeavor　7. esteemed
8. hazard　9. guard　10. inferred　11. partial　12. embarrassed　13. ashamed　14. shame

# Review 23

## A 다음 영어는 우리말로, 우리말은 영어로 쓰시오.

| | | |
|---|---|---|
| 1. proportion | _____ | 11. 아첨하다 | f_____ |
| 2. fable | _____ | 12. 억압하다 | o_____ |
| 3. magnificent | _____ | 13. 걸작 | m_____ |
| 4. contradict | _____ | 14. 계급 | r_____ |
| 5. monumental | _____ | 15. 진공관 | a v_____ bulb |
| 6. hazard | _____ | 16. 맨발 | n_____ feet |
| 7. infer | _____ | 17. 산소마스크 | an o_____ mask |
| 8. partial | _____ | 18. 액체 연료 | l_____ fuel |
| 9. sting | _____ | 19. 간수 | a prison g_____ |
| 10. oriental | _____ | 20. 대외 정책 | e_____ policy |

## B 자연스러운 표현이 되도록 연결하시오.

1. negotiate     ⓐ satisfaction from playing the violin
2. derive     ⓑ an operation
3. trace     ⓒ with employers about pay claim
4. refrain     ⓓ from talking during the lecture
5. undergo     ⓔ of an ancient civilization

## C 다음 영영 뜻풀이에 해당하는 단어를 보기에서 골라 쓰시오.

| 보기 | | | | |
|---|---|---|---|---|
| sour | summit | output | orbit | isolate |

1. _____ : to put or keep somebody from other people
2. _____ : the top of a mountain
3. _____ : a curved path taken by a planet or another object as it moves around another planet, star, moon, etc.
4. _____ : having a sharp taste like that of a lemon
5. _____ : the amount that a person or machine produces

**D** 다음 짝지어진 단어의 관계가 같도록 빈 칸에 알맞은 말을 쓰시오.

1. extinguish : extingisher = refuge : r_____

2. ashamed : proud = internal : e_____

3. sweat : sweaty = suburb : s_____

4. punctual : punctuality = urgent : u_____

5. preach : preacher = negotiate : n_____

**E** 다음 문장의 빈 칸에 알맞은 말을 보기에서 골라 쓰시오.

┃보기┃

| pulse | stuff | undertook | reluctant |
| rest | ridiculous | soared | esteem |

1. Take what you want and throw the _____ away.
   네가 원하는 것을 가지고 나머지는 버려.

2. The child's _____ was weak.
   아이의 맥박이 약하게 뛰고 있었다.

3. There's sticky _____ all over the chair.
   의자에 온통 끈적끈적한 것들 투성이다.

4. I _____ friendship more than money.
   나는 돈 보다는 우정을 중하게 여긴다.

5. He _____ responsibility for the changes.
   그는 변화에 대한 책임을 졌다.

6. It's _____ to expect a two-year-old to be able to read.
   두 살짜리 아이가 글을 읽을 거라 기대하는 것은 어리석은 일이다.

7. I was _____ to leave because I was having such a good time. 너무 재미있게 놀고 있어서 나는 떠나고 싶지 않았다.

8. House prices _____ a further twenty percent.
   집값이 20퍼센트 더 치솟았다.

| | |
|---|---|
| 1381 **appliance** 몝 전기제품, 설비 (=tool) [əpláiəns] | |
| 1382 **cliff** 몝 낭떠러지, 절벽 [klif] | |
| 1383 **perish** 동 죽다, 멸망하다 [périʃ] | perishable 형 썩기 쉬운 |
| 1384 **symptom** 몝 증상, 징후 [símptəm] | |
| 1385 **anticipate** 동 예상하다 (=expect) [æntísəpèit] | anticipation 몝 예상 |
| 1386 **prospect** 몝 전망, 가망성, 예상 [práspekt] | prospective 형 장래의, 가망 있는 |
| 1387 **attribute** 동 …의 탓으로 하다 [ətríbjuːt] | attribution 몝 …에 돌리기 |
| 1388 **superstition** 몝 미신 [sùːpərstíʃən] | superstitious 형 미신적인 |
| 1389 **coward** 몝 겁쟁이, 비겁자 [káuərd] | cowardly 형 겁 많은, 비겁자의 |
| 1390 **pill** 몝 알약 (=tablet) [pil] | |
| 1391 **tight** 형 단단한, 꼭 끼는 (↔loose), 팽팽한 [tait] 부 단단히, 꽉 (=firmly) | tighten 동 죄다, 강화하다 |
| 1392 **thorough** 형 완전한, 철저한 [θə́ːrou] | thoroughly 부 완전히, 철저히 |
| 1393 **portable** 형 휴대용의 [pɔ́ːrtəbl] | |
| 1394 **confront** 동 직면하다, 맞서다 [kənfrʌ́nt] | confrontation 몝 직면, 대립 |
| 1395 **volcano** 몝 화산 [vɑlkéinou] | volcanic 형 화산의, 폭발성의 |

## 내가 완성하는 예문

다음 예문의 빈 칸에 알맞은 말을 써 넣으면서 익힌 단어를 확인하세요.

1. household _____ 가전 제품들

2. Hundreds _____ in the war. 수백 명이 전쟁에서 죽었다.

3. Sneezing is often the first _____ of cold.

   재채기는 종종 감기의 첫 번째 증상이다.

4. We didn't _____ any difficulties. 우리는 어떤 어려움도 예상하지 않았다.

5. Is there any _____ of her recovery?

   그녀가 회복될 가능성이 있습니까?

6. She _____ her failure to bad luck.

   그녀는 자신의 실패를 불운의 탓으로 돌렸다.

7. believe in _____ 미신을 믿다

8. Take one _____, three times a day after meals.

   식후 하루 세 번 알약을 한 알씩 먹어라.

9. This skirt is _____ for me. 이 치마는 내게 꼭 낀다.

10. It was a _____ waste of time. 그것은 완전한 시간 낭비였다.

11. a _____ television 휴대용 텔레비전

12. _____ a difficulty 어려움에 맞서다

13. an active _____ 활화산

## 관련 숙어 탐색

■ in prospect 예상하여　　　　　　　　■ attribute A to B A를 B의 탓으로 돌리다

■ be confronted with (위험 · 난관 등에) 직면하다

## 정답

1. appliances　2. perished　3. symptom　4. anticipate　5. prospect　6. attributed　7. superstition
8. pill　9. tight　10. thorough　11. portable　12. confront　13. volcano

**1396 swallow** 동 삼키다
[swάlou] 명 제비

**1397 autograph** 명 자필, 서명
[ɔ́ːtəgræf] 동 자필로 쓰다

**1398 clay** 명 찰흙, 점토
[klei]

**1399 pat** 동 가볍게 두드리다
[pæt] 명 가볍게 두드리기

**1400 certificate** 명 증명서, 면허증
[sərtífəkit]

certification 명 증명, 보증
certify 동 증명하다

**1401 beast** 명 짐승
[biːst]

**1402 peculiar** 형 기묘한, 독특한
[pikjúːljər]

**1403 assemble** 동 (사람을) 모으다, 조립하다
[əsémbəl]

assembly 명 집회, 조립

**1404 bare** 형 벌거벗은, 알몸의 ( =naked)
[bɛər]

barely 부 간신히, 거의 …없는

**1405 per** 전 …마다
[pəːr]

**1406 represent** 동 대표하다, 나타내다
[rèprizént]

representation 명 표시, 표현
representative 명 대표자

**1407 banner** 명 기, 기치, 배너
[bǽnər]

**1408 automatic** 형 자동의, 기계적인
[ɔ̀ːtəmǽtik]

automatically 부 자동적으로

**1409 postpone** 동 연기하다, 미루다 ( =put off)
[poustpóun]

**1410 delay** 동 늦추다, 연기하다
[diléi] 명 지연, 지체

## 내가 완성하는 예문

다음 예문의 빈 칸에 알맞은 말을 써 넣으면서 익힌 단어를 확인하세요.

1. He _____ the medicine. 그는 약을 삼켰다.

2. May I have your _____? 서명을 해 주시겠습니까?

3. He _____ her on her shoulder. 그는 그녀의 어깨를 툭 쳤다.

4. a marriage _____ 혼인증명서

5. There's a very _____ smell in here. 여기에서 굉장히 기묘한 냄새가 난다.

6. They _____ for the press conference. 그들은 기자회견을 갖기 위해 모였다.

7. Don't walk around outside in your _____ feet.
   맨발로 밖에 돌아다니지 마라.

8. The speed limit is 80 kilometers _____ hour.
   속도제한은 시속 80킬로미터이다.

9. The red lines on the map _____ railways.
   지도의 붉은 선은 철로를 의미한다.

10. The demonstrators walked along the street, waving _____.
    시위자들은 기를 흔들며 도로를 따라 행진했다.

11. an _____ door 자동문

12. The game was _____ until next Saturday. 경기는 다음 토요일까지 연기되었다.

13. Come back without _____. 꾸물거리지 말고 돌아와라.

## 관련 숙어 탐색

■ give a pat on the back 칭찬하다    ■ under the banner of …의 기치 아래

■ without (any) delay 지체없이, 곧

## 정답

1. swallowed  2. autograph  3. patted  4. certificate  5. peculiar  6. assembled  7. bare  8. per
9. represent  10. banners  11. automatic  12. postponed  13. delay

| 1411 | **experience** 몡 경험<br>[ikspíəriəns] 동 경험하다 | experienced 몡 경험 있는, 노련한 |

**final** 혱 마지막의, 최후의 (=last)<br>[fáinəl] 몡 결승전

finally 뷔 마침내, 마지막으로

1412

**govern** 동 통치하다 (=rule)<br>[gʌ́vərn]

government 몡 정부, 통치

1413

**certainly** 뷔 확실히, 틀림없이<br>[sə́ːrtənli]

certain 혱 확신하는, 확실한

1414

**traffic** 몡 교통(량), 통행<br>[trǽfik]

1415

**earth** 몡 지구, 땅, 흙 (=soil)<br>[əːrθ]

1416

**past** 혱 지나간, 과거의 몡 과거 (↔present)<br>[pæst] 전 뷔 (…을) 지나(서)

1417

**century** 몡 1세기, 백 년<br>[séntʃuri]

1418

**issue** 몡 논점, 발행(물), 발행부수<br>[íʃuː] 동 발행하다, 출판하다

1419

**gift** 몡 선물 (=present), 재능<br>[gift] 동 주다, 부여하다

gifted 혱 타고난 재능이 있는

1420

**course** 몡 행로, 방향, 교육과정<br>[kɔːrs]

1421

**whatever** 대 혱 뷔 …하는 것은 무엇이든,<br>[hwɑtévər] 어떤 …일지라도

1422

**mix** 동 섞다<br>[miks]

mixture 몡 혼합(물)

1423

**dictionary** 몡 사전<br>[díkʃənèri]

1424

**courage** 몡 용기 (=bravery)<br>[kə́ːridʒ]

courageous 혱 용기 있는<br>encourage 동 용기를 북돋우다

1425

## 내가 완성하는 예문

다음 예문의 빈 칸에 알맞은 말을 써 넣으면서 익힌 단어를 확인하세요.

1. We all learn by _____. 우리는 모두 경험을 통해 배운다.

2. I missed the _____ episode of 'The X-Files'.

   나는 'X-파일'의 마지막 회를 못 봤다.

3. The country is now _____ by the Labor Party.

   그 나라는 이제 노동당에 의해 통치된다.

4. Their team _____ deserved to win. 그들의 팀은 확실히 이길 만 했다.

5. _____ jam 교통체증

6. We live in the 21st _____. 우리는 21세기에 살고 있다.

7. I want to raise several _____ at the meeting.

   나는 회의에서 몇 가지 논점을 제기하고 싶다.

8. a business _____ 경영 교육과정

9. You can choose _____ you like. 네가 좋아하는 것은 무엇이든 골라도 좋다.

10. _____ water with wine 포도주에 물을 섞다

11. Look it up in the _____. 그것을 사전에서 찾아보아라.

12. She didn't have the _____ to tell him the truth.

    그녀는 그에게 진실을 말할 용기가 없었다.

## 관련 숙어 탐색

- certainly not 물론 그렇지 않습니다
- at issue 논쟁 중에, 미해결의
- in the course of …동안에
- be mixed up (좋지 않은 일 등에) 말려들다
- on earth 도대체, 진혀, 소금노
- make an issue (out) of …을 문제삼다
- of course 물론, 당연히

## 정답

1. experience  2. final  3. governed  4. certainly  5. traffic  6. century  7. issues  8. course
9. whatever  10. mix  11. dictionary  12. courage

# Day 48

| | | |
|---|---|---|
| 1426 **talent** 명 재능, 인재<br>[tǽlənt] | | talented 형 재능 있는 |
| 1427 **soil** 명 흙, 땅<br>[sɔil] | | |
| 1428 **topic** 명 화제, 논제, 주제 ( =subject)<br>[tápik] | | |
| 1429 **neat** 형 말끔한, 산뜻한<br>[niːt] | | |
| 1430 **trunk** 명 (나무) 줄기, 자동차 트렁크, 여행가방<br>[trʌŋk] | | |
| 1431 **treasure** 명 보물, 귀중품<br>[trézər]  동 소중히 하다 | | treasury 명 국고, 재무부 |
| 1432 **shore** 명 바닷가, 해안<br>[ʃɔːr] | | - |
| 1433 **tongue** 명 혀, 국어 ( =language)<br>[tʌŋ] | | |
| 1434 **thunder** 명 우레, 천둥<br>[θʌ́ndər]  동 천둥치다 | | cf. lightning 명 번개 |
| 1435 **section** 명 부분, 단락, (신문의) 난, 구역<br>[sékʃən]  동 분할하다 | | sectional 형 부분의 |
| 1436 **pole** 명 막대기, 극, 극지<br>[poul] | | |
| 1437 **whisper** 동 속삭이다<br>[hwíspər]  명 속삭임 | | |
| 1438 **shake** 동 흔들다, 떨다<br>[ʃeik]  명 흔들기, 동요 | | |
| 1439 **revolution** 명 혁명, 대변혁<br>[rèvəlúːʃən] | | revolutionary 형 혁명적인, 대변혁의 |
| 1440 **evolution** 명 진화, 발전<br>[èvəlúːʃən] | | evolve 동 진화하다 |

## 내가 완성하는 예문

다음 예문의 빈 칸에 알맞은 말을 써 넣으면서 익힌 단어를 확인하세요.

1. She has a _____ for music. 그녀는 음악에 타고난 재능이 있다.

2. The environment is a popular _____ these days.
   환경은 요즘 인기 있는 주제이다.

3. I always keep a blanket and a toolkit in the _____ for
   emergencies. 나는 비상시를 대비해 자동차 트렁크에 늘 담요와 연장통을 둔다.

4. We walked for miles along the _____.
   우리는 해안을 따라 몇 마일을 걸었다.

5. mother _____ 모국어

6. _____ and lightning 천둥과 번개

7. the financial _____ of a newspaper 신문의 경제면

8. the North _____ 북극

9. She _____ something to the girl sitting next to her.
   그녀는 옆에 앉아 있는 소녀에게 뭔가를 속삭였다.

10. _____ the bottle. 병을 흔들어라.

11. the French _____ of 1789 1789년 프랑스 혁명

12. the theory of _____ 진화론

## 관련 숙어 탐색

- on (off) shore 육지에 (해안에서 떨어져서)
- in sections 분해 (해체) 하여
- slip of the tongue 실수 말함, 실언
- shake hands (with) (…와) 악수하다

1. talent  2. topic  3. trunk  4. shore  5. tongue  6. thunder  7. section  8. Pole  9. whispered
10. Shake  11. Revolution  12. evolution

# Review 24

**A** 다음 영어는 우리말로, 우리말은 영어로 쓰시오.

| | | | |
|---|---|---|---|
| 1. certainly | _____ | 11. 꼭 끼는 | t_____ |
| 2. soil | _____ | 12. 선물 | g_____ |
| 3. talent | _____ | 13. 속삭이다 | w_____ |
| 4. pole | _____ | 14. 짐승 | b_____ |
| 5. symptom | _____ | 15. 통치하다 | g_____ |
| 6. confront | _____ | 16. 낭떠러지 | c_____ |
| 7. assemble | _____ | 17. 활화산 | an active v_____ |
| 8. treasure | _____ | 18. 수면제 | a sleeping p_____ |
| 9. neat | _____ | 19. 모국어 | mother t_____ |
| 10. whatever | _____ | 20. 최종결정 | the f_____ decision |

**B** 자연스러운 표현이 되도록 연결하시오.

1. a portable
2. believe in
3. the industrial
4. the sports
5. a species of bird

ⓐ peculiar to South East Asia
ⓑ section of a newspaper
ⓒ radio
ⓓ revolution
ⓔ superstition

**C** 다음 영영 뜻풀이에 해당하는 단어를 보기에서 골라 쓰시오.

| 보기 | | | | |
|---|---|---|---|---|
| banner | trunk | automatic | autograph | clay |

1. _____ : a long piece of cloth with words or signs on it, which can be hung up or carried on two poles

2. _____ : heavy earth that is soft and sticky when it is wet and becomes hard when it is baked or dried

3. _____ : the thick central part of a tree that the branches grow from

4. _____ : (used about a machine) that can work by itself without direct human control

5. _____ : the signature of a famous person

**D** 다음 짝지어진 단어의 관계가 같도록 빈 칸에 알맞은 말을 쓰시오.

1. appliance : tool = expect : a_____
2. attribute : attribution = mixture : m_____
3. courage : courageous = section : s_____
4. govern : rule = language : t_____
5. volcano : volcanic = coward : c_____

**E** 다음 문장의 빈 칸에 알맞은 말을 보기에서 골라 쓰시오.

| 보기 | | | |
|---|---|---|---|
| past | thorough | swallowed | prospect |
| represents | perished | issue | experiences |

1. She wrote a book about her _____ in Africa.
   그녀는 아프리카에서의 경험에 관한 책을 썼다.
2. The boy walked straight _____ me.
   소년은 나를 지나 곧장 걸어갔다.
3. I want to raise the _____ of overtime pay at the meeting.
   나는 회의에서 초과근무 수당에 대한 문제를 거론하고 싶다.
4. Three hundred people _____ in the earthquake.
   3백 명의 사람들이 그 지진으로 사망했다.
5. Is there any _____ of the weather improving?
   날씨가 좋아질 가능성이 조금이라도 있는가?
6. A _____ investigation of the matter is needed.
   그 문제에 대한 철저한 조사가 필요하다.
7. He put a grape into his mouth and _____ it whole.
   그는 포도알을 하나 입에 넣고는 통째로 삼켰다.
8. Each color on the chart _____ a different year.
   차트의 각 색깔은 다른 연도를 표시한 것이다.

# 03 쉬어가기

## Fun Personality Test
### 재미로 알아보는 심리테스트

**1. When do you feel your best?**

    a. in the morning

    b. during the afternoon and early evening

    c. late at night

**2. You usually walk...**

    a. fairly fast, with long steps

    b. fairly fast, with short, quick steps

    c. less fast, head up, looking the world in the face

    d. less fast, head down

    e. very slowly

**3. When talking to people you...**

    a. stand with your arms folded

    b. have your hands clasped

    c. have one or both your hands on your hips

    d. touch or push the person to whom you are talking

    e. play with your ear, touch your chin, or smooth your hair

**4. When relaxing, you sit with...**

    a. your knees bent with your legs neatly side by side

    b. your legs crossed

    c. your legs stretched out and straight

    d. one leg curled under you

**5.** When something really amuses you, you react with...

    a. a big, appreciative laugh

    b. a laugh, but not a loud one

    c. a quiet chuckle

    d. a sheepish smile

**6.** When you go to a party or social gathering, you...

    a. make a loud entrance so everyone notices you

    b. make a quiet entrance so everyone notices you

    c. make the quietest entrance, trying to stay unnoticed

**7.** You're working very hard and you're interrupted. Do you...?

    a. welcome the break

    b. feel extremely irritated

    c. vary between these two extremes

**8.** Which of the following colors do you like the most?

    a. Red or orange.

    b. Black.

    c. Yellow or light blue.

    d. Green.

    e. Dark blue or purple.

    f. White.

    g. Brown or gray.

**9.** **In those last few moments before going to sleep, you lie...**

   a. stretched out on your back

   b. stretched out face down on your stomach

   c. on your side, slightly curled

   d. with your head on one arm

   e. with your head under the covers

**10.** **You often dream that you are...**

   a. falling

   b. fighting or struggling

   c. searching for something or somebody

   d. flying or floating

   e. you usually have dreamless sleep

   f. your dreams are always pleasant

점 수 계 산 표

| 질문＼보기 | a | b | c | d | e | f | g |
|---|---|---|---|---|---|---|---|
| 1 | 2 | 3 | 4 | | | | |
| 2 | 6 | 4 | 7 | 5 | 1 | | |
| 3 | 4 | 2 | 5 | 7 | 6 | | |
| 4 | 4 | 6 | 2 | 1 | | | |
| 5 | 6 | 4 | 4 | 5 | | | |
| 6 | 6 | 4 | 2 | | | | |
| 7 | 6 | 2 | 4 | | | | |
| 8 | 6 | 7 | 5 | 4 | 3 | 2 | 1 |
| 9 | 7 | 6 | 4 | 2 | 1 | | |
| 10 | 4 | 2 | 3 | 5 | 6 | 1 | |

## 60점 이상

사람들은 당신을 조심스럽게 대해야 하는 사람으로 생각합니다. 당신은 허영심 있고 자기중심적이고 매우 도도한 사람으로 보입니다. 사람들이 당신을 부러워하며 당신처럼 되고 싶어할 수는 있으나, 언제나 당신을 신뢰하지는 않기 때문에 당신과 깊은 교제를 하는 데는 주저합니다.

## 51 ~ 60점

사람들은 당신을 화끈하고 매우 활동적이며 다소 충동적인 성격으로 봅니다. 늘 옳은 결정을 내리는 것은 아니지만 결단력이 있는 타고난 리더로 여깁니다. 사람들은 당신을 대담하고 모험심이 강하여 무엇이든 한번쯤은 시도해 보고 위험을 무릅쓰며 모험을 즐긴다고 생각합니다. 사람들은 당신에게서 뿜어 나오는 발랄한 기운 때문에 당신과 함께 있는 것을 좋아합니다.

## 41 ~ 50점

사람들은 당신을 상큼하고 발랄하고 매력적이고 재미있는 사람으로 봅니다. 당신은 언제나 다른 사람들의 관심을 받으면서도 그 관심이 식지 않도록 계속 유지하는 재주를 가지고 있습니다. 사람들은 당신이 언제나 남을 위로하고 도울 줄 아는 친절하고 사려 깊고 이해심이 많은 사람으로 여깁니다.

## 31 ~ 40점

사람들은 당신을 센스 있고 조심성 있는 현실적인 사람으로 생각합니다. 그러나 당신을 현명하고 재능이 있지만 겸손하지는 않다고 생각합니다. 당신은 친구를 너무 빨리 또는 쉽게 사귀지 않지만 사귀는 친구에게는 지극한 정성을 다하며 그 친구도 정성을 다할 것을 기대합니다. 당신과 친해진 사람은 당신이 친구들에게 향한 믿음이 쉽게 흔들리지 않지만 믿음이 한번 무너지면 그것을 회복하는 데 많은 시간이 걸린다는 것을 알게 됩니다.

## 21 ~ 30점

사람들은 당신이 지나치게 조심스럽고 까다롭다고 생각합니다. 당신이 어떤 일을 충동적으로 또는 순식간에 해치운 적이 있다면 사람들을 매우 놀라게 했을 것입니다. 사람들은 당신이 뭔가를 할 때 이리저리 주의 깊게 살펴보고 나서 결정은 늘 반대로 하는 사람으로 여깁니다. 당신이 그렇게 행동하는 이유는 당신의 타고난 조심성 때문이기도 합니다.

## 20점 이하

사람들은 당신이 수줍음 타고 소심하고 우유부단하여 돌봐줄 사람이 필요하다고 생각합니다. 결정을 내릴 일이 있으면 당신은 언제나 다른 누군가가 결정해 주길 바라며 당신은 누구와도 무엇과도 연관되고 싶어 하지 않습니다. 또한 사람들은 당신을 쓸데없는 걱정을 하는 사람으로 여깁니다. 당신을 아주 잘 아는 몇몇은 당신이 그렇지 않다는 걸 알지만, 보통 사람들은 당신을 지루한 사람으로 생각합니다.

1441 **mild** 휑 온화한, 상냥한, 부드러운
[maild]

1442 **iron** 명 철, 다리미
[áiərn] 동 다림질하다

1443 **evil** 휑 나쁜, 사악한 (=bad; ↔good)    *cf.* devil 명 악마
[íːvəl] 명 악, 해악

1444 **swing** 동 흔들다
[swiŋ] 명 흔들림, 휘두르기, 그네

1445 **coast** 명 해안    coastal 휑 근해의
[koust]

1446 **boil** 동 끓(이)다, 삶다
[bɔil] 명 끓임

1447 **stress** 명 (정신적) 압박, 강조, 강세    stressful 휑 긴장이 많은
[stres]    동 강조하다

1448 **choice** 명 선택, 선택권 (=option)    choose 동 선택하다
[tʃɔis]

1449 **sword** 명 검, 칼
[sɔːrd]

1450 **elderly** 휑 중년을 지난, 나이가 지긋한    elder 휑 손위의
[éldərli]

1451 **potion** 명 (물약 또는 독약의) 1회의 분량
[póuʃən]

1452 **habitat** 명 서식지, 거주지
[hǽbətæt]

1453 **paw** 명 (발톱이 있는 동물의) 발
[pɔː] 동 동물이 앞발로 긁다

1454 **entrance** 명 들어감, 입구 (=entry; ↔exit)    enter 동 …에 들어가다
[éntrəns]

1455 **cyber-** 접 '전자 통신망과 가상 현실의' 의 뜻    *cf.* cyberspace 명 가상공간
[sáibər]

다음 예문의 빈 칸에 알맞은 말을 써 넣으면서 익힌 단어를 확인하세요.

1. a _____ winter 온화한 겨울

2. Strike while the _____ is hot. 쇠는 뜨거울 때 두드려라.

3. good and _____ 선과 악

4. She sat on the bench, _____ her legs.

   그녀는 다리를 흔들면서 벤치에 앉아 있었다.

5. We lived on the southeast _____ of Florida.

   우리는 플로리다 남동해안에 살았다.

6. Water _____ at 100℃. 물은 섭씨 100도에서 끓는다.

7. She's been under a lot of _____ recently.

   그녀는 최근에 엄청난 정신적 고통을 겪었다.

8. Which is your _____? 어느 것으로 하겠습니까?

9. draw a _____ 칼을 뽑다

10. A witch gave the prince a magic _____ and turned him into a

    frog. 마녀가 왕자에게 마법의 약물을 주어 그는 개구리로 변했다.

11. A lot of wildlife is losing its natural _____ nowadays.

    요즈음 많은 야생생물의 서식지가 줄어들고 있다.

12. The dog's _____ at the door. 개가 문을 앞발로 긁고 있다.

13. I'll meet you at the _____ to the theater.

    극장 입구에서 만나자.

■ in an evil hour(day) 불행히도     ■ lay(put) (a) stress on …을 강조하다

■ have no choice but to …할 수밖에 없다     ■ make a choice 선택하다

1. mild  2. iron  3. evil  4. swinging  5. coast  6. boils  7. stress  8. choice  9. sword  10. potion
11. habitat  12. pawing  13. entrance

| | |
|---|---|
| <sup>1456</sup> **cereal** 명 곡물, 곡물 식품<br>[síəriəl] | |
| <sup>1457</sup> **ad** 명 광고 (advertisement)<br>[æd] | |
| <sup>1458</sup> **track** 명 지나간 자국, 철도 선로, 경주로<br>[træk] 동 추적하다 | |
| <sup>1459</sup> **stationary** 형 정지한, 고정된<br>[stéiʃənèri] | *cf.* stationery 명 문방구 |
| <sup>1460</sup> **refresh** 동 상쾌하게 하다, 새롭게 하다<br>[rifréʃ] (=revive, renew) | refreshment 명 원기회복 |
| <sup>1461</sup> **pave** 동 (도로를) 포장하다<br>[peiv] | pavement 명 포장도로, 인도 |
| <sup>1462</sup> **await** 동 기다리다 (=wait for)<br>[əwéit] | |
| <sup>1463</sup> **absent-minded** 형 방심한, 멍한<br>[æbsəntmáindid] | |
| <sup>1464</sup> **miner** 명 광부<br>[máinər] | mine 명 광산, 지뢰 동 채굴하다 |
| <sup>1465</sup> **expressway** 명 고속도로<br>[ikspréswèi] | |
| <sup>1466</sup> **dormitory** 명 기숙사<br>[dɔ́ːrmətɔ̀ːri] | |
| <sup>1467</sup> **dine** 동 정찬을 들다, 저녁식사를 하다<br>[dain] | dinner 명 정찬 |
| <sup>1468</sup> **oral** 형 구두의, 입의<br>[ɔ́ːrəl] 명 구술 시험 | |
| <sup>1469</sup> **predict** 동 예언하다, 예보하다<br>[pridíkt] | prediction 명 예언, 예보 |
| <sup>1470</sup> **forecast** 명 예상, 예보<br>[fɔ́ːrkæ̀st] 동 (날씨를) 예보하다, 예상하다 | forecaster 명 일기예보관 |

## 내가 완성하는 예문

다음 예문의 빈 칸에 알맞은 말을 써 넣으면서 익힌 단어를 확인하세요.

1. a bowl of _____ 시리얼 한 그릇

2. an _____ agency 광고대행업소

3. They found tire _____ in the mud.

   그들은 진흙에서 바퀴자국을 발견했다.

4. _____ cars 정지된 차들

5. A good night's sleep will _____ you.

   숙면은 너를 상쾌하게 할 것이다.

6. The road was only _____ last year.

   그 도로는 작년에서야 포장되었다.

7. I'm _____ the results of the tests. 나는 시험결과를 기다리고 있다.

8. She's getting very _____. 그녀는 점점 더 멍해지는 것 같다.

9. He lived in a college _____. 그는 대학 기숙사에서 살았다.

10. On Saturday we _____ with friends.

    토요일에 우리는 친구들과 저녁식사를 했다.

11. an _____ test 구술시험

12. They _____ that there would be an earthquake.

    그들은 지진이 일어날 것이라고 예언했다.

13. the weather _____ 일기예보

## 관견 숙어 탐색

- **track down** 찾아내다, 밝혀내다
- **dine out** 외식하다
- **pave the way for** …에의 길을 열다, …을 가능케 하다

## 정답

1. cereal 2. ad 3. tracks 4. stationary 5. refresh 6. paved 7. awaiting 8. absent-minded
9. dormitory 10. dined 11. oral 12. predicted 13. forecast

| | | |
|---|---|---|
| 1471 | **accelerate** 동 빨라지다, 속도를 더하다 [æksélərèit]　(=quicken; ↔decelerate) | accelerator 명 (자동차의) 가속장치 |
| 1472 | **deaf** 형 귀머거리의, 귀를 기울이지 않는 [def] | deafen 동 들리지 않게 하다 |
| 1473 | **fee** 명 보수, 요금 [fi:] | |
| 1474 | **holy** 형 신성한, 거룩한 [hóuli] | |
| 1475 | **apt** 형 적절한 (=suitable), …하기 쉬운 (=likely) [æpt] | aptitude 명 소질, 적성 |
| 1476 | **rage** 명 격노 (=fury) [reidʒ] 동 격노하다 | |
| 1477 | **notorious** 형 소문난, 악명 높은 (=infamous) [noutɔ́:riəs] | |
| 1478 | **astronaut** 명 우주 비행사 [æstrənɔ̀:t] | |
| 1479 | **shy** 형 소심한, 겁 많은 [ʃai] | shyness 명 수줍음, 겁 많음 |
| 1480 | **parliament** 명 의회, 국회 [pá:rləmənt] | |
| 1481 | **lessen** 동 줄이다, 작게〔적게〕 하다 [lésn] | *cf.* lesson 명 수업, 교훈 |
| 1482 | **bankrupt** 형 파산한 [bǽŋkrʌpt]　동 파산시키다 | bankruptcy 명 파산 |
| 1483 | **exceed** 동 (한도를) 넘다, …을 능가하다 [iksí:d] | exceedingly 부 매우, 대단히 excess 명 초과 |
| 1484 | **bite** 동 물다, 물어뜯다 [bait] 명 한 입, 물린 상처 | |
| 1485 | **colleague** 명 동료 [káli:g] | |

다음 예문의 빈 칸에 알맞은 말을 써 넣으면서 익힌 단어를 확인하세요.

1. Suddenly, the bus _____. 갑자기 버스가 속도를 더했다.

2. The _____ boy taught us some sign language.

귀머거리 소년이 우리들에게 몇 가지 수화를 가르쳐 주었다.

3. Doctors and lawyers often charge high _____.

의사와 변호사들은 때로는 높은 보수를 요구한다.

4. He is _____ to catch cold. 그는 감기에 잘 걸린다.

5. The storm _____ all day. 폭풍우가 하루 종일 사납게 몰아쳤다.

6. The company is _____ for low pay.

그 회사는 월급이 짜기로 소문났다.

7. He was too _____ to say anything to her.

그는 너무 수줍어서 그녀에게 아무 말도 하지 못했다.

8. a Member of _____ 하원의원

9. A healthy diet can _____ the risk of diabetes.

건강한 식단은 당뇨병의 위험을 줄인다.

10. She went _____ after losing her job. 그녀는 실직 후에 파산했다.

11. Don't _____ the speed limit. 속도 제한을 넘지 마라.

12. She _____ her fingernails when she is nervous.

그녀는 초조할 때면 손톱을 물어뜯는다.

■ be apt for …에 적절하다   ■ be apt to …할 것 같다, …하기 쉽다

■ notorious for …으로 소문난, 악명 높은   ■ go bankrupt 파산하다

1. accelerated  2. deaf  3. fees  4. apt  5. raged  6. notorious  7. shy  8. Parliament  9. lessen
10. bankrupt  11. exceed  12. bites

**263**

| | | |
|---|---|---|
| 1486 | **germ** 명 세균, 병균<br>[dʒəːrm] | |
| 1487 | **sane** 형 제정신의, 분별 있는 (↔ insane)<br>[sein] | sanity 명 제정신 |
| 1488 | **brute** 명 짐승, 짐승 같은 사람<br>[bruːt] 형 짐승의, 사나운 | brutal 형 잔인한, 사나운 |
| 1489 | **overlook** 동 간과하다, 내려다보다<br>[òuvərlúk] | |
| 1490 | **chore** 명 (가정의) 허드렛일, 지루한 일<br>[tʃɔːr] | |
| 1491 | **fold** 동 접다, (손·팔 등을) 끼다, 싸다 (↔ unfold)<br>[fould] 명 주름, 접은 자리 | |
| 1492 | **arctic** 형 북극의 (↔ antarctic)<br>[áːrktik] 명 북극 지방 | |
| 1493 | **blend** 동 섞다, 잘 조화되다<br>[blend] 명 혼합(물) (= mixture) | *cf.* brand 명 상표 |
| 1494 | **trend** 명 경향 (= tendency), 유행<br>[trend] 동 기울다, 향하다 | |
| 1495 | **monster** 명 괴물<br>[mánstər] | monstrous 형 괴물 같은 |
| 1496 | **congress** 명 회의, 국회<br>[káŋgris] | |
| 1497 | **interpret** 동 해석하다, 통역하다 (= translate)<br>[intə́ːrprit] | interpreter 명 통역자 |
| 1498 | **interrupt** 동 방해하다, 중단시키다<br>[intərʌ́pt] | |
| 1499 | **interfere** 동 방해하다, 간섭하다<br>[intərfíər] | |
| 1500 | **interact** 동 상호작용하다<br>[intərǽkt] | interactive 형 상호작용하는 |

## 내가 완성하는 예문

다음 예문의 빈 칸에 알맞은 말을 써 넣으면서 익힌 단어를 확인하세요.

1. Rats and flies spread _____. 쥐와 파리들은 병균을 퍼뜨린다.

2. There is one important fact that you have _____.

   네가 간과한 한 가지 중요한 사실이 있다.

3. I _____ the letter in half and put it in an envelope.

   편지를 반으로 접어서 봉투에 넣었다.

4. the _____ Zone 북극권, 북극대

5. _____ red and white to make pink.

   분홍색을 만들려면 빨간색과 흰색을 섞어라.

6. She always follows the latest _____ in fashion.

   그녀는 늘 최신 패션 유행을 따른다.

7. International _____ on Advances in Nuclear Power Plants

   원자력 시스템 공동개발 국제회의 (ICAPP)

8. How do you _____ her latest book? 그녀의 최신 책을 어떻게 해석하십니까?

9. Never _____ me while I'm listening to music.

   내가 음악을 듣고 있는 동안에는 절대 방해하지 마라.

10. It's your problem and I'm not going to _____.

    그건 네 문제니까 나는 간섭하지 않을 거다.

11. We are studying how these two chemicals _____.

    우리는 이 두 화학 물질이 어떻게 상호작용하는지 연구 중이다.


## 관련 숙어 탐색

- **fold one's arms** 팔짱을 끼다
- **interfere with** ⋯을 방해하다, 간섭하다
- **set a trend** 유행을 창출하다

 정답

1. germs  2. overlooked  3. folded  4. Arctic  5. Blend  6. trends  7. Congress  8. interpret
9. interrupt  10. interfere  11. interact

# Review 25

## A 다음 영어는 우리말로, 우리말은 영어로 쓰시오.

| | | | | |
|---|---|---|---|---|
| 1. swing | _____ | 11. 가상 현실의 | c | _____ |
| 2. paw | _____ | 12. 보수, 요금 | f | _____ |
| 3. congress | _____ | 13. 동료 | c | _____ |
| 4. stationary | _____ | 14. 세균 | g | _____ |
| 5. cereal | _____ | 15. (도로를) 포장하다 | p | _____ |
| 6. astronaut | _____ | 16. 파산한 | b | _____ |
| 7. chore | _____ | 17. 해석하다 | i | _____ |
| 8. arctic | _____ | 18. 경향, 유행 | t | _____ |
| 9. brute | _____ | 19. 기숙사 | d | _____ |
| 10. monster | _____ | 20. 구두의 | o | _____ |

## B 자연스러운 표현이 되도록 연결하시오.

1. dine
2. notorious
3. apt
4. interfere
5. predict

ⓐ the occurrence of earthquakes
ⓑ to leak when it rains
ⓒ at a French restaurant
ⓓ in other people's relationships
ⓔ for its terrible snowstorms

## C 다음 영영 뜻풀이에 해당하는 단어를 보기에서 골라 쓰시오.

| 보기 | | | | |
|---|---|---|---|---|
| stress | bite | accelerate | habitat | iron |

1. _____ : a small household machine used to smooth wrinkles
2. _____ : mental or physical strain or difficulty caused by pressure
3. _____ : the area in which an animal or plant normally lives
4. _____ : to cut something using your teeth
5. _____ : to speed up, move faster

**D** 다음 짝지어진 단어의 관계가 같도록 빈 칸에 알맞은 말을 쓰시오.

1. entrance : exit = good : e_____
2. rage : fury = diminish : l_____
3. fold : unfold = arctic : a_____
4. refresh : renew = option : c_____
5. stress : stressful = interact : i_____

**E** 다음 문장의 빈 칸에 알맞은 말을 보기에서 골라 쓰시오.

┃보기┃

| | | | |
|---|---|---|---|
| forecast | elderly | overlook | deaf |
| exceed | boiling | track | rage |

1. The kettle is _____.
   주전자가 끓고 있다.

2. Children should show respect for the _____ .
   어린이들은 연장자에 대한 존중을 보여야 한다.

3. We followed a dirt _____ off the main road.
   우리는 주요 도로에서 벗어나 진흙길을 따라갔다.

4. The weather _____ said it is going to rain today.
   일기예보에서 오늘 비가 올 거라고 했다.

5. He's been totally _____ since birth.
   그는 태어날 때부터 완전히 귀가 먹었다.

6. I have never seen him in such a _____ before.
   나는 그가 그렇게 화를 내는 것을 전에 본 적이 없다.

7. Working hours must not _____ 42 hours a week.
   근무시간은 일주일에 42시간을 초과해서는 안 된다.

8. It is easy to _____ a small detail like that.
   그와 같은 사소한 항목은 간과하기 쉽다.

| 1501 | **inject** 동 주입하다, 주사하다 <br> [indʒékt] | injection 명 주사, 투입 |

| 1502 | **narrate** 동 말하다, 이야기하다 <br> [næreit] | narration 명 이야기, 서술 <br> narrative 형 이야기체의 |

| 1503 | **acid** 명 산(酸) <br> [ǽsid] 형 산(성)의, 신맛이 나는 | |

| 1504 | **dictator** 명 독재자, 절대 권력자 <br> [díkteitər] | dictatorship 명 독재 정권 |

| 1505 | **plot** 명 줄거리, 구상, 음모 <br> [plɑt] | |

| 1506 | **draw** 동 그리다, 끌어당기다, 뽑다 <br> [drɔː] | |

| 1507 | **well-being** 명 행복, 복지 (=welfare) <br> [wélbíːiŋ] | |

| 1508 | **maximum** 명 형 최대(의), 최대한(도)(의) <br> [mǽksəməm] (↔minimum) | |

| 1509 | **worsen** 동 악화되다, 더 나쁘게 하다 <br> [wə́ːrsən] | worse 형 더 나쁜 <br> worst 형 최악의, 가장 나쁜 |

| 1510 | **exaggerate** 동 과장하다 <br> [igzǽdʒərèit] | exaggeration 명 과장, 과대시 |

| 1511 | **barometer** 명 기압계, 고도계 <br> [bərámitər] | |

| 1512 | **exotic** 형 외래의, 이국적인 <br> [igzátik] | |

| 1513 | **terminate** 동 끝나다, 종결하다 (=end) <br> [tə́ːrmənèit] | termination 명 종료, 결말 |

| 1514 | **heritage** 명 유산, 전통 <br> [héritidʒ] | |

| 1515 | **faculty** 명 능력, 학부 <br> [fǽkəlti] | |

## 내가 완성하는 예문

다음 예문의 빈 칸에 알맞은 말을 써 넣으면서 익힌 단어를 확인하세요.

1. The doctor _____ him with antibiotics every day.

   의사는 매일 그에게 항생제를 주사한다.

2. Documentaries are often _____ by well-known actors.

   다큐멘터리는 종종 유명배우들이 해설한다.

3. Vinegar is an _____. 식초는 산성이다.

4. Many _____ use their power in a cruel way.

   많은 독재자들은 그들의 권력을 무자비한 방식으로 사용한다.

5. The film has a very complex _____. 그 영화는 매우 복잡한 줄거리를 갖고 있다.

6. _____ a line at the bottom of the page. 페이지 아래쪽에 선을 그려라.

7. What is the _____ weight this elevator can hold?

   이 엘리베이터가 수용할 수 있는 최대 무게는 얼마인가요?

8. The company's financial problems are _____ since last month.

   회사의 재정적 문제는 지난 달 이후로 악화되었다.

9. He _____ the size of snake he found.

   그는 자신이 발견한 뱀의 크기를 과장했다.

10. Your furniture design is very _____. 네 가구 디자인은 매우 이국적이다.

11. My contract will _____ in December. 나의 계약은 12월에 끝난다.

12. These ancient monuments are an important part of our cultural _____.

    이 고대 유물들은 우리의 문화적 유산의 중요한 부분이다.

13. reasoning _____ 추리력; the _____ of Law 법학부

## 관련 숙어 탐색

■ draw attention 주의를 끌다

## 정답

1. injects  2. narrated  3. acid  4. dictators  5. plot  6. Draw  7. maximum  8. worsened
9. exaggerated  10. exotic  11. terminate  12. heritage  13. faculty, faculty

**269**

**1516 aisle** 명 통로, 복도
[ail]

**1517 perfume** 명 향수, 향기 (=scent)
[pə́:rfju:m, pərfjú:m]

**1518 flesh** 명 살, 육체, 식육 (=meat)
[fleʃ]

**1519 circuit** 명 순회, 회로
[sə́:rkit]

**1520 utilize** 동 이용하다, 활용하다
[jú:təlàiz]

utility 명 유용, 공익설비

**1521 blossom** 명 꽃
[blásəm]　　동 꽃을 피우다, 번영하다

**1522 heredity** 명 (형질) 유전
[hərédəti]

**1523 extract** 동 뽑아내다, 추출하다
[ikstrǽkt]　명 [ékstrækt] 추출물, 발췌

extraction 명 뽑아냄, 추출

**1524 amend** 동 (의안 등을) 수정하다, 개정하다
[əménd]

amendment 명 개정, 수정(안)

**1525 pursue** 동 추구하다, 뒤쫓다 (=chase)
[pərsú:]

pursuit 명 추적, 추구

**1526 imprison** 동 투옥하다, 감금하다
[imprízən]

imprisonment 명 투옥

**1527 namely** 부 즉, 다시 말하면 (=that is to say,
[néimli]　　in other words)

**1528 council** 명 지방 의회, 회의
[káunsəl]

cf. counsel 명 상담
　　　동 충고하다

**1529 jealous** 형 질투심이 많은, 시샘하는 (=envious)
[dʒéləs]

jealousy 명 질투, 시샘

**1530 envious** 형 부러워하는, 시기하는 (=jealous)
[énviəs]

envy 명 질투, 시기
　　동 부러워하다, 질투하다

## 내가 완성하는 영숙어

다음 예문의 빈 칸에 알맞은 말을 써 넣으면서 익힌 단어를 확인하세요.

1. Would you like an _____ seat or a window seat?

   복도석과 창가석 중 어느 쪽이 좋으신가요?

2. The thorn went deep into the _____ of hand.

   가시가 손의 살 속으로 깊이 박혔다.

3. The earth's _____ of the sun takes about 365 days.

   지구가 태양을 도는 데는 약 365일 걸린다.

4. a heating system that _____ solar energy 태양열을 이용하는 난방 장치

5. The cherry tree is beginning to _____. 벚나무가 꽃을 피우기 시작한다.

6. Her curly hair is part of her _____ from her mother.

   그녀의 곱슬머리는 어머니로부터 유전된 것이다.

7. The dentist _____ my tooth. 치과의사가 내 이를 뽑았다.

8. Congress will _____ a section of labor standards law that is

   unfair. 의회는 근로기준법의 부당한 부분을 개정하고자 한다.

9. The police _____ the thief by car. 경찰은 차로 도둑을 뒤쫓았다.

10. He was _____ for kidnapping. 그는 유괴죄로 감금되었다.

11. the United Nations Security _____ 유엔 안전보장이사회

12. She had always been _____ of her sister's good looks.

    그녀는 언니의 예쁜 외모를 늘 질투했다.

13. His colleagues were _____ of his success.

    그의 동료들은 그의 성공을 부러워했다.

## 관련 숙어 탐색

■ in pursuit of …을 추구하여, …을 얻고자   ■ in (full) blossom 만발하여

1. aisle  2. flesh  3. circuit  4. utilizes  5. blossom  6. heredity  7. extracted  8. amend
9. pursued  10. imprisoned  11. Council  12. jealous  13. envious

| | |
|---|---|
| **1531 ban** 동 금지하다 (=forbid, prohibit)<br>[bæn] 명 금지 | |
| **1532 literal** 형 글자대로의, 문자(상)의<br>[lítərəl] | literally 부 글자 뜻대로, 정말로 |
| **1533 treaty** 명 조약, 협정 (=agreement)<br>[trí:ti] | |
| **1534 enterprise** 명 (모험적인) 사업, 기업<br>[éntərpràiz] | |
| **1535 meditate** 동 명상하다, 숙고하다<br>[médətèit] | meditation 명 명상, 심사숙고 |
| **1536 opponent** 명 적, 상대<br>[əpóunənt] | oppose 동 반대하다, 대항하다 |
| **1537 keen** 형 날카로운, 예민한, 열심인<br>[ki:n] | |
| **1538 mend** 동 수선하다, 고치다<br>[mend] | |
| **1539 concise** 형 간결한<br>[kənsáis] | concisely 부 간결하게 |
| **1540 naive** 형 천진난만한, 순진한 (=innocent)<br>[nɑːíːv] | |
| **1541 crawl** 동 기어가다, 서행하다<br>[krɔːl] 명 기어가기, 서행 | |
| **1542 nightmare** 명 악몽, 악몽 같은 경험<br>[náitmɛ̀ər] | |
| **1543 peninsula** 명 반도<br>[pinínʃələ] | |
| **1544 astray** 부 길을 잃어, 길을 잘못 들어 (=lost)<br>[əstréi] | stray 동 길을 잃다<br>형 길잃은 |
| **1545 oath** 명 맹세, 서약<br>[ouθ] | |

## 내가 완성하는 예문

다음 예문의 빈 칸에 알맞은 말을 써 넣으면서 익힌 단어를 확인하세요.

1. The law _____ drunk driving. 음주운전은 법으로 금지되어 있다.

2. _____ translation 직역

3. They signed a _____ that ended the long war.
   그들은 오랜 전쟁을 끝내는 조약에 서명했다.

4. His IT _____ made huge profits last year.
   그의 정보기술 회사는 작년에 상당한 수입을 올렸다.

5. I _____ for 30 minutes every day. 나는 매일 30분 동안 명상한다.

6. I never win at golf when she is my _____.
   그녀가 나의 골프 상대일 때 나는 절대 이기지 못한다.

7. This knife has a _____ blade. 이 칼은 날이 날카롭다.

8. I had my shoes _____. 나는 구두를 수선했다.

9. Make your answers clear and _____. 정확하고 간결하게 답해라.

10. I was young and very _____ then. 그때 나는 너무 어리고 순진했다.

11. The baby has just learned to _____. 아기는 막 기어가는 법을 익혔다.

12. He was awakened by a terrible _____. 그는 끔찍한 악몽 때문에 깼다.

13. the Korean _____ 한반도

14. He went _____. 그는 길을 잃었다.

15. Medieval knights took an _____ of loyalty to their lord.
    중세 기사들은 그들의 군주에게 충성을 맹세했다.

## 관련 숙어 탐색

- **be keen on** …에 열중하고 있다, …을 매우 좋아하다
- **on (under) oath** 맹세코, 확실히
- **go astray** 길을 잃다
- **take an oath** 맹세하다, 선언하다

## 정답

1. bans  2. literal  3. treaty  4. enterprise  5. meditate  6. opponent  7. keen  8. mended
9. concise  10. naive  11. crawl  12. nightmare  13. Peninsula  14. astray  15. oath

# Day 52

| | | |
|---|---|---|
| 1546 **mediate** 동 중재하다, 조정하다 <br> [mí:dièit] | mediation 명 조정, 중재 |
| 1547 **orphan** 명 고아 <br> [ɔ́:rfən] 동 고아로 만들다 | orphanage 명 고아원 |
| 1548 **burglar** 명 강도, 빈집털이 <br> [bə́:rglər] | |
| 1549 **avenge** 동 복수하다 <br> [əvéndʒ] | avenger 명 보복자 |
| 1550 **refund** 명 환불(금), 반환(물) <br> [rí:fʌnd] 동 [rifʌ́nd, rí:fʌnd] 환불하다, 반환하다 | |
| 1551 **passerby** 명 지나가는 사람, 통행인 <br> [pǽsərbái] | passersby 복 지나가는 사람들, 통행인들 |
| 1552 **conduct** 명 행위, 지도 <br> [kándʌkt] 동 [kəndʌ́kt] 행동하다, 안내하다 | |
| 1553 **penetrate** 동 꿰뚫다, 관통하다, 간파하다 <br> [pénətrèit] | penetration 명 관통, 침투 |
| 1554 **notion** 명 관념, 생각, 의향 <br> [nóuʃən] | |
| 1555 **flee** 동 도망하다, 달아나다 ( =run away) <br> [fli:] | |
| 1556 **weave** 동 짜다, 엮다 <br> [wi:v] | |
| 1557 **divorce** 명 이혼 <br> [divɔ́:rs] 동 이혼하다 | |
| 1558 **privilege** 명 특권 <br> [prívəlidʒ] 동 특권을 주다 | privileged 형 특권이 있는 |
| 1559 **innocent** 형 결백한 (↔guilty), 순진한 ( =naive) <br> [ínəsnt] | innocence 명 결백, 무죄, 천진난만 |
| 1560 **guilty** 형 유죄의, 죄를 범한 (↔innocent) <br> [gílti] | guilt 명 유죄, 죄책감 |

**274**

다음 예문의 빈 칸에 알맞은 말을 써 넣으면서 익힌 단어를 확인하세요.

1. _____ in the dispute 분쟁을 조정하다

2. war _____ 전쟁 고아

3. He swore he would _____ his father's death.
   그는 아버지의 죽음에 대해 복수하기로 결심했다.

4. The shop will _____ your money if you are not satisfied.
   그 가게는 만족하지 않으면 환불해 준다.

5. The terrorists opened fire, killing policemen and _____.
   테러리스트들은 사격을 개시하여 경찰관들과 행인들을 죽였다.

6. The students _____ themselves well in class today.
   학생들이 오늘 수업 시간에 잘 행동했다.

7. The bullet didn't _____ the wall. 총알은 벽을 관통하지 않았다.

8. I have a _____ to go abroad. 나는 외국에 갈 생각이 있다.

9. In order to escape capture, he _____ to the mountains.
   생포를 피하기 위해 그는 산으로 달아났다.

10. _____ a basket 광주리를 짜다

11. She _____ her husband last year. 그녀는 작년에 남편과 이혼했다.

12. Healthcare should be a right, not a _____.
    건강관리는 특권이 아니라 권리여야 한다.

13. I knew that the boy was _____. 나는 그 소년이 결백한 것을 알았다.

14. He pleaded _____. 그는 유죄를 인정했다.

- divorce A from B A와 B를 분리하다
- guilty conscience 죄책감

1. mediate  2. orphans  3. avenge  4. refund  5. passersby  6. conducted  7. penetrate  8. notion
9. fled  10. weave  11. divorced  12. privilege  13. innocent  14. guilty

# Review 26

**A** 다음 영어는 우리말로, 우리말은 영어로 쓰시오.

| | | | |
|---|---|---|---|
| 1. worsen | _____ | 11. 통로 | a_____ |
| 2. exotic | _____ | 12. 이용하다 | u_____ |
| 3. blossom | _____ | 13. 기어가다 | c_____ |
| 4. barometer | _____ | 14. 악몽 | n_____ |
| 5. enterprise | _____ | 15. 환불하다 | r_____ |
| 6. penetrate | _____ | 16. 반도 | p_____ |
| 7. heritage | _____ | 17. 맹세 | o_____ |
| 8. literal | _____ | 18. 시의회 | city c_____ |
| 9. astray | _____ | 19. 산성비 | a_____ rain |
| 10. burglar | _____ | 20. 평화 협정 | peace t_____ |

**B** 자연스러운 표현이 되도록 연결하시오.

1. imprisoned       ⓐ on playing the violin
2. ban       ⓑ between the two sides
3. keen       ⓒ for armed robbery
4. inject       ⓓ herself insulin every day
5. mediate       ⓔ on nuclear arms

**C** 다음 영영 뜻풀이에 해당하는 단어를 보기에서 골라 쓰시오.

| 보기 |
| --- |
| privilege    heredity    terminate    amend    well-being |

1. _____ : a state of being healthy and happy
2. _____ : to end or to make something end
3. _____ : a special right or advantage that only one person or group has
4. _____ : to change the words of a text, typically a law or a legal document
5. _____ : the process by which physical or mental qualities pass from parent to child

D 다음 짝지어진 단어의 관계가 같도록 빈 칸에 알맞은 말을 쓰시오.

1. friend : friendship = dictator : d_____
2. exaggerate : exaggeration = narrate : n_____
3. jealousy : jealous = envy : e_____
4. maximum : minimum = guilty : i_____
5. run away : flee = pull out : e_____

E 다음 문장의 빈 칸에 알맞은 말을 보기에서 골라 쓰시오.

| 보기 | | | |
|---|---|---|---|
| plot | meditating | avenge | pursuing |
| faculty | mend | conduct | concise |

1. His _____ disagrees with his words.

   그의 언행은 일치하지 않는다.

2. The play had a very simple _____ .

   그 연극은 매우 산난한 구성을 지녔다.

3. He is enthusiastic in _____ his goals.

   그는 자신의 목적을 추구하는 데 있어서 열광적이다.

4. I read the book and wrote a _____ report.

   나는 그 책을 읽고 간결한 보고서를 썼다.

5. Could you _____ the hole in my shoes for me?

   제 신발에 난 구멍을 수선해주실 수 있나요?

6. I've been _____ on what you said last week.

   나는 네가 지난 주에 했던 말에 대해 숙고했다.

7. He wanted to _____ his mother's death.

   그는 어머니의 죽음에 대해 복수하고 싶어 했다.

8. She has a _____ for making friends.

   그녀는 친구를 사귀는 재주가 있다.

| | | |
|---|---|---|
| 1561 | **ministry** 몡 내각, (행정부의) 부, 성<br>[mínistri] | |
| 1562 | **abandon** 동 버리다, 그만두다 (=give up)<br>[əbǽndən] | abandonment 몡 포기, 버림 |
| 1563 | **initial** 혱 처음의, 최초의 (=first)<br>[iníʃəl] 몡 머리글자 | |
| 1564 | **humid** 혱 습기 있는<br>[hjú:mid] | humidity 몡 습기, 습도 |
| 1565 | **assert** 동 주장하다, 단언하다 (=declare)<br>[əsə́:rt] | assertion 몡 주장, 단언 |
| 1566 | **random** 혱 되는 대로의, 임의의<br>[rǽndəm] | |
| 1567 | **passenger** 몡 승객<br>[pǽsəndʒər] | |
| 1568 | **revive** 동 되살리다, 부활하다<br>[riváiv] | revival 몡 재생, 부활 |
| 1569 | **booth** 몡 칸막이한 장소[좌석], 노점, 전화박스<br>[bu:θ] | |
| 1570 | **peer** 동 자세히 보다, 응시하다<br>[piər] 몡 동료 | |
| 1571 | **autobiography** 몡 자서전<br>[ɔ̀:təbaiágrəfi] | cf. biography 몡 전기, 일대기 |
| 1572 | **stable** 혱 안정된, 견고한<br>[stéibl] 몡 마구간 | stability 몡 안정(성) |
| 1573 | **beverage** 몡 마실 것, 음료 (=drink)<br>[bévəridʒ] | |
| 1574 | **tease** 동 괴롭히다, 놀리다<br>[ti:z] | |
| 1575 | **expedition** 몡 탐험(대)<br>[èkspədíʃən] | |

다음 예문의 빈 칸에 알맞은 말을 써 넣으면서 익힌 단어를 확인하세요.

1. the _____ of Defense 국방부

2. We had to _____ the car. 우리는 차를 버려야만 했다.

3. They carved their _____ into a tree.

   그들은 나무에 그들 이름의 머리글자를 새겼다.

4. Seoul is very _____ in August. 8월에 서울은 날씨가 매우 습하다.

5. He _____ his innocence. 그는 자신의 결백을 주장했다.

6. I made a _____ choice of three books from the library.

   나는 도서관에서 되는 대로 책 3권을 골랐다.

7. a _____ plane 여객기

8. The doctor _____ the patient who had fainted.

   의사는 기절한 환자를 소생시켰다.

9. He called me from a telephone _____. 그는 공중 전화박스에서 내게 전화했다.

10. The sailor _____ into the thick fog, looking for the lighthouse.

    선원은 등대를 찾으려고 짙은 안개 속을 자세히 보았다.

11. Don't climb the ladder — it's not very _____.

    사다리에 오르지 마. 그다지 튼튼하지 않아.

12. We don't sell alcoholic _____. 저희는 알코올 음료를 팔지 않습니다.

13. He _____ her about being fat. 그는 그녀를 뚱뚱하다고 놀렸다.

14. He died while he was on an _____ to the Arctic in 1990.

    그는 1990년에 북극 탐험 중에 죽었다.

관련 숙어 탐색

■ **assert oneself** 제 고집을 세우다, 주제넘게 나서다      ■ **at random** 무작위로, 되는 대로

■ **make an expedition** 원정하다, 탐험 여행을 하다

 정답

1. Ministry  2. abandon  3. initials  4. humid  5. asserted  6. random  7. passenger  8. revived
9. booth  10. peered  11. stable  12. beverages  13. teased  14. expedition

| | | |
|---|---|---|
| 1576 | **lunar** 형 달의 [lúːnər] | cf. solar 형 태양의 |
| 1577 | **communism** 명 공산주의 [kámjənìzəm] | communist 명 형 공산주의자(의) |
| 1578 | **twilight** 명 어스름, 땅거미 [twáilàit] | |
| 1579 | **fear** 명 두려움, 불안함 [fiər] 동 두려워하다 | fearful 형 무서운 |
| 1580 | **virtual** 형 실제(상)의, 가상의 [vɚːrtʃuəl] | virtual reality 가상 현실 |
| 1581 | **plague** 명 전염병, 역병 [pleig] | |
| 1582 | **emperor** 명 황제, 제왕 [émpərər] | empire 명 제국 |
| 1583 | **wildlife** 명 야생 생물 [wáildlàif] | |
| 1584 | **envelope** 명 봉투 [énvəlòup] | envelop 동 싸다, 덮다 |
| 1585 | **imply** 동 함축하다, 암시하다, 의미하다 [implái] | implication 명 함축, 암시 |
| 1586 | **category** 명 종류, 범주 [kǽtəgɔ̀ːri] | |
| 1587 | **alarm** 명 놀람, 경보(기), 자명종 [əláːrm] 동 놀라게 하다 | |
| 1588 | **frighten** 동 놀라게 하다, 두렵게 하다 [fráitn] | frightened 형 깜짝 놀란 |
| 1589 | **scare** 동 위협하다, 깜짝 놀라게 하다 [skɛər] | scary 형 무서운 |
| 1590 | **terrify** 동 무섭게 하다, 겁나게 하다 [térəfài] | |

280

다음 예문의 빈 칸에 알맞은 말을 써 넣으면서 익힌 단어를 확인하세요.

1. a _____ eclipse 월식

2. He goes for _____. 그는 공산주의를 지지한다.

3. The _____ came on. 땅거미가 지기 시작했다.

4. She showed no _____. 그녀는 전혀 두려운 기색을 보이지 않았다.

5. He is a _____ head of the company. 그가 회사의 사실상의 사장이다.

6. AIDS has been called a sexual _____. AIDS는 성적 전염병이라고 불린다.

7. the _____ Gojong 고종 황제

8. a documentary on African _____ 아프리카의 야생 생물에 대한 다큐멘터리

9. He tore open an _____. 그는 봉투를 뜯었다.

10. Silence often _____ consent. 침묵은 대개 동의를 의미한다.

11. The books in the library are divided into many _____.

   도서관에 있는 책들은 많은 종류로 나눠진다.

12. She turned around in _____. 그녀는 놀라서 뒤돌아보았다.

13. A cat _____ the mice away. 고양이가 쥐들을 놀래켜 도망치게 했다.

14. A sudden noise _____ us all. 갑작스런 소음에 우리 모두 깜짝 놀랐다.

15. His sudden appearance _____ them.

   그의 갑작스런 출현이 그들을 겁나게 했다.

- **for fear of** …을 두려워하여, …을 하지 않도록
- **in (with) alarm** 놀라서, 걱정하여
- **scare away** 겁주어 쫓아버리다
- **fall in a category** …한 범주에 들다
- **frighten away** 놀라게 하여 쫓아버리다

 정답

1. lunar  2. communism  3. twilight  4. fear  5. virtual  6. plague  7. Emperor  8. wildlife
9. envelope  10. implies  11. categories  12. alarm  13. frightened  14. scared  15. terrified

| 1591 | **startle** 동 깜짝 놀라게 하다 | startling 형 깜짝 놀라게 하는 |
| | [stáːrtl] | |

| 1592 | **cease** 동 멈추다, 중지하다 ( =stop) | ceaseless 형 끊임없는 |
| | [siːs] 명 중지 | |

| 1593 | **obstacle** 명 장애(물) | |
| | [ábstəkəl] | |

| 1594 | **irritate** 동 화나게 하다, 짜증나게 하다 | irritation 명 짜증, 화 |
| | [írətèit] | |

| 1595 | **enhance** 동 높이다, 강화하다 | enhancement 명 증대, 강화 |
| | [enhǽns] | |

| 1596 | **conceal** 동 숨기다, 비밀로 하다 ( =hide; ↔reveal) | |
| | [kənsíːl] | |

| 1597 | **tremendous** 형 거대한, 엄청난 | |
| | [triméndəs] | |

| 1598 | **dreadful** 형 무서운, 몹시 불쾌한 | dread 동 무서워하다 |
| | [drédfəl] | |

| 1599 | **error** 명 잘못, 과실 | err 동 잘못하다, 실수하다 |
| | [érər] | |

| 1600 | **transparent** 형 투명한 (↔opaque) | |
| | [trænspɛ́ərənt] | |

| 1601 | **falter** 동 비틀거리다, 말을 더듬다 | |
| | [fɔ́ːltər] | |

| 1602 | **nominate** 동 지명하다, 임명하다 | nomination 명 지명〔임명〕〔권〕 |
| | [námənèit] | nominee 명 지명〔임명〕된 사람 |

| 1603 | **resent** 동 분개하다 | resentful 형 분개한 |
| | [rizént] | |

| 1604 | **smooth** 형 매끄러운 (↔rough), 부드러운 | |
| | [smuːð] 동 매끄럽게 하다 | |

| 1605 | **weary** 형 피로한 ( =tired), 싫증나는 | |
| | [wíəri] 동 지치게 하다 | |

다음 예문의 빈 칸에 알맞은 말을 써 넣으면서 익힌 단어를 확인하세요.

1. The noise _____ me out of my sleep.

   시끄러운 소리에 깜짝 놀라 나는 잠이 깨었다.

2. The music has _____. 음악이 끝났다.

3. an _____ to success 성공에의 장애물

4. When you chew your gum nosily, it _____ me.

   네가 껌을 소리 내서 씹는 것이 나를 짜증나게 한다.

5. Beautiful illustrations _____ the quality of the book.

   예쁜 삽화들이 책의 질을 높여 주었다.

6. I _____ nothing from you. 너에게는 비밀로 하는 것이 아무것도 없다.

7. a _____ amount of work 엄청난 양의 일

8. The service was _____. 서비스는 끔찍했다.

9. The report contains a number of typing _____.

   그 보고서에는 오타가 많이 있다.

10. Glass is _____. 유리는 투명하다.

11. He _____ in his speech. 그는 더듬으면서 말했다.

12. The film was _____ for an Academy Award.

   그 영화는 아카데미상 후보로 지명되었다.

13. He _____ being treated like a baby. 그는 아기처럼 취급받는 것에 분개한다.

14. This cream will help to keep your skin _____.

   이 크림은 네 피부를 매끄럽게 하는 데 도움이 될 것이다.

15. Sit down and rest your _____ legs. 앉아서 네 지친 다리를 쉬게 해라.

- without cease 끊임없이
- smooth over 얼버무려 넘기다
- make (commit) an error 실수하다
- weary out 지쳐버리게 하다

1. startled  2. ceased  3. obstacle  4. irritates  5. enhanced  6. conceal  7. tremendous
8. dreadful  9. errors  10. transparent  11. faltered  12. nominated  13. resents  14. smooth
15. weary

| | | |
|---|---|---|
| 1606 | **standard** 몡 수준, 표준, 기준<br>[stǽndərd] | |
| 1607 | **wit** 몡 재치, 기지<br>[wit] | witty 몡 재치 있는 |
| 1608 | **brand** 몡 상표, 낙인<br>[brænd] 통 상표를 붙이다, 낙인을 찍다 | brand-new 몡 아주 새로운, 신품의 |
| 1609 | **delicious** 몡 맛있는<br>[dilíʃəs] | |
| 1610 | **submit** 통 복종시키다, 제출하다<br>[səbmít] | submission 몡 복종, 제출(물) |
| 1611 | **epidemic** 몡 몡 유행병(의), 전염병(의)<br>[èpədémik] | |
| 1612 | **soothe** 통 달래다, 완화하다<br>[suːð] | |
| 1613 | **pledge** 몡 맹세, 서약 (=vow)<br>[pledʒ] 통 맹세하다, 서약하다 | |
| 1614 | **hatred** 몡 증오, 혐오<br>[héitrid] | hate 통 몹시 싫어하다 |
| 1615 | **upset** 통 뒤엎다, 기분 상하게 하다<br>[ʌpsét] 몡 기분이 상한, 배탈이 난 | |
| 1616 | **clumsy** 몡 솜씨 없는, 서투른<br>[klʌ́mzi] | |
| 1617 | **dissolve** 통 녹이다, 용해하다 (=melt)<br>[dizálv] | |
| 1618 | **bother** 통 괴롭히다, 귀찮게 하다<br>[báðər] 몡 귀찮음 | bothersome 몡 귀찮은, 성가신 |
| 1619 | **annoy** 통 괴롭히다, 성가시게 하다<br>[ənɔ́i] | annoyance 몡 성가심, 골칫거리<br>annoying 몡 성가신, 귀찮은 |
| 1620 | **trouble** 몡 곤란, 근심거리, 노력<br>[trʌ́bəl] 통 괴롭히다, 폐를 끼치다 | troublesome 몡 골치아픈, 귀찮은 |

다음 예문의 빈 칸에 알맞은 말을 써 넣으면서 익힌 단어를 확인하세요.

1. the _____ of living 생활 수준

2. a man of great intelligence and _____ 상당히 지적이고 재치 있는 사람

3. What _____ of shampoo do you use? 어떤 상표의 샴푸를 쓰니?

4. All applications must be _____ by Monday.

　　모든 신청서는 월요일까지 제출해야 한다.

5. an AIDS _____ 에이즈 전염병

6. She tried to _____ the crying child. 그녀는 우는 아이를 달래려 했다.

7. election _____ 선거 공약

8. She felt _____ toward war. 그녀는 전쟁에 대해 증오를 느꼈다.

9. I'm sorry, I didn't mean to _____ you.

　　미안해요, 당신의 기분을 상하게 하려고 한 것은 아니에요.

10. My attempts to apologize were very _____.

　　사과하려는 나의 시도는 매우 서툴렀다.

11. _____ sugar in warm water. 따뜻한 물에 설탕을 녹여라.

12. I'm sorry to _____ you, but will you show me how to use the

　　copying machine? 귀찮게 해서 미안하지만 복사기 사용법 좀 알려 줄래?

13. Their loud music _____ the neighbors.

　　그들의 시끄러운 음악 소리가 이웃들을 괴롭혔다.

14. What is _____ you? 무엇 때문에 고민하고 있니?


### 관련 숙어 탐색

- ■ **make(take) a pledge** 맹세하다　　■ **be in trouble** 곤란한 처지에 있다
- ■ **get into trouble** (일이) 성가시게 되다, 말썽을 일으키다

1. standard 2. wit 3. brand 4. submitted 5. epidemic 6. soothe 7. pledge 8. hatred 9. upset
10. clumsy 11. Dissolve 12. bother 13. annoyed 14. troubling

## A 다음 영어는 우리말로, 우리말은 영어로 쓰시오.

| | | | |
|---|---|---|---|
| 1. passenger | _____ | 11. 녹이다 | d_____ |
| 2. humid | _____ | 12. 내각 | m_____ |
| 3. random | _____ | 13. 머리글자 | i_____ |
| 4. stable | _____ | 14. 자서전 | a_____ |
| 5. expedition | _____ | 15. 음료 | b_____ |
| 6. cease | _____ | 16. 봉투 | e_____ |
| 7. transparent | _____ | 17. 실제의 | v_____ |
| 8. nominate | _____ | 18. 전화박스 | phone b_____ |
| 9. twilight | _____ | 19. 또래 집단 | p_____ group |
| 10. clumsy | _____ | 20. 표준 영어 | s_____ English |

## B 자연스러운 표현이 되도록 연결하시오.

1. peered
2. a fear
3. weary
4. trouble
5. alarmed

ⓐ of the same old excuse
ⓑ at how much weight she'd gained
ⓒ of heights
ⓓ through the window
ⓔ finding restaurants that welcome young children

## C 다음 영영 뜻풀이에 해당하는 단어를 보기에서 골라 쓰시오.

┌ 보기 ┐

| plague | obstacle | tease | assert | wit |
|---|---|---|---|---|

1. _____ : to laugh at somebody either in a friendly way or in order to upset him(her)

2. _____ : to say that something is certainly true

3. _____ : any infectious disease that spreads quickly and kills many people

4. _____ : the ability to use words in a clever and humorous way

5. _____ : something that makes it difficult for you to do something or go somewhere

**D** 다음 짝지어진 단어의 관계가 같도록 빈 칸에 알맞은 말을 쓰시오.

1. resent : resentment = irritate : i_____

2. turn down : refuse = give up : a_____

3. revive : revival = err : e_____

4. cease : stop = hide : c_____

5. rough : smooth = modern : a_____

**E** 다음 문장의 빈 칸에 알맞은 말을 보기에서 골라 쓰시오.

| 보기 |

| soothe | falter | implying | upset |
| startled | bothers | tremendous | frightened |

1. Are you _____ that I'm fat?

   내가 뚱뚱하다는 걸 의미하는 것이니?

2. He _____ me wearing that mask.

   그는 그 가면을 쓰고 나를 놀라게 했다.

3. She _____ at the sound.

   그녀는 그 소리를 듣고 깜짝 놀랐다.

4. A _____ wind blew over several trees last night.

   어젯밤에 무시무시한 바람이 몇몇 나무들을 넘어뜨렸다.

5. She had a long hot bath to _____ her aching muscles.

   그녀는 아픈 근육을 진정시키려고 오랫동안 따뜻한 목욕을 했다.

6. Spicy foods _____ your stomach.

   매운 음식은 배탈이 나게 한다.

7. It _____ me that she looks so unhappy.

   그녀가 불행해 보이는 것이 나를 걱정시킨다.

8. He saw her _____ and made her lean on him.

   그는 그녀가 비틀거리는 것을 보고서 그녀가 자신에게 기대도록 했다.

287

**Part**

**II**

한 단어에 여러 가지 뜻이 있는 다의어, 쉽지만 꼭 알아두어야 하는 기본어, 시험에 자주 나오지는 않지만 가끔 나오거나 나올 만한 도전단어. 익혀 두면 큰 도움이 됩니다.

**1621** **check** [tʃek]  동 1 점검하다 2 확인하다 3 대조표시 (∨)를 하다  명 1 수표 2 점검 3 대조표시 4 체크무늬

▶ I checked my report for any errors.
내 보고서에 잘못된 것이 있는지 점검했다.

▶ I'll check whether he knows about the party.
그가 파티에 대해 아는지 모르는지 내가 확인해 보겠다.

▶ pay by check 수표로 지불하다

▶ Put a check by the names of the people who have accepted the invitation.
초대를 수락한 사람들의 이름 옆에 대조표시를 해라.

▶ Her dress was a black and white check.
그녀의 옷은 검정과 흰색의 체크무늬였다.

check-in  명 (호텔의) 투숙 절차, (공항의) 탑승 수속

checkout  명 호텔의 계산, 체크아웃

**1622** **hold** [hould]  동 1 갖고 있다, 잡다 2 유지하다 3 개최하다 4 수용하다 5 멈추게 하다
명 1 움켜짐 2 영향력, 장악

▶ He was holding a knife in one hand.
그는 한 손에 칼을 쥐고 있었다.

▶ Hold your head up straight. 고개를 똑바로 들고 있어라.

▶ The World Cup is held every four years.
월드컵은 4년에 한 번 열린다.

▶ This bottle holds a liter. 이 병은 1리터짜리다.

catch hold of …을 붙잡다, 꽉 잡다

hold good 유효하다, 적용되다

hold on (전화를) 끊지 않고 기다리다, 지속하다

**1623** **plant** [plænt]  명 1 식물 2 공장, 설비
동 1 심다, 씨를 뿌리다 2 놓다, 설치하다

▶ Have you watered the plants? 화초에 물을 주었니?

▶ My father worked in an automobile plant.
아버지는 자동차 공장에 근무하셨다.

▶ We've planted tomatoes and carrots in the garden.
우리는 정원에 토마토와 당근을 심었다.

power plant  명 발전소

**1624** **cover** [kʌvər]  동 1 덮다 (↔ uncover) 2 감추다 3 포함하다 4 보호하다  명 1 덮개 2 표지

▶ Snow covered the highway.
간선도로는 눈으로 덮여 있었다.

▶ She covered the table with a cloth.
그녀는 식탁보로 식탁을 덮었다.

▶ The book covers European history from 1789-1914. 그 책은 1789년부터 1914년까지의 유럽역사를 다루고 있다.

**290**

▶ Her picture was on the cover of 'Vogue' magazine.
그녀의 사진이 '보그' 잡지 표지에 나왔다.

---

**1625 even** [íːvən] 图 1 …조차 2 (비교급을 강조하여) 한층 (더), 더욱(더) 圈 1 규칙적인, 한결같은 2 평평한 (=flat) 3 동등한 4 짝수의 (↔odd)

evenly 图 고르게, 평등하게
even if(though) 비록 …할지라도, 비록 …라 하더라도

▶ I said hello, but he didn't even look at me.
내가 인사를 했으나 그는 나를 쳐다보지도 않았다.

▶ She knows even less about it than I do.
그녀는 그것에 대해 나보다 훨씬 모른다.

▶ I was driving at an even speed.
나는 일정한 속도로 차를 몰고 있었다.

▶ The floor must be completely even before we lay the tiles. 타일을 깔기 전에 바닥이 완전히 평평해야 한다.

▶ Both sides played well — it was a very even contest.
양쪽 모두 경기를 잘했다. 매우 대등한 경기였다.

▶ 2, 4, and 6 are even numbers. 2, 4, 6은 짝수이다.

---

**1626 free** [friː] 圈 1 자유로운 2 무료의, 면세의 3 선약이 없는, 한가한 图 1 자유롭게 하다 2 제거하다

freedom 圈 자유, 해방
set free 해방하다, 석방하다

▶ You are free to come and go as you please.
네가 원할 때 자유롭게 오고 갈 수 있다.

▶ I got some free movie tickets.
나는 공짜 영화표를 몇 장 얻었다.

▶ Are you free this evening? 오늘 저녁에 시간 있어요?

▶ She freed the bird from the cage.
그녀는 새장에서 새를 자유롭게 풀어 주었다.

▶ The workers freed the road of the fallen trees.
일꾼들이 길에서 쓰러진 나무들을 치웠다.

---

**1627 hard** [haːrd] 圈 1 단단한 (↔soft) 2 곤란한, 어려운 (↔easy) 3 열심인 图 1 열심히 2 몹시, 심하게

▶ The bed was so hard that I couldn't sleep.
침대가 너무 딱딱해서 잠을 잘 수가 없었다.

▶ This book is hard to understand.
이 책은 이해하기 어렵다.

▶ He's a hard worker. 그는 노력가이다.

▶ She works hard every day. 그녀는 매일 열심히 일한다.

▶ It rained hard. 비가 몹시 왔다.

**1628** **interest** [íntərist] 명 1 관심, 흥미, 관심사 2 이자 3 (법률상의) 권리, 이해관계 4 이익 (=profit) 동 흥미를 일으키다, 관심을 끌다

be interested in ⋯에 흥미가 있다

▶ I have no interest in politics. 나는 정치에 관심이 없다.
▶ The interest on the loan is 10% per year.
　　대출 이자는 일 년에 10%이다.
▶ It would be in your interests to do as he says.
　　그가 말한대로 하는 것이 너에게 이익이 될 것이다.
▶ Cooking doesn't really interest me.
　　나는 요리에는 정말 관심이 없다.

**1629** **last** [læst] 형 부 1 맨 마지막의, 최후의 2 바로 전의, 지난 3 최근의 4 절대로 ⋯할 것 같지 않은 명 대 1 최후의 사람(물건)들 2 최후, 마지막 동 1 지속하다, 계속되다 2 오래가다

at last 드디어, 결국

▶ I didn't read the last chapter of the book.
　　나는 그 책의 마지막 장을 읽지 못했다.
▶ Did you see the news on TV last night?
　　어젯밤에 TV에서 그 뉴스 봤니?
▶ What was the last film you saw?
　　최근에 본 영화가 뭐였니?
▶ He's the last man to tell a lie.
　　그는 결코 거짓말할 사람이 아니다.
▶ She was the last to arrive. 그녀가 마지막에 도착했다.
▶ The meeting lasted two hours.
　　회의는 2시간 동안 계속되었다.

**1630** **mind** [maind] 명 1 마음, 정신 2 지성 3 사고 방식 4 기억(력) 동 1 주의하다 2 꺼리다

come into one's mind 생각나다
keep(bear) ⋯ in mind 명심하다
make up one's mind 결심하다
never mind 걱정 마라, 상관 없다

▶ A sound mind in a sound body.
　　건전한 신체에 건전한 정신이 깃든다.
▶ She has a very logical mind.
　　그녀는 매우 논리적인 사고 방식을 가졌다.
▶ Mind your own business. 참견 마라.(네 일이나 신경 써라.)
▶ Would you mind turning the radio down?
　　라디오 소리를 좀 줄여도 될까요?

**1631** **save** [seiv] 동 1 구하다 2 저축하다 3 절약하다 4 (수고 · 어려움을) 덜다 5 남겨 두다 명 (경기에서) 상대방의 득

safe 형 안전한 명 금고

점을 막음

전 …을 제외하고 (=except)

▶He saved his friend from drowning.

그는 물에 빠진 친구를 구했다.

▶I'm saving up for a new computer.

나는 새 컴퓨터를 사기 위해 저축하고 있다.

▶You'll save time if you take the car.

차를 타면 시간이 절약될 거다.

▶If you make an appointment it will save you waiting.

예약을 하면 기다리지 않아도 된다.

▶Please save me some of the cake.

내게 케이크 좀 남겨 줘.

▶He ate all the cookies save one.

그는 한 개를 남기고 과자를 다 먹었다.

1632
**change** [tʃeindʒ]  동 1 바꾸다, 변화하다 2 교환하다 3 (옷을) 갈아입다 4 환전하다, 잔돈으로 바꾸다
명 1 변화 2 거스름돈, 동전

▶I almost didn't recognize her. She'd changed so much. 나는 그녀를 거의 알아보지 못했다. 그녀는 너무 많이 변했다.

▶Can you change a $20 bill for me?

20달러 지폐를 잔돈으로 바꿔 줄 수 있나요?

▶Let me know if you have any change of plans.

계획에 변경이 있으면 나에게 알려 주세요.

▶There's your receipt and $3 change.

영수증과 거스름돈 3달러입니다.

1633
**turn** [tə:rn]  동 1 돌다, 회전하다 2 (페이지를) 넘기다 3 방향을 바꾸다, 돌아가다 4 변하다
명 1 회전 2 (방향) 전환 3 모퉁이 4 차례, 순번

turn down 줄이다, 낮추다
turn into …으로 변하다
turn over …을 뒤집다, 숙고하다, 넘겨주다
turn to …에 문의하다, 의지하다
by turns 번갈아
in turn 차례로, 번갈아
take turns 교대로 하다

▶She turned the key in the lock.

그녀는 자물쇠에 열쇠를 돌렸다.

▶Turn to page 25 in your book.

책 25쪽을 펴시오.

▶Turn left at the traffic lights.

신호등에서 왼쪽으로 돌아라.

▶The sky turned black and it started to rain.

하늘이 검게 변하더니 비가 오기 시작했다.

▶Tighten it another two or three turns.

두세 번 돌려서 단단하게 조여라.

▶Make a left turn at the next traffic light.

다음 신호등에서 왼쪽으로 도세요.

▶It's your turn. Roll the dice. 네 차례야. 주사위를 굴려.

<sup>1634</sup> **plain** [plein] 혱 1 분명한 2 검소한, 수수한 3 맛이 담백한 몡 평지, 평원

▶It's plain that they don't want to speak to us.

그들이 우리와 말하는 것을 원치 않는 것은 분명하다.

▶She wore a plain black dress.

그녀는 수수한 검정 드레스를 입었다.

▶He prefers plain food.

그는 담백한 음식을 더 좋아한다.

▶High mountains rise above the plain.

높은 산들이 평지 위로 우뚝 솟아 있다.

<sup>1635</sup> **break** [breik] 동 1 깨(뜨리)다, 부러지다 2 고장나다 3 어기다 4 (나쁜 습관 등을) 그만두다, 고치다
몡 1 깨진 곳 2 잠시의 휴식 3 중단, 절교

▶The dish fell to the floor and broke.

접시가 바닥에 떨어져 깨졌다.

▶The TV has broken. TV가 고장났다.

▶I didn't want to break my promise.

나는 약속을 어기고 싶지 않았다.

▶Smoking is a difficult habit to break.

흡연은 고치기 힘든 습관이다.

▶Let's take a break. 우리 잠시 쉬자.

▶I wanted to make a complete break with the past.

나는 과거와 완전히 단절하고 싶었다.

break down 고장나다
break into …에 침입하다
break out (전쟁 등이) 일어나다
break up 헤어지다

<sup>1636</sup> **capital** [kǽpitl] 몡 1 수도 2 자본 3 대문자 4 중심지 혱 1 매우 중요한 2 대문자의

▶Australia's capital city is Canberra.

호주의 수도는 캔버라이다.

▶You'll need more capital if you want to open your own business.

네 사업을 시작하려면 더 많은 자본이 필요할 것이다.

▶Hollywood is the capital of the movie industry.

헐리우드는 영화산업의 중심지이다.

▶a decision of capital importance 매우 중요한 결정

capitalist 몡 자본가
capitalism 몡 자본주의

<sup>1637</sup> **fine** [fain]  ⑱ 1 훌륭한, 좋은 2 가는 3 미세한 4 괜찮은 5 건강한, 기분이 좋은 6 갠, 맑은
⑲ 벌금  ⑬ 벌금을 과하다

▶There is some fine architecture in the old city.
오래된 도시에는 훌륭한 건축물들이 있다.

▶This thread's very fine. 이 실은 매우 가늘다.

▶fine sand 고운 모래

▶"More coffee?" "No, that's fine, thanks."
"커피 더 줄까?" "아니, 괜찮아."

▶I was sick last night, but I feel fine this morning.
지난 밤에 몸이 아팠는데 오늘 아침은 기분이 좋다.

▶If it's fine, we could go on a picnic.
날씨가 맑으면 소풍 가자.

▶a parking fine 주차위반료

▶He was fined 50,000 won for speeding.
그는 속도위반으로 5만 원의 벌금에 처해졌다.

<sup>1638</sup> **still** [stil]  ⑱ 1 정지한 2 조용한, 잔잔한  ⑲ 1 아직, 여전히 2 그럼에도, 그러나 3 (비교급과 쓰여) 더 한층, 훨씬
⑲ (영화 등에서 캡쳐한) 한 장의 사진

▶Keep still while I comb your hair.
내가 네 머리를 빗는 동안 가만히 있어라.

▶The sea was perfectly still. 바다가 매우 잔잔했다.

▶Is he still asleep? 그는 아직도 자고 있니?

▶I am sleepy, still I will work. 나는 졸리지만 일을 하겠다.

▶Still more snow fell overnight.
훨씬 많은 눈이 밤사이 내렸다.

<sup>1639</sup> **charge** [tʃɑːrdʒ]  ⑲ 1 요금 2 책임, 보호 3 비난, 고소 4 돌격 5 충전  ⑬ 1 요금을 부과하다 2 고발하다, 비난하다 3 돌격하다, 공격하다 4 충전하다

in charge (of) …을 맡고 있는
take charge of …을 맡다, 담당하다

▶What is the charge for a night in that hotel?
저 호텔의 하룻밤 요금은 얼마지요?

▶Who's in charge here? 누가 여기를 관리합니까?

▶He was arrested on a charge of murder.
그는 살인죄로 체포되었다.

▶The restaurant charged us $40 for the wine.
식당은 포도주 값으로 우리에게 40달러를 청구했다.

▶She was charged with drunk driving.
그녀는 음주운전으로 고발되었다.

**1640** **right** [rait]  형 1 옳은 2 적절한 3 오른쪽의 　 righteous 형 올바른, 공정한

부 1 정확히 2 바르게, 옳게 3 우측에 4 바로, 곧

명 1 올바름, 정의 2 오른쪽 3 정확함 4 권리

▶That's the right answer. 그게 옳은 답이다.

▶She is the right person for the job.

　그녀는 그 일에 적격이다.

▶Raise your right arm. 오른쪽 팔을 들어라.

▶He was right on time. 그는 정확히 시간을 지켰다.

▶He sat right behind me. 그는 바로 내 뒤에 앉았다.

▶I'll be right back. 곧 돌아갈게.

▶We have the right to free speech in this country.

　이 나라에서 우리는 자유롭게 말할 권리가 있다.

**1641** **pass** [pæs]  동 1 지나가다 2 건네주다, (공을) 패스하다 　 passage 명 통로, 통행, 한 단락

3 경과하다, (시간을) 보내다 4 합격하다 (↔fail)

명 1 합격 2 통행 허가증, 승차권 3 송구, 패스

▶She passed me this morning in the corridor.

　오늘 아침에 복도에서 그녀가 내 옆을 지나갔다.

▶Please pass me the salt. 소금 좀 건네 주십시오.

▶The hours passed quickly. 몇 시간이 빠르게 지나갔다.

▶I'm sure you'll pass. 나는 네가 합격할 거라 확신한다.

▶You need a pass to get into the building.

　그 건물에 들어가려면 통행 허가증이 필요하다.

**1642** **content** [kəntént]  형 만족하는  동 …에 그럭저럭 　 contented 형 만족하고 있는

만족하다  명 [kántent] 1 내용, 목차 2 취지 3 함유량, 용 　 content oneself with …에 그럭저

량 　 럭 만족하다

▶She is content with her job at the moment.

　그녀는 현재 자신의 일에 만족하고 있다.

▶A customs official examined the contents of my

　suitcase. 세관원이 내 여행가방의 내용물을 조사했다.

▶The content of the article was very interesting.

　그 기사의 내용은 매우 재미있었다.

▶The fat content of this cheese is very high.

　이 치즈의 지방 함유량은 매우 높다.

**1643** **direct** [dirékt]  형부 1 직접의 2 직행의 3 솔직한 　 direction 명 방향, 지시

동 1 (주의·발걸음 등을) 돌리다, 향하게 하다 2 감독하다, 　 directly 부 직접, 곧, 바로

연출하다 3 지시하다, 명령하다 4 …에게 길을 가리켜 주다 　 director 명 지도자, 관리자, 감독

▶ This plant should be kept out of direct sunlight.

이 식물은 태양의 직사광선을 피해야 한다.

▶ We have little time, so we must go the most direct route. 우리는 시간이 별로 없으니 가장 직행으로 가는 길로 가야 한다.

▶ Would you give me a direct answer to my question?

내 질문에 솔직하게 대답해 줄 수 있겠니?

▶ Who directed that movie we saw last week?

우리가 지난 주에 본 영화는 누가 연출했지?

▶ Can you direct me to the station?

역으로 가는 길을 가리켜 주겠습니까?

---

1644 **figure** [fígjər] 몡 1 숫자 2 사람의 모습 3 모양, 형태 4 인물, 거물 동 …라고 생각하다, 판단하다

▶ three-figure number 세 자리 숫자

▶ I could see two tall figures in the distance.

나는 멀리서 두 명의 키 큰 사람들의 모습을 볼 수 있었다.

▶ That actor has a good figure.

저 배우는 몸매가 좋다.

▶ Lincoln was a major figure in American politics.

링컨은 미국 정치사에 중요한 인물이었다.

▶ They figured that about twenty people would be there. 그들은 거기 약 20명의 사람들이 있을 거라고 판단했다.

figure out 이해하다. (문제를) 풀다, 해결하다

---

1645 **lot** [lɑt] 몡 1 많음 2 운명 3 제비, 추첨 4 한 구획의 토지, 땅 튀 1 대단히, 크게 2 자주, 빈번히

▶ I've got a lot to do today.

나는 오늘 할 일이 많다.

▶ It was his lot to become a priest.

성직자가 되는 것은 그의 운명이었다.

▶ a parking lot 주차장

▶ Thanks a lot. 대단히 감사합니다.

▶ We eat out a lot. 우리는 자주 외식을 한다.

a lot of / lots of 많은

1646 **fix** [fiks] 图 1 고정시키다 2 고치다 (=repair) 3 정하다 4 (식사를) 준비하다 · | fixed 웹 고정된

▶ We fixed the shelves to the wall. 벽에 선반을 달았다.

▶ My watch is broken — can you fix it?

내 시계가 고장났는데 고칠 수 있나요?

▶ Have you fixed a date for the wedding yet?

결혼식 날짜를 정했니?

▶ He fixed dinner for his wife.

그는 아내를 위해 저녁식사를 준비했다.

1647 **just** [dʒʌst] 뷔 1 이제 방금, 막 2 정확히, 틀림없이 3 다만, 단지 4 겨우, 간신히 웹 올바른, 공정한 | justice 명 정의, 정당(성)

▶ The film is just beginning. 영화는 막 시작했다.

▶ He looks just like his father. 그는 아버지와 꼭 닮았다.

▶ It was just a joke. 단지 농담이었다.

▶ We arrived at the airport just in time to catch the plane. 우리는 비행기를 탈 시간에 대어 간신히 공항에 도착했다.

▶ I don't think that was a just decision.

나는 그것이 올바른 결정이었다고 생각하지 않는다.

1648 **stand** [stænd] 图 1 서 있다, 일어서다 2 세워 놓다, 두다 3 위치하다, 놓이다 명 1 진열대, 노점 2 계단식 스탠드, 관람석

▶ We'd been standing for hours.

우리는 몇 시간 동안 서 있었다.

▶ A desk stood in the middle of the room.

책상은 방 가운데 놓여 있었다.

▶ a newspaper stand 신문판매대

1649 **lose** [luːz] 图 1 잃다 2 줄다 3 지다, 실패하다 4 낭비하다 | loss 명 분실, 손실, 실패

lose face 존경(체면)을 잃다

lose one's temper 화를 내다

lose oneself in …에 열중하다, 빠지다

▶ I've lost my cell phone. 나는 휴대전화를 잃어버렸다.

▶ He lost his leg in a car accident.

그는 차사고로 다리를 잃었다.

▶ She's lost a lot of weight. 그녀는 체중이 많이 줄었다.

▶ We played well but we lost 2-1.

우리는 경기를 잘했으나 2대 1로 졌다.

▶ Hurry up, there's no time to lose.

서둘러, 낭비할 시간이 없어.

**match** [mætʃ] 명 1 성냥 2 경기, 시합 3 경쟁 상대
동 1 …에 필적하다 2 …에 어울리다

be no match for …의 적수가 되지 못하다

▶He struck a match and lit a candle.

그는 성냥을 켜서 촛불에 불을 붙였다.

▶a football match 축구시합

▶He is no match for me. 그는 내 상대가 되지 못한다.

▶Your shirt and jacket don't match.

네 셔츠와 재킷은 어울리지 않는다.

**call** [kɔːl] 동 1 부르다, 외치다 2 전화하다 3 …라고 부르다, 이름짓다 4 불러내다 5 잠깐 방문하다
명 1 통화 2 부르는 소리, 외침 3 초청, 소집 4 잠깐 들름

call at (장소) (…에) 방문하다
call on (사람) (…를) 방문하다
call off (약속을) 취소하다

▶She called her friend's name. 그녀는 친구의 이름을 불렀다.

▶I'll call you later. 제가 다시 전화를 하지요.

▶What's your dog called? 너의 개를 뭐라고 부르니?

▶She called me into her office.

그녀는 나를 자신의 사무실로 불렀다.

▶I will give you a call at home tonight.

내가 밤에 집으로 전화할게.

**treat** [triːt] 동 1 대우하다, 다루다 2 간주하다 3 치료하다 4 처리하다 5 대접하다, …에게 한턱 내다 명 한턱

▶He treated his children badly.

그는 자녀들을 심하게 다루었다.

▶She treated my suggestion as a joke.

그녀는 나의 제안을 농담으로 간주했다.

▶He's being treated for cancer at a hospital.

그는 병원에서 암치료를 받고 있다.

▶I treated her to dinner at that nice Italian restaurant.

나는 좋은 이탈리아 식당에서 그녀에게 저녁식사를 대접했다.

▶This is my treat. 이번은 내가 한턱 낼게.

**order** [ɔ́ːrdər] 명 1 순서 2 정돈 3 명령, 지시 4 규칙, 질서 5 주문 동 1 명령하다, 지시하다 2 주문하다 3 배열하다, 정돈하다

in order to (that) …하기 위해서
out of order 고장이 나서, 알맞지 않은

▶She arranged the newspapers in order by their dates. 그녀는 신문을 날짜 순서대로 정돈했다.

▶The captain gave the sailor an order.

선장은 선원에게 명령을 내렸다.

▶ public order 공공질서

▶ Can I take your order now? 주문하시겠습니까?

▶ I ordered him to leave the room.

　나는 그에게 방에서 나가라고 명령했다.

▶ We ordered a bottle of red wine with our meal.

　우리는 식사와 함께 적포도주 한 병을 주문했다.

---

1654 **poor** [puər] 　형 1 가난한 (↔ rich) 2 열등한 3 불쌍한, 가엾은 4 부족한 5 서투른, 무능한 ｜ poverty 명 가난, 결핍

▶ That family is so poor, they can't afford to buy food.

　그 가족은 너무 가난해서 음식을 살 여유도 없다.

▶ He is in very poor health.

　그는 건강이 매우 좋지 않다.

▶ Poor John, he has had a rough day.

　가엾은 존, 그는 힘든 하루를 보냈다.

▶ I'm poor at English. 나는 영어를 잘 못한다.

---

1655 **close** [klouz] 　동 1 닫다, 감다 2 (가게를) 닫다, 폐쇄하다 3 끝마치다 　형 [klous] 1 가까운 2 친한 3 정밀한, 세심한 ｜ closed 형 닫힌, 폐쇄한 ｜ closure 명 마감, 폐쇄, 휴업

▶ Suddenly the door closed. 갑자기 문이 닫혔다.

▶ The store closes at 6:00 on Saturdays.

　그 상점은 토요일엔 6시에 문을 닫는다.

▶ close a meeting 회의를 끝내다

▶ His house is close to the sea.

　그의 집은 바다에서 가깝다.

▶ It's close to 9:00. 9시가 다 되었다.

▶ We are very close friends. 우리는 매우 친한 친구들이다.

---

1656 **move** [muːv] 　동 1 움직이다, 이동시키다 2 이사하다 3 감동시키다 　명 1 움직임, 동작 2 이동, 이사 3 행동 ｜ movement 명 움직임, (시대의) 추세

▶ I can't move my arm. 나는 팔을 움직일 수 없다.

▶ We're moving next week. 우리는 다음 주에 이사 간다.

▶ I was deeply moved by his speech.

　나는 그의 연설에 깊이 감동했다.

▶ If anyone makes a move, I'll shoot.

　누구든지 움직이면 쏘겠다.

▶ What's our next move?

　우리가 취할 다음 행동은 무엇이지?

**1657 present** [prézənt] 휑 1 현재의 2 출석한
(↔absent) 명 1 선물 2 현재 동 [prizént] 1 선물하다
2 발표하다 3 제출하다 4 상연하다

▶The present situation is peaceful.
  현재 상황은 평화롭다.
▶All students were present in today's class.
  오늘 수업에는 모든 학생들이 출석했다.
▶He gave me this nice pen as a birthday present.
  그는 내게 생일선물로 좋은 펜을 주었다.
▶He presented the report to his colleagues.
  그는 동료들에게 보고서를 발표했다.

presence 명 존재, 출석, 참석
presentation 명 수여, 발표, 설명
at present 현재
for the present 당분간, 현재로서
는
in one's presence / in the
presence of …의 면전에서

**1658 clear** [kliər] 휑 1 맑은, 투명한, 깨끗한 2 결백한
3 명백한 4 분명한 5 확신한 휘 1 뚜렷하게 2 떨어져서
동 1 맑게 하다 2 깨끗이 치우다 3 밝히다, 해명하다

▶The water in the lake is so clear that you can see the
  bottom. 호수의 물이 너무 투명해서 바닥을 볼 수 있다.
▶clear evidence of guilt 유죄에 대한 명백한 증거
▶He spoke in a clear voice.
  그는 분명한 목소리로 말했다.
▶I'm not quite clear about the arrangements for tomor-
  row. 나는 내일 일정에 대해 확신은 못하겠다.
▶Stand clear of the doors, please.
  문에서 떨어져 서 주세요.
▶The fog slowly cleared. 안개가 서서히 걷혔다.
▶They cleared snow from the roads.
  그들은 길의 눈을 치웠다.
▶He has finally been cleared of murder.
  그는 마침내 살인죄의 혐의를 벗었다.

clearance 명 제거, 정리

**1659 run** [rʌn] 동 1 달리다 2 통하다, 이어지다 3 (시간이)
흐르다 4 경영하다, 관리하다 5 작동하다 6 (물 등이) 흐르다
명 1 뛰기 2 단거리 여행 3 연속, 연속 공연

▶I had to run to catch the bus.
  버스를 타기 위해 나는 뛰어야 했다.
▶The road runs along the coast.
  그 도로는 해안을 따라 이어진다.
▶How fast the years run by!
  세월이 참 빨리 흘러간다!

in the long run 마침내, 결국
run across〔into〕 우연히 만나다
run after …을 뒤쫓다
run away 달아나다, 가출하다

▶She runs her own restaurant.

그녀는 자신의 식당을 경영하고 있다.

▶The engine is running more smoothly now.

이제 엔진이 더 부드럽게 작동한다.

▶My nose is running. 콧물이 나온다.

▶I've had a run of good luck recently.

최근에 나는 행운의 연속이었다.

---

<sup>1660</sup> **scale** [skeil] 명 1 눈금, 저울눈 2 축척, 비율 3 규모 4 저울, 체중계 5 음계 6 비늘

동 1 오르다 2 비늘을 벗기다, 치석을 떼어 내다

▶The map has a scale of one centimeter to a kilometer. 그 지도는 1:100,000 축척이다.

▶Nuclear weapons cause destruction on a massive scale. 핵무기는 거대한 규모의 파괴를 가져온다.

▶According to the scale, I've lost four pounds.

체중계에 따르면 나는 4파운드의 체중이 줄었다.

▶the major scale 장음계

▶He scaled a steep cliff beside the river.

그는 강 옆의 가파른 절벽을 기어올랐다.

on a large (small) scale 대 (소) 규모로

---

<sup>1661</sup> **lay** [lei] 동 1 눕히다, 두다, 놓다 2 부설하다 3 (계획 등을) 준비하다 4 (알을) 낳다

▶She laid the baby on the bed. 그녀는 아기를 침대에 눕혔다.

▶He laid his coat on a chair. 그는 코트를 의자에 놓았다.

▶We'll lay a carpet on a corridor.

우리는 복도에 카페트를 깔 것이다.

▶He's laying plans for a new business.

그는 새 사업에 대해 계획을 세우고 있다.

▶Hens lay eggs. 암탉은 알을 낳는다.

---

<sup>1662</sup> **scene** [siːn] 명 1 현장 2 무대, 세트 3 (극의) 장, 장면 4 광경, 경치

▶the crime scene 범죄 현장

▶Let's rehearse Act III, Scene 2.

제3막, 제2장을 연습하자.

▶There is a very exciting chase scene in that movie.

저 영화에는 매우 조마조마한 추격 장면이 있다.

▶He painted a street scene. 그는 거리 광경을 그렸다.

scenery 명 무대 장면, 풍경

**1663** **mean** [miːn]  동 1 의미하다 2 의도하다, …할 작정이다 (=intend) 3 …의 가치를 지니다  형 1 심술궂은 2 인색한

meaning 명 의미, 뜻
means 명 수단, 방법

▶ What does this word mean? 이 말은 어떤 뜻입니까?
▶ I didn't mean to hurt her.
나는 그녀를 다치게 할 작정은 아니었다.
▶ Money means nothing to me.
돈은 나에게 아무런 가치도 없다.
▶ Why are you always so mean to him?
너는 왜 항상 그에게 심술궂게 구니?

**1664** **term** [təːrm]  명 1 말, 용어 2 조건 3 학기, 기간, 임기  동 이름짓다, 칭하다, 부르다 (=name)

be on good terms with …와 사이가 좋다

▶ Doctors should explain difficult medical terms.
의사들은 어려운 의학용어를 설명해 주어야 한다.
▶ the summer term 여름학기
▶ His term as chairman expired last month.
의장으로서 그의 임기는 지난 달에 만료되었다.
▶ The meeting could hardly be termed a success.
회의는 성공적이라고 하기 어렵다.

**1665** **play** [plei]  동 1 놀다 2 게임을 즐기다, 경기에 참가하다 3 연주하다 4 연기하다, 상연되다
명 1 연극, 희곡 2 경기 3 놀이 4 (비디오 등의) 재생

play a part (in) …의 역할을 하다

▶ Children played with a ball on the beach.
아이들은 해변에서 공을 가지고 놀았다.
▶ We often used to play cards.
우리는 자주 카드 게임을 했다.
▶ He played the violin. 그는 바이올린을 연주했다.
▶ Shakespeare's plays have been performed for centuries. 셰익스피어의 연극은 몇 세기 동안 공연되고 있다.
▶ Children are at play in the park.
아이들은 공원에서 놀고 있다.

**1666** **raise** [reiz]  동 1 올리다, 들어올리다 (=lift up) 2 모금하다 3 기르다 (=grow) 4 제기하다

▶ He raised her hand to ask the teacher a question.
그는 선생님께 질문하기 위해 손을 들었다.
▶ My boss raised my salary by 5%.
사장은 나의 월급을 5% 올려 주었다.

**303**

▶Our church raises money to help the poor.

우리 교회는 가난한 사람들을 돕기 위해 모금한다.

▶I raised a question at our meeting.

나는 회의에서 문제를 제기했다.

---

**1667 volume** [vάljuːm] 몡 1 용적, 부피 2 양 3 음량, 볼륨 4 (책의) 권

▶What's the volume of this container?

이 용기의 부피는 얼마입니까?

▶The volume of the traffic is increasing.

교통량이 늘고 있다.

▶Turn up the volume on the radio.

라디오 볼륨을 크게 해라.

▶This novel comes in three volumes.

이 소설은 3권으로 되어있다.

---

**1668 catch** [kætʃ] 통 1 붙잡다 2 (범인·짐승 등을) 잡다 3 (…하는 것을) 발견하다 4 (버스·기차 등을) 잡아타다 (↔miss) 5 (병에) 걸리다 몡 1 잡음, 포착 2 포획물

catch up (with) 따라잡다

▶Try to catch the ball. 공을 잡으려고 해봐라.

▶The police catch criminals every day.

경찰은 매일 범인들을 잡는다.

▶I caught him cheating in the exam.

나는 그가 시험 볼 때 부정행위 하는 것을 발견했다.

▶I caught a cold. 나는 감기에 걸렸다.

▶The catch of the day is carp. 오늘의 포획물은 잉어다.

---

**1669 point** [pɔint] 몡 1 사항, 문제 2 요점 3 시점, 순간 4 뽀족한 끝 5 점, 소수점 6 점수

통 가리키다, 향하게 하다

pointed 혱 뽀족한, (말·표현 등이) 날카로운

pointless 혱 효과 없는, 무의미한

be on the point of -ing 막 …하려고 하다

make a point of -ing 반드시 …하다, …을 중시하다

point of view 견지, 의견

point out 지적하다, 알리다

▶He made some interesting points in his speech.

그는 연설에서 몇 가지 흥미로운 점들을 주장했다.

▶I don't want to marry him — that's the point.

나는 그와 결혼하고 싶지 않다. 그것이 요점이다.

▶I stuck myself with the point of the needle.

나는 바늘 끝에 찔렸다.

▶At that point, the door opened and the teacher walked in.

그 때 문이 열리고 선생님이 들어오셨다.

▶ "Look," she said, pointing at the sign.

"저기 봐", 그녀는 간판을 가리키며 말했다.

1670

**wear** [wɛər]  동 1 입고 있다, 몸에 지니고 있다 2 닳게 하다 3 (물건 등이) 오래 가다 4 (표정 등을) 나타내다 명 1 착용 2 의복 3 닳아 해짐 4 오래 견딤, 내구성

▶ What are you wearing to Jane's wedding?

너는 제인의 결혼식에 뭘 입을 거니?

▶ He wears glasses for reading.

그는 독서할 때 안경을 쓴다.

▶ Heels of shoes wear down. 구두 뒤축은 닳는다.

▶ This coat has worn well. 이 코트를 꽤 오래 입었다.

▶ He was wearing a smile. 그는 미소를 짓고 있었다.

wear off 약해지다, 효과가 사라지다

wear out 닳아 없어지게 하다, 해지다, 지치게 하다

**A** 다음의 의미를 지닌 단어를 유추해서 쓰시오.

1. deal with / give medical care / pay for → t_____

2. not limited / not in prison / no charge / not busy → f_____

3. space / amount / sound level / book → v_____

4. something given / provide / cause / now → p_____

5. lift / increase / develop / collect money → r_____

**B** 다음 문장들의 빈 칸에 공통으로 들어갈 단어의 원형을 쓰시오.

1.

a. He ran into the burning building to s_____ the child.

그는 아이를 구하기 위해 불타고 있는 건물로 뛰어들어갔다.

b. So far, I've s_____ about $500.

지금까지 나는 약 500달러를 저금했다.

c. We'll s_____ a lot of time if we go by car.

차로 가면 시간이 많이 절약될 것이다.

2.

a. You can't c_____ me.

너는 나를 잡을 수 없다.

b. Every morning I c_____ the 8:00 train to London.

매일 아침 나는 런던행 8시 기차를 탄다.

c. I c_____ her listening outside the door.

나는 그녀가 문 밖에서 듣고 있는 것을 목격했다.

3.

a. I've l_____ my keys.

나는 열쇠를 잃어버렸다.

b. Germany l_____ to Brazil in the final.

결승전에서 독일은 브라질에게 패했다.

c. I've l_____ a lot of weight.

나는 몸무게가 많이 줄었다.

**4.**

a. London is the c_____ of England.

런던은 영국의 수도이다.

b. When he had enough c_____, he bought a shop.

충분한 자본금이 있을 때, 그는 가게를 샀다.

c. The days of the week always begin with a c_____ letter.

요일은 항상 대문자로 시작한다.

**5.**

a. He struck a m_____.

그는 성냥을 켰다.

b. We need to win this m_____.

우리는 이 시합을 이겨야 한다.

c. Your socks don't m_____.

네 양말은 짝이 맞지 않는다.

## C 다음 문장에서 밑줄 친 단어를 우리말로 옮기시오.

1. I weighed meat on the scale. → _____

2. We invited only close friends to the wedding. → _____

3. The film moved him to tears. → _____

4. He has been running his own company. → _____

5. I've always had an interest in astronomy. → _____

6. Should I cash my check? → _____

7. This hall can hold up to two thousand people. → _____

8. Keep the change. → _____

9. You had better fix a deadline. → _____

10. His grades slipped last term. → _____

<sup>1671</sup> **advise** [ædváiz] ⑧ 충고하다, 조언하다 (=suggest)　　advice ⑨ 충고, 조언
▶The doctor advised him against drinking.　　advisor ⑨ 충고자
　의사는 그에게 금주를 조언했다.

<sup>1672</sup> **cost** [kɔːst] ⑨ 비용, 경비 ⑧ …의 비용이 들다
▶We need to cut our advertising costs.
　우리는 광고비를 줄여야 한다.
■ at all costs, at any cost 어떻게 해서라도, 어떠한 희생을 치
　르더라도

<sup>1673</sup> **discover** [diskʌ́vər] ⑧ 발견하다　　discovery ⑨ 발견
▶Who discovered America?
　누가 미국을 발견했는가?

<sup>1674</sup> **guide** [gaid] ⑨ 길잡이, 안내자, 안내서　　guidance ⑨ 안내, 지도
　⑧ 안내하다, 지도하다
▶a tour guide 관광 가이드

<sup>1675</sup> **honest** [ɑ́nist] ⑱ 정직한, 솔직한 (↔dishonest)　　honesty ⑨ 정직, 성실
▶To be honest, I don't think that's a very good idea.　　honestly ⑨ 정직하게, 정말로
　솔직히 말해서 그것은 별로 좋은 생각이 아닌 듯 하다.

<sup>1676</sup> **indeed** [indíːd] ⑨ 정말로, 참으로
▶It's very hot indeed. 정말 몹시 덥다.

<sup>1677</sup> **area** [ɛ́əriə] ⑨ 지역, 구역, 범위
▶residential area 주택 지역
▶Marketing is his area. 마케팅은 그의 분야이다.

<sup>1678</sup> **lonely** [lóunli] ⑱ 외로운, 인적이 드문　　loneliness ⑨ 외로움, 고독
▶He is content with his lonely life.　　lonesome ⑱ 쓸쓸한, 인적이 드문
　그는 자신의 고독한 삶에 만족한다.

<sup>1679</sup> **besides** [bisáidz] ⑳ …이외에 ⑨ 게다가, 또한
▶Do you play any other musical instruments besides
　piano? 피아노 말고 다른 악기도 연주하니?

<sup>1680</sup> **press** [pres] ⑨ 신문, 출판물, 누름　　pressure ⑨ 압박, 강제(력)
　⑧ 누르다, 다림질하다, 강요하다　　pressing ⑱ 절박한, 긴급한
▶freedom of the press 언론(출판)의 자유
▶Press this button to start the machine.
　기계를 작동시키려면 이 버튼을 눌러라.

**1681 aloud** [əláud]  ⊕ 소리내어
▶ He read his poem aloud to the class.
그는 반 친구들에게 자신의 시를 소리내어 읽어 주었다.

**1682 rapid** [rǽpid]  ⑲ 빠른, 민첩한 (=quick)
▶ The 1990s were a period of rapid growth.
1990년대는 급성장의 시기였다.

rapidly ⊕ 빠르게, 순식간에
rapidity ⑬ 신속, 민첩

**1683 wonder** [wʌ́ndər]  ⑤ 놀라다, 의아하게 여기다
⑬ 놀라움, 놀랄 만한 물건〔일〕
▶ the Seven Wonders of the World 세계 7대 불가사의
▶ I wonder what made her angry.
나는 무엇이 그녀를 화나게 했는지 알고 싶다.
■ do〔work〕 wonders 놀랄 만한 성공을 하다
■ (It's) no wonder 당연하다, 놀랄 것이 못 되다

wonderful ⑲ 훌륭한, 놀랄 만한

**1684 ability** [əbíləti]  ⑬ 능력, 재능 (=capacity)
▶ He's a man of considerable ability.
그는 상당히 유능한 사람이다.

able ⑲ …할 수 있는, 능력 있는

**1685 different** [dífərənt]  ⑲ 다른, 각각의
▶ Man is different from other animals.
인간은 다른 동물과 다르다.

differ ⑲ 다르다, 틀리다
difference ⑬ 다름, 차이

**1686 position** [pəzíʃən]  ⑬ 위치, 자세, 지위
⑤ 위치를 정하다
▶ I'm trying to find our position on the map.
나는 지도에서 우리의 위치를 찾으려고 애쓰고 있다.
▶ He's the only man for the position.
그는 그 지위에 가장 알맞은 사람이다.

**1687 balance** [bǽləns]  ⑬ 균형, 조화, 저울
⑤ 균형을 잡다
▶ The dancer kept her balance while standing on one
toe. 무용수는 한 발가락으로만 서 있으면서 균형을 유지했다.
■ off balance 균형을 잃고, 불안정하여

**1688 crowd** [kraud]  ⑬ 군중 ⑤ 떼지어 모이다, 붐비다
▶ A crowd of about 2,000 attended the concert.
2,000여 명의 인파가 음악회에 참석했다.
■ (be) crowded with …으로 붐비다

crowded ⑲ 붐비는, 혼잡한

**1689** **rise** [raiz] 동 일어나다, 오르다 (↔fall) 명 상승, 오름

▶The sun rises in the east and sets in the west.
해는 동쪽에서 떠올라서 서쪽으로 진다.

■ give rise to …을 생기게 하다, …을 일으키다

**1690** **graduate** [grǽdʒuèit] 동 졸업하다  graduation 명 졸업(식)
명 형 [grǽdʒuit] 졸업생(의)

▶He will graduate from high school this spring.
그는 올 봄에 고등학교를 졸업한다.

**1691** **idle** [áidl] 형 게으른, 한가한 동 게으름 피우다

▶She's an idle student. 그녀는 게으른 학생이다.

■ idle away 게으름 피우며 (시간을) 허송하다

**1692** **against** [əgénst] 전 …을 상대로, …에 반대하여,
…에 대비하여, …에 기대어

▶Are you for or against our plan?
우리 계획에 찬성이야 반대야?

▶The bookshelves are against the wall.
책장이 벽을 등지고 있다.

**1693** **nation** [néiʃən] 명 국민, 국가  national 형 국민의, 국가의

▶Sweden is a nation in North Europe.  nationalism 명 국가주의, 민족주의
스웨덴은 북유럽에 있는 나라이다.  nationality 명 국적

**1694** **block** [blɑk] 명 덩어리, (도시의) 한 구획, 장애(물)
동 막다, 방해하다

▶My view was blocked by a tall guy in front of me.
앞에 있는 키 큰 남자 때문에 내 시야가 가려졌다.

**1695** **climb** [klaim] 동 오르다, 등반하다

▶I hate climbing the stairs.
나는 계단 오르는 것을 싫어한다.

**1696** **possible** [pásəbəl] 형 가능한, 할 수 있는  possibility 명 가능성
(↔impossible)  possibly 부 아마, 어쩌면

▶Is it possible for her to get there in time?
그녀가 제시간에 거기에 도착할 수 있을까?

**1697** **repeat** [ripí:t] 동 되풀이하다, 반복하다  repetition 명 반복

▶Repeat each sentence after me.
한 문장씩 나를 따라 말하세요.

**1698** **spend** [spend] 동 (돈을) 쓰다, (시간을) 보내다

　　spending 명 지출, 소비

　▶How much did you spend on books?

　　책을 사는 데 얼마 썼니?

　▶I want to spend more time with my family.

　　나는 가족들과 좀 더 많은 시간을 보내고 싶다.

**1699** **wild** [waild] 형 사나운, 야생의, 미개의

　　명 야생, 황무지

　▶wild animals〔plants〕 야생 동물〔식물〕

**1700** **ambition** [æmbíʃən] 명 야심, 열망

　　ambitious 형 야심을 품은, 열망하는

　▶He had the high ambition to be a great doctor.

　　그는 훌륭한 의사가 되겠다는 야망을 품고 있었다.

**1701** **beg** [beg] 동 간청하다, 구걸하다

　　beggar 명 거지, 가난뱅이

　▶I begged him to help.

　　그에게 도와 달라고 청했다.

　■I beg your pardon. 미안합니다.

　■I beg your pardon? 다시 한 번 말씀해 주십시오.

**1702** **ceremony** [sérəmòuni] 명 의식, 행사

　▶a marriage ceremony 결혼식

**1703** **nature** [néitʃər] 명 자연, 천성, 성질

　　natural 형 자연의, 타고난, 당연한

　　naturally 부 당연히, 본래

　▶the laws of nature 자연의 법칙

　▶It is not in his nature to be lazy.

　　게으른 것은 그의 천성이 아니다.

　■by nature 날 때부터, 본래

**1704** **drop** [drɑp] 동 떨어뜨리다, (가격 등을) 내리다

　　명 한 방울, 소량, (가격 등의) 하락

　▶I dropped my purse.

　　나는 지갑을 떨어뜨렸다.

　▶The temperature dropped. 기온이 내려갔다.

　■drop by〔in〕 잠시 들르다

**1705** **whole** [houl] 형 전부의, 완전한 (=complete)

　　명 전부, 전체 (↔part)

　▶I spent the whole day cleaning.

　　온종일 청소하는 데 시간을 보냈다

　■as a whole 전체로서, 대체적으로

　■on the whole 대체로

**1706 case** [keis] 몡 경우, 상태, 사건, 소송, 상자

▶In some cases, it is necessary to operate.

어떤 경우에는 수술이 필요하다.

■ in any case 어떤 경우에도, 어쨌든

■ in case 만약에 대비하여

**1707 enemy** [énəmi] 몡 적, 적군

▶I try not to make any enemies.

나는 적을 만들지 않으려고 한다.

**1708 fail** [feil] 동 실패하다, 낙제하다 (↔ pass)

몡 실패 ( = failure), 낙제

▶Peace talks between the two countries have failed.

두 나라 사이의 평화회담은 실패했다.

■ without fail 틀림없이, 반드시

**1709 borrow** [bɔ́(ː)rou] 동 (잠시) 빌리다, 차용하다

▶Can I borrow your pen for a minute?

잠시 네 펜 좀 빌릴 수 있을까?

**1710 return** [ritə́ːrn] 동 (되)돌아가다, 돌려주다, 갚다

몡 돌아옴, 반환

▶He returned to New York last week.

그는 지난 주에 뉴욕으로 돌아갔다.

**1711 skill** [skil] 몡 숙련, 솜씨, 기술

▶Reading and writing are two different skills.

읽기와 쓰기는 두 개의 다른 기술이다.

skillful 혱 숙련된, 잘 만들어진

**1712 flock** [flɑk] 몡 무리, 떼 동 무리 짓다, 몰려들다

▶a flock of sheep 양떼

▶Thousands of people flocked to see the Picasso exhibition. 수많은 사람들이 피카소 전시회를 보기 위해 몰려들었다.

**1713 pair** [pɛər] 몡 한 쌍, 한 벌, 한 쌍의 남녀

동 한 쌍이 되다, 짝짓다

▶a pair of shoes 구두 한 켤레

▶three pairs of pants 바지 세 벌

■ in pairs 두 개가 한 쌍이 되어

**1714 grant** [grænt] 동 주다, 승낙하다, 인정하다

몡 보조금, 허가, 교부

▶She was granted American citizenship.
그녀에게 미국 시민권이 주어졌다.
▶I was granted permission to visit the Blue House.
나는 청와대 방문을 허락받았다.

1715 **lend** [lend] ⑧ 빌리다, 빌려 주다 (↔borrow)
▶She doesn't like lending her books.
그녀는 자신의 책을 빌려 주기 싫어한다.

1716 **proud** [praud] ⑧ 자랑으로 여기는, 거만한, 자존심이 있는   pride ⑨ 자랑, 자존심
▶She was so proud of her son.
그녀는 아들을 매우 자랑스럽게 여긴다.

1717 **rather** [rǽðər] ⑨ 오히려, 어느 정도, 상당히
▶I would stay home rather than go out.
나는 외출하기보다는 집에 있고 싶다.
▶It is rather hot today.
오늘은 꽤 덥다.

1718 **several** [sévərəl] ⑧ 몇몇의, 몇 명의, 여러 가지의
㉻ 몇몇, 몇 개, 몇 사람
▶I've seen 'Gone with the Wind' several times.
나는 '바람과 함께 사라지다'를 몇 번이나 봤다.

1719 **join** [dʒɔin] ⑧ 결합하다, 가입하다, 참여하다   joint ⑨ 관절, 이음매, 접합 부분
▶Join the two pieces of wood with strong glue.   ⑧ 공동이, 합동외
강한 접착제로 두 개의 나무 조각을 붙여라.

1720 **follow** [fálou] ⑧ 따라가다, …의 뒤에 오다, 따르다   following ⑧ 다음의
▶The dog followed me to the house.   ㉻ …에 이어, 후에
그 개는 나를 따라 집까지 왔다.   ⑨ 다음에 말하는 것

1721 **straight** [streit] ⑧ 곧은, 수평의, 수직의, 솔직한
㉻ 일직선으로, 곧장, 솔직하게
▶Draw a straight line between the two dots.
두 점 사이에 직선을 그어라.

1722 **tidy** [táidi] ⑧ 말끔히 정돈된, 단정한 (=neat)
⑧ 정돈하다, 말끔하게 치우다
▶a clean and tidy room
깨끗하고 정돈된 방

**1723** **promise** [prámis]  동 약속하다, …의 가망이 있다  　　　promising 형 가망 있는, 유망한
명 약속, 기대, 가망
▶ She promised to write to me every week.
　그녀는 매주 나에게 편지를 쓰겠다고 약속했다.

**1724** **skip** [skip]  동 가볍게 뛰다, 거르다, 빠뜨리다
명 가볍게 뜀, 생략
▶ He skipped happily.
　그는 즐겁게 깡총깡총 뛰었다.
▶ I got up late, so I skipped breakfast.
　늦게 일어나서 아침을 걸렀다.

**1725** **license** [láisəns]  명 면허증, 면허, 인가
동 면허를 주다
▶ She has a driver's license.
　그녀는 운전면허증이 있다.

**1726** **parcel** [pá:rsəl]  명 꾸러미, 소포
▶ She tied up the parcel with string.
　그녀는 소포를 끈으로 묶었다.

**1727** **collect** [kəlékt]  동 모으다 (=gather), 수집하다  　　　collection 명 수집, 소장품
▶ She collects dolls. 그녀는 인형을 수집한다.

**1728** **decide** [disáid]  동 결정하다, 결심하다  　　　decision 명 결정, 결심
▶ We decided not to go in the end.  　　　decisive 형 결정적인, 단호한
　우리는 결국 가지 않기로 결정했다.

**1729** **slip** [slip]  동 미끄러지다 (=slide)
명 미끄러짐, 실수 (=mistake)
▶ She slipped on the ice and broke her ankle.
　그녀는 빙판에서 미끄러져 발목이 부러졌다.

**1730** **gap** [gæp]  명 갈라진 틈, 차이
▶ There's quite a big gap between the door and the
　floor. 문과 바닥 사이에 꽤 큰 틈이 있다.

**1731** **invite** [inváit]  동 초청하다, 초대하다  　　　invitation 명 초대, 초대장
▶ They've invited us to the wedding.
　그들은 우리를 결혼식에 초대했다.

**1732** **moment** [móumənt]  명 순간, 때, 기회
▶ Wait a moment. 잠시만 기다려라.

■ at the moment 마침 그 때, 바로 지금
■ for a moment 잠깐 동안

1733 **space** [speis] 몡 공간, 우주, 장소
동 …에 일정한 간격을 두다
▶There's space for a table and two chairs.
탁자 하나와 의자 두 개를 넣을 만한 공간은 있다.

1734 **nod** [nɑd] 동 머리를 끄덕이다, 졸다 몡 끄덕임, 졺
▶He nodded in agreement. 그는 머리를 끄덕여 동의를 표했다.
▧ nod off 졸다

1735 **pale** [peil] 혱 창백한, (빛깔이) 엷은 (↔dark)
동 창백해지다, (빛깔이) 엷어지다
▶You're looking a bit pale — are you all right?
너 약간 창백해 보이는데, 괜찮니?

1736 **while** [*h*wail] 젭 …하는 동안, 반면에, …라고 하나
몡 (짧은) 동안, 잠시
▶They arrived while we were having dinner.
우리가 저녁을 먹고 있을 때 그들이 도착했다.
▶Just wait for a while. 잠시 동안만 기다려라.

1737 **tour** [tuər] 몡 관광 여행, 순회 공연, 원정
동 관광 여행을 하다
▶a walking tour 도보여행

tourism 몡 관광여행, 관광사업
tourist 몡 여행자, 관광객

1738 **shower** [ʃáuər] 몡 샤워, 소나기
동 빗발치듯 쏟아지다, 샤워를 하다
▶I got up, took a shower and got dressed.
나는 일어나서 샤워를 하고 옷을 차려 입었다.

1739 **tool** [tu:l] 몡 도구, 연장 (=instrument)
▶A bad workman always blames his tools.
서투른 직공이 항상 연장만 나무란다.

1740 **value** [vǽlju:] 몡 가격, 가치, 유용성
동 존중하다, 평가하다
▶The photos are of great historical value.
그 사진들은 큰 역사적인 가치가 있다.
▶The painting was valued at $5,000.
그 그림은 5천 달러로 값이 매겨졌다.

valuable 혱 값비싼, 귀중한
invaluable 혱 값을 헤아릴 수 없는,
매우 귀중한

**315**

# Review 29

## A  다음 영어는 우리말로, 우리말은 영어로 쓰시오.

1. block _____
2. area _____
3. besides _____
4. position _____
5. crowd _____
6. rise _____
7. flock _____
8. slip _____
9. grant _____
10. value _____

11. 외로운　　　　l_____
12. 균형, 조화　　b_____
13. 경우　　　　　c_____
14. 한 쌍, 한 벌　p_____
15. 솜씨, 기술　　s_____
16. 몇몇의　　　　s_____
17. 기자 회견　p_____ conference
18. 야생 동물　w_____ animals
19. 운전면허증　driver's l_____
20. 세대 차이　the generation g_____

## B  자연스러운 표현이 되도록 연결하시오.

1. proud
2. graduated
3. joined
4. wonder
5. spend

ⓐ who that man is
ⓑ a health club
ⓒ in physics from Cambridge
ⓓ a lot of money on clothes
ⓔ of my father

## C  다음 영영 뜻풀이에 해당하는 단어를 보기에서 골라 쓰시오.

| 보기 |
| repeat　　decide　　ambition　　ability　　cost |

1. _____ : the money that you have to pay for something
2. _____ : the mental or physical power or skill that makes it possible to do something
3. _____ : to say, write or do something again or more than once
4. _____ : a strong desire for success, achievement, power or wealth
5. _____ : to think carefully about several possibilities and choose one of them

**D** 다음 짝지어진 단어의 관계가 같도록 빈 칸에 알맞은 말을 쓰시오.

1. repeat : repetition = advise : a_____

2. invite : invitation = discover : d_____

3. sell : buy = lend : b_____

4. collect : gather = quick : r_____

5. different : same = part : w_____

**E** 다음 문장의 빈 칸에 알맞은 말을 보기에서 골라 쓰시오.

┃보기┃

| | | | |
|---|---|---|---|
| indeed | straight | guided | while |
| return | honest | moment | failed |

1. The curator _____ us round the gallery.

   큐레이터는 우리에게 미술관 주위를 안내했다.

2. He's completely _____.

   그는 정말 정직하다.

3. A friend in need is a friend _____.

   필요할 때 있는 친구가 진정한 친구이다.

4. I passed the written paper but _____ on my oral.

   나는 필기시험은 통과했으나 구술시험은 낙제했다.

5. I have to _____ some books to the library.

   나는 도서관에 책 몇 권을 반납해야 한다.

6. Come _____ home after school.

   학교가 끝나면 곧장 집으로 와라.

7. Just at that _____, the phone rang.

   바로 그때 전화가 울렸다.

8. He is very outgoing, _____ his brother is shy and quiet.

   그는 매우 외향적인데 그의 남동생은 수줍어하고 조용하다.

---

**1741 eternal** [itə́:rnəl] 형 영원한

eternity 명 영원, 내세

▶ Egyptians believed in eternal life.
이집트인들은 영원한 삶을 믿었다.

---

**1742 impose** [impóuz] 동 (세금 · 벌 등을) 지우다, 강요하다

▶ impose a higher tax on gasoline
경유에 더 높은 세금을 지우다

▶ Don't impose your own moral values on the others.
다른 사람들에게 네 자신의 도덕적 가치관을 강요하지 마라.

---

**1743 solitary** [sálitèri] 형 혼자서 하는, 외로운

solitude 명 고독, 외톨이임

▶ She likes solitary walks. 그녀는 혼자 하는 산책을 좋아한다.

▶ a solitary traveler 외로운 나그네

---

**1744 famine** [fǽmin] 명 기근, 기아 (=starvation)

▶ Disasters such as floods and famine are widespread. 홍수와 기아 같은 재난이 만연하다.

---

**1745 attempt** [ətémpt] 동 시도하다 명 시도

▶ He attempted to read one book a day.
그는 책을 하루에 한 권씩 읽으려고 시도했다.

■ make an attempt 시도하다

---

**1746 supervise** [sú:pərvàiz] 동 감독하다, 관리하다

supervision 명 감독, 관리
supervisor 명 관리자

▶ supervise students' examinations
학생들의 시험을 감독하다

---

**1747 trivial** [tríviəl] 형 하찮은, 사소한 (↔important)

▶ It's a trivial problem. 그것은 하찮은 문제일 뿐이다.

---

**1748 acquaint** [əkwéint] 동 익히 알게 하다

acquainted 형 정통한, 안면이 있는
acquaintance 명 아는 사람, 알고 있음

▶ I acquainted myself with new neighbors.
나는 새 이웃사람들과 익히 알게 되었다.

■ be acquainted with 알고 있다, 정통하다

---

**318**

**1749 mischief** [místʃif] 명 장난, 못된 짓
▶ Kids like to get into mischief.
아이들은 장난치는 것을 좋아한다.

**1750 tempt** [tempt] 동 유혹하다, …할 생각이 들게 하다    temptation 명 유혹
▶ He tried to tempt me with a bribe.
그는 뇌물로 나를 유혹하려 했다.

**1751 conform** [kənfɔ́ːrm] 동 따르다, 순응하다
▶ conform to official safety standards
공인된 안전 기준을 따르다

**1752 diversity** [divə́ːrsəti] 명 다양성, 변화    diverse 형 다양한
▶ a need for more choice and diversity in education
교육에 있어서 더 많은 선택과 다양성의 필요

**1753 interval** [íntərvəl] 명 간격, 사이, 거리
▶ The bell rang at two-minute interval.
2분 간격으로 벨이 울렸다.
■ at intervals 때때로, 군데군데에

**1754 subscribe** [səbskráib] 동 구독하다, 서명하다    subscriber 명 구독자
▶ What newspaper do you subscribe to?    subscription 명 구독, 서명
어떤 신문을 구독하십니까?
▶ Please subscribe your name to the document.
문서에 서명해 주십시오.
■ subscribe to 동의(찬성)하다

**1755 fertile** [fə́ːrtl, fə́ːrtail] 형 비옥한 (↔ sterile)    fertility 명 비옥, 다산
▶ The farmland in Iowa is very fertile.    fertilizer 명 비료
아이오와의 농지는 매우 비옥하다.

**1756 attitude** [ǽtitjùːd] 명 태도, 자세
▶ the changes in attitude towards marriage
결혼에 대한 태도의 변화

**1757** **companion** [kəmpǽnjən]  ⑲ 동료, 친구, 동행  companionship ⑲ 교우관계
▶ The dog has been her closest companion.
개는 그녀의 가장 가까운 친구였다.

**1758** **trigger** [trígər]  ⑲ 방아쇠, 계기  ⑤ 유발하다
▶ pull the trigger 방아쇠를 당기다
▶ His arrest triggered mass protests.
그의 체포가 대중시위를 일으켰다.

**1759** **monopoly** [mənápəli]  ⑲ 독점(권), 전매품  monopolize ⑤ 독점하다
▶ A good education shouldn't be the monopoly of the rich. 양질의 교육이 부자들의 독점이 되어서는 안 된다.

**1760** **perceive** [pərsíːv]  ⑤ 감지하다, 이해하다  perception ⑲ 지각, 견해
▶ I perceived a note of unhappiness in his voice.
나는 그의 목소리에 언짢은 기색이 있음을 감지했다.

**1761** **supplement** [sʌ́pləmènt]  ⑤ 보충하다, 추가하다  supplementary ⑱ 보충의, 추가의
⑲ [sʌ́pləmənt] 보충, 추가, 부록
▶ Supplement your diet with vitamin E.
식사에 비타민 E를 보충해라.
▶ a newspaper supplement 신문 부록

**1762** **vary** [vέəri]  ⑤ 다르다 (=differ), 변하다, 바꾸다  various ⑱ 다양한
▶ The menu varies with season.  variety ⑲ 다양(성)
계절에 따라 메뉴가 변한다.

**1763** **precious** [préʃəs]  ⑱ 귀중한, 소중한
▶ Nothing is so precious as time.
시간보다 귀중한 것은 없다.

**1764** **dismay** [disméi]  ⑲ 당황, 낙담  ⑤ 당황케 하다
▶ He looked at me in dismay.
그는 당황해서 나를 쳐다보았다.
▶ We were dismayed at the cost of the repairs.
우리는 수리 비용에 당황했다.

**1765 sake** [seik] 몡 위함, 이익, 목적
▶ I came here for your sake. 나는 너를 위해 여기에 왔다.
■ for the sake of / for one's sake …을 위해

**1766 triumph** [tráiəmf] 몡 승리 (=victory; ↔defeat)
동 승리를 거두다, 이기다
▶ Heart operation is a triumph of modern surgery.
심장수술은 현대 외과수술의 승리이다.
■ in triumph 의기양양하여

triumphant 혱 의기양양한

**1767 utmost** [ʌ́tmòust] 혱 최대한도의, 극도의
몡 최대한도, 극한
▶ a matter of the utmost importance 극도로 중요한 일
■ to the utmost 극도로

**1768 anonymous** [ənɑ́nəməs] 혱 작가 불명의, 익명의
▶ The money was donated by an anonymous man.
그 돈은 익명의 남자에 의해 기부되었다.

**1769 compassion** [kəmpǽʃn] 몡 연민, 동정
▶ compassion for the poor and sick
가난하고 병든 자들에 대한 동정

compassionate 혱 동정심이 있는

**1770 manual** [mǽnjuəl] 몡 소책자, 편람, 설명서
혱 손의, 손으로 하는
▶ a computer instruction manual 컴퓨터 사용 설명서
▶ manual work 육체 노동

1771 **slam** [slæm] 통 쾅 닫다, 털썩 놓다
▶ I heard the front door slam.
나는 현관문이 쾅 닫히는 소리를 들었다.

1772 **distract** [distrǽkt] 통 (마음·주의 등을) 흩뜨리다
▶ Children are distracting me from my work.
아이들 때문에 일에 집중할 수가 없다.

distracted 형 마음이 산란한
distraction 명 주의산만

1773 **savage** [sǽvidʒ] 형 야만의, 매우 사나운, 잔혹한
명 야만인, 미개인
▶ a savage attack 사나운 공격

1774 **glance** [glæns] 통 힐끗 보다, 대충 훑어보다
명 힐끗 봄
▶ glance through the phone book
전화번호부를 대충 훑어보다
■ at a glance 한눈에

1775 **illuminate** [ilúːmənèit] 통 밝게 비추다, 설명하다
▶ The street was illuminated by street lights.
거리는 가로등으로 밝게 비추어졌다.

illumination 명 조명
illuminating 형 밝히는

1776 **indulge** [indʌ́ldʒ] 통 (욕망 등에) 빠지다, (아이를)
제멋대로 하게 두다
▶ She indulged in shopping.
그녀는 쇼핑에 빠져들었다.
■ indulge in (욕망·취미 등에) 빠지다

indulgence 명 탐닉
indulgent 형 멋대로 하게 하는

1777 **conceive** [kənsíːv] 통 상상하다, 생각하다, 임신하다
▶ He started to conceive of the world as a dangerous
place. 그는 세상을 위험한 곳이라고 생각하기 시작했다.
▶ Do you know exactly when you conceived?
네가 언제 임신했는지 정확히 아니?

conceivable 형 있을 법한

1778 **sustain** [səstéin] 통 (생명을) 유지하다, 지속하다
(=maintain)
▶ Oxygen sustains life.
산소는 생명을 유지시킨다.

**1779** **mortal** [mɔ́ːrtl] 휑 죽을 수밖에 없는 운명의
(↔ immortal), 치명적인
▶Humans are mortal. 인간은 죽게 마련이다.
▶a mortal wound 치명상

mortality 휑 사망자 수, 죽어야 할 운명

**1780** **vertical** [vɚ́ːrtikəl] 휑 수직의, 세로의
▶The cliff was almost vertical. 절벽이 거의 수직이었다.

**1781** **profound** [prəfáund] 휑 (심적 충격이) 대단한, 심오한 (=deep)
▶The speech had a profound influence on her.
그 연설은 그녀에게 큰 영향을 미쳤다.
▶a profound remark 의미심장한 말

profoundly 휫 대단히

**1782** **distress** [distrés] 휑 고통, 비탄, 재난
휡 고민케 하다
▶a ship in distress 조난선
▶Don't distress yourself. 걱정하지 마라.

**1783** **scan** [skæn] 휡 세밀히 살피다, 대충 훑어보다
휑 정밀 조사, 대충 훑어보기
▶He scanned the advertisement pages of the newspapers. 그는 신문의 광고란을 훑어보았다.

**1784** **relevant** [réləvənt] 휑 관련된, 적절한, 타당한
(=proper)
▶Make sure you enclose all the relevant certificates.
관련된 증명서들을 모두 확실히 동봉해라.

relevance 휑 관련, 적절(성)

**1785** **rite** [rait] 휑 의식, 의례 (=ceremony)
▶burial rites 장례식

ritual 휑 의식의 휑 (종교적) 의식

**1786** **subtract** [səbtrǽkt] 휡 빼다 (↔add)
▶If you subtract five from ten, you get five.
10에서 5를 빼면 5다.

subtraction 휑 빼기

**1787** **crude** [kruːd] 📐 단순한, 투박한, 천연 그대로의
▶ crude material 원료
▶ The method was crude but effective.
그 방식은 단순했지만 효과적이었다.

**1788** **surplus** [sə́ːrplʌs] 📐 과잉, 잉여 (↔ deficit)
📐 과잉의
▶ a surplus population 과잉 인구

**1789** **peril** [pérəl] 📐 위험, 위기
▶ the perils of drug abuse
약물 남용의 위험

perilous 📐 위험한

**1790** **triple** [trípəl] 📐 3배의 (= threefold)
📐 3배로 하다
▶ The company has tripled in size in the last ten years. 그 회사는 지난 10년 동안 규모가 3배로 커졌다.

**1791** **vanish** [vǽniʃ] 📐 사라지다, 멸종하다 (= disappear)
▶ The aircraft vanished without trace.
비행물체가 흔적도 없이 사라졌다.

**1792** **multitude** [mʌ́ltitʃùːd] 📐 다수, 군중
▶ multitudes of laws and regulations 갖가지 법률과 규칙

**1793** **yearn** [jəːrn] 📐 갈망하다, 동경하다 (= long)
▶ yearn to see a friend
친구를 몹시 보고 싶어하다
▶ They yearn for peace. 그들은 평화를 갈망한다.

**1794** **contempt** [kəntémpt] 📐 경멸, 모욕 (↔ respect)
▶ She looked at him with contempt.
그녀는 경멸하는 시선으로 그를 보았다.
■ in contempt 경멸하여

**1795 illustrate** [íləstrèit] 동 (도표 등으로) 설명하다, 삽화를 넣다

illustration 명 실례, 삽화
illustrator 명 삽화가

▶By using a prism, he illustrated how rainbows are formed.

그는 프리즘을 이용해서 어떻게 무지개가 생기는지 설명했다.

▶The history book was illustrated with many maps and photographs. 그 역사책에는 많은 지도와 사진들이 들어 있었다.

**1796 dialect** [dáiəlèkt] 명 방언, 사투리

▶a local dialect 지방 사투리

**1797 mumble** [mʌ́mbəl] 동 중얼거리다

▶He mumbled in his sleep. 그는 자면서 중얼거렸다.

**1798 obscure** [əbskjúər] 형 모호한, 잘 알려지지 않은 동 모호하게 하다

obscurity 명 애매함

▶His answers were obscure and confusing.

그의 대답들은 모호하고 헷갈렸다.

▶The origin of the custom is obscure.

그 관습의 기원은 잘 알려져 있지 않다.

**1799 sincerely** [sinsíərli] 부 진정으로, 마음으로부터

sincere 형 성실한, 진실한
sincerity 명 성실, 진심

▶I am sincerely grateful to you for all your help.

네가 여러모로 도와 줘서 진심으로 고맙게 생각한다.

**1800 ventilate** [véntəlèit] 동 환기하다

ventilation 명 통풍(장치)

▶This office is badly ventilated.

이 사무실은 환기가 잘 안 된다.

## A 다음 영어는 우리말로, 우리말은 영어로 쓰시오.

| | | | | | |
|---|---|---|---|---|---|
| 1. slam | _____ | 11. 수직의 | v_____ | | |
| 2. relevant | _____ | 12. 방언 | d_____ | | |
| 3. illustrate | _____ | 13. 경멸 | c_____ | | |
| 4. tempt | _____ | 14. 시도하다 | a_____ | | |
| 5. interval | _____ | 15. 심오한 | p_____ | | |
| 6. attitude | _____ | 16. 영생 | e_____ life | | |
| 7. peril | _____ | 17. 치명상 | m_____ wound | | |
| 8. sincerely | _____ | 18. 육체노동 | m_____ work | | |
| 9. diversity | _____ | 19. 원료 | c_____ material | | |
| 10. savage | _____ | 20. 사소한 문제 | t_____ problem | | |

## B 자연스러운 표현이 되도록 연결하시오.

1. glance      ⓐ for a vacation
2. vanish      ⓑ through the phone book
3. yearn      ⓒ a tax on a luxurious article
4. mumble      ⓓ without trace
5. impose      ⓔ a few words

## C 다음 영영 뜻풀이에 해당하는 단어를 보기에서 골라 쓰시오.

| 보기 |
|---|
| monopoly    anonymous    compassion    conform    famine |

1. _____ : a lack of food over a long period of time in a large area that can cause the death of many people
2. _____ : to behave in the way that other people and society expect you to behave
3. _____ : the control of an industry or service by only one company
4. _____ : made or done by someone whose name is not known or not made public
5. _____ : understanding or pity for somebody who is suffering

**D** 다음 짝지어진 단어의 관계가 같도록 빈 칸에 알맞은 말을 쓰시오.

1. rite : ceremony = threefold : t_____
2. subtract : add = deficit : s_____
3. distract : distraction = perceive : p_____
4. vanish : disappear = maintain : s_____
5. mortal : mortality = eternal : e_____

**E** 다음 문장의 빈 칸에 알맞은 말을 보기에서 골라 쓰시오.

> ┌ 보기 ┐
>
> | companion | vary | indulge | trigger |
> |-----------|------|---------|---------|
> | scanned | conceive | obscure | ventilated |

1. Don't _____ that child. It will make him very selfish.
   저 아이가 제멋대로 행동하게 하지 마라. 그렇게 하면 아이가 이기적으로 된다.
2. The dog has been her only traveling _____.
   개는 그녀의 유일한 여행 동반자였다.
3. Teaching methods _____ from school to school.
   지도 방법은 학교마다 다르다.
4. My office is well _____.
   내 사무실은 환기가 잘 된다.
5. For some _____ reasons, he decided to give up his job.
   분명치 않은 이유로 그는 직장을 그만두기로 결정했다.
6. My parents still _____ me as a child.
   부모님은 아직도 나를 어린아이로 생각하신다.
7. Certain foods _____ allergic reactions.
   어떤 음식물들은 알레르기 반응을 유발한다.
8. I _____ the list until I found my name.
   나는 내 이름을 찾을 때까지 명단을 훑어보았다.

# Review 정답

## Review 1

**A** 1. 판단, 판결  2. 전통의  3. 공동체, 지역사회  4. 경제, 절약  5. 기쁨, 즐거움  6. 사회, 공동체  7. 실행하다, 연습하다  8. 포함하다  9. (자연)환경  10. 출판·발표하다  11. supply  12. limit  13. influence  14. respect  15. exact  16. research  17. produce  18. physical  19. social  20. recently

**B** 1. ⓒ  2. ⓓ  3. ⓔ  4. ⓑ  5. ⓐ

**C** 1. accurate  2. improve  3. available  4. expect  5. regret

**D** 1. patient  2. inclusion  3. suggest  4. enter  5. product

**E** 1. role  2. managed  3. situation  4. particular  5. Respect  6. wrapped  7. Necessity  8. involves

## Review 2

**A** 1. 줄이다, 축소하다  2. 벌하다  3. 앞으로 나아가다, 진보하다  4. 복잡한, 복합체의  5. 성취하다  6. 곧, 즉시  7. 기분 좋은, 편한  8. 가치  9. 임명하다, 정하다  10. 감사하다, 감상하다  11. painful  12. desire  13. emotion  14. mental  15. nervous  16. separate  17. insist  18. department  19. observe  20. steady

**B** 1. ⓓ  2. ⓔ  3. ⓑ  4. ⓐ  5. ⓒ

**C** 1. approach  2. occur  3. gradual  4. compete  5. except

**D** 1. warn  2. tendency  3. employ  4. proof  5. accept

**E** 1. tend  2. distance  3. amazed  4. process  5. period  6. announced  7. fulfilled  8. notice

## Review 3

**A** 1. 살아남다  2. 존재·생존하다  3. 더 좋아하다  4. 거절·거부하다  5. 후한, 관대한  6. 선택하다, 고르다  7. 폭로하다  8. 해외에  9. 호기심 있는  10. 기계, 악기  11. disturb  12. found  13. threat  14. favor  15. express  16. efficient  17. detail  18. resources  19. harm  20. reservation

**B** 1. ⓑ  2. ⓒ  3. ⓓ  4. ⓐ  5. ⓔ

**C** 1. remove  2. flood  3. recommend  4. mention  5. depressed

**D** 1. pollute  2. absorption  3. artificial  4. emphasize  5. eventually

**E** 1. extremely  2. progress  3. occasions  4. permitted  5. brief  6. source  7. task  8. impressed

# Review 4

**A**  1. 종류  2. 의견, 견해  3. 훈련  4. 묻다  5. 충분한  6. 상황, 사정  7. 모욕, 무례  8. 설명(하다)
9. 의무, 조세  10. 여기다  11. quit  12. bury  13. devote  14. previous  15. structure
16. apparent  17. inform  18. require  19. disaster  20. violent

**B**  1. ⓒ  2. ⓑ  3. ⓓ  4. ⓔ  5. ⓐ

**C**  1. article  2. familiar  3. surface  4. refer  5. primary

**D**  1. wealth  2. approve  3. restrict  4. ordinary  5. permanent

**E**  1. experiments  2. intend  3. distributing  4. acquired  5. arranged  6. request
7. stimulated  8. adapt


# Review 5

**A**  1. 집중하다  2. 교육  3. 상상(력)  4. (…에) 달려있다  5. 숙고하다  6. 도덕상의  7. 자격  8. 기르다
9. 재활용하다  10. 비교하다  11. awake  12. knowledge  13. reflect  14. indifferent
15. define  16. accompany  17. maintain  18. expert  19. cultural  20. reasonable

**B**  1. ⓔ  2. ⓐ  3. ⓑ  4. ⓓ  5. ⓒ

**C**  1. consume  2. essential  3. ambitious  4. constant  5. emigrate

**D**  1. maintenance  2. analyst  3. amuse  4. urban  5. relieve

**E**  1. rarely  2. frustrated  3. specialize  4. species  5. facilities  6. relation  7. compared
8. principal


# Review 6

**A**  1. 동등한  2. 민주적인  3. 다양성  4. 조사(하다)  5. 10년간  6. 마주치다  7. 신비한  8. 반대하다
9. 고난  10. 믿을 수 없는  11. bored  12. stir  13. apologize  14. ideal  15. agriculture
16. critical  17. production  18. global  19. prejudice  20. human

**B**  1. ⓒ  2. ⓔ  3. ⓐ  4. ⓑ  5. ⓓ

**C**  1. recall  2. explore  3. venture  4. psychology  5. mechanic

**D**  1. offense  2. participate  3. donator  4. passionate  5. occupy

**E**  1. convince  2. Contrary  3. established  4. pride  5. conservative  6. exhibited
7. instructs  8. fame

## R view 7

**A** 1. 의지하다 2. 모방하다 3. 등록하다 4. 본능 5. 익사하다 6. 종사하다, 약속하다 7. 보편적인
8. 피하다 9. 노예 10. 매혹적인 11. tension 12. reward 13. physics 14. logic
15. moderate 16. expenses 17. materials 18. device 19. racial 20. mutual

**B** 1. ⓒ 2. ⓐ 3. ⓔ 4. ⓓ 5. ⓑ

**C** 1. spare 2. remark 3. drought 4. disposable 5. sacrifice

**D** 1. reside 2. persuade 3. endure 4. excessive 5. exposure

**E** 1. settled 2. stared 3. detected 4. tragic 5. solve 6. grasped 7. fierce 8. estimated


## R view 8

**A** 1. 회의 2. 육상 경기장 3. (법률을) 어기다 4. 국내의 5. 정복하다 6. 무효의 7. 뚜렷한 8. 가정하
다 9. 보장하다 10. 식민지 11. abrupt 12. abuse 13. resolution 14. resist 15. multiply
16. courteous 17. barren 18. betray 19. technical 20. liberty

**B** 1. ⓔ 2. ⓐ 3. ⓓ 4. ⓒ 5. ⓑ

**C** 1. agent 2. adjust 3. complicate 4. adhere 5. admire

**D** 1. abolish 2. exclude 3. abundant 4. commuter 5. assumption

**E** 1. modest 2. burden 3. bitter 4. access 5. cautioned 6. heal 7. alert 8. asleep


## R view 9

**A** 1. 외국의 2. 위기 3. 지적인 4. 가정하다 5. 신뢰, 신용 6. 응원하다 7. 보통의, 공통의 8. 청중,
관객 9. 인도하다, …에 이르다 10. 공급하다 11. support 12. unit 13. quantity 14. monitor
15. disease 16. remain 17. demand 18. accord 19. conditions 20. Union

**B** 1. ⓒ 2. ⓔ 3. ⓐ 4. ⓑ 5. ⓓ

**C** 1. probably 2. guess 3. beat 4. main 5. intelligent

**D** 1. usual 2. performance 3. equipment 4. irregular 5. unify

**E** 1. resulted 2. caused 3. form 4. contact 5. hardly 6. owns 7. developed 8. reached


## R view 10

**A** 1. …의 도처에, 줄곧 2. 훔치다 3. 모으다, 모이다 4. 손위의, 선배의 5. 부족(하다) 6. 묶다, 단단히
고정하다 7. 특징, 용모 8. 올바른 9. 엄한, 맹렬한 10. 대조, 대비 11. obtain 12. range
13. population 14. merit 15. item 16. edge 17. succeed 18. rate 19. medical
20. degree

**B** 1. ⓓ 2. ⓐ 3. ⓒ 4. ⓔ 5. ⓑ

**C** 1. labor 2. court 3. horizon 4. academic 5. career

**D** 1. preparation 2. impolite 3. immoral 4. comment 5. invade

**E** 1. lift 2. firm 3. moreover 4. poured 5. fastens 6. frozen 7. spread 8. surrounded

# R view 11

**A** 1. 줄기, 유래하다 2. 금하다 3. 호된, 모진 4. 주장하다, 요구하다 5. 자선, 자선사업 6. (물에) 뜨다 7. 늘이다, 뻗음 8. 낟알, 곡물 9. 전시하다, 전시 10. 가느다란, 홀쭉한 11. theory 12. branch 13. laboratory 14. civil 15. commercial 16. commit 17. sum 18. proof 19. mass 20. credit

**B** 1. ⓒ 2. ⓔ 3. ⓐ 4. ⓑ 5. ⓓ

**C** 1. medium 2. fair 3. wander 4. income 5. chief

**D** 1. inventor 2. illegal 3. doubtful 4. entire 5. describe

**E** 1. handling 2. anxious 3. official 4. fancy 5. awful 6. pure 7. indicated 8. gained

# R view 12

**A** 1. 저자, 작가 2. 근육 3. 인공위성, 위성 4. 수확 5. 실마리, 단서 6. 생명의, 지극히 중요한 7. 재산, 부동산 8. 측면, 견지 9. 분류하다 10. 고전적인 11. sink 12. trial 13. strict 14. military 15. raw 16. folk 17. document 18. fund 19. personality 20. organ

**B** 1. ⓒ 2. ⓔ 3. ⓑ 4. ⓓ 5. ⓐ

**C** 1. cell 2. spot 3. solid 4. possess 5. faith

**D** 1. disobey 2. chase 3. poisonous 4. resignation 5. effective

**E** 1. policy 2. slight 3. atmosphere 4. average 5. affected 6. despite 7. instance 8. apart

# R view 13

**A** 1. 운동선수 2. 그렇지 않으면, 다른 방법으로 3. 고장 4. 전기 5. 학회, 연구소 6. 숙박시키다, 수용하다 7. 전기, 일대기 8. 솔직한 9. 껑충 뛰다 10. 청춘기, 젊음, 청년 11. shortage 12. alternative 13. affirm 14. gravity 15. silent 16. appetite 17. confine 18. scientific 19. wrecked 20. aid

**B** 1. ⓓ 2. ⓐ 3. ⓑ 4. ⓔ 5. ⓒ

**C** 1. tide 2. privacy 3. prohibit 4. intimate 5. mess

**D** 1. descendent 2. consultant 3. silent 4. denial 5. element

**E** 1. paces 2. subject 3. compulsory 4. furious 5. confirmed 6. professional 7. boasting 8. faint

## Review 14

**A** 1. 예배하다, 숭배하다 2. 겸손한, 초라한 3. 충고하다, 조언하다 4. 유연한, 융통성 있는 5. 결정적인, 중대한 6. 특이한, 독특한 7. 절망(하다) 8. 통찰(력) 9. 내부의, 국내의 10. 원시의, 구식의 11. piece 12. candidate 13. genius 14. stock 15. crash 16. wound 17. greed 18. site 19. excuse 20. bargain

**B** 1. ⓑ 2. ⓓ 3. ⓔ 4. ⓒ 5. ⓐ

**C** 1. theme 2. absurd 3. inhabit 4. decorate 5. constitution

**D** 1. immature 2. typical 3. constitute 4. transformation 5. option

**E** 1. arise 2. impact 3. characteristic 4. drastic 5. suspected 6. original 7. strain 8. transfer

## Review 15

**A** 1. 소설 2. 원자의 3. 한 학기 4. 기념일 5. 물러서다, 후퇴하다 6. 게다가 7. 기르다, 키우다 8. 순서, 연속(물) 9. 밀집한 10. 중립의 11. positive 12. subconscious 13. deprive 14. reap 15. committee 16. moisture 17. omit 18. international 19. passage 20. decay

**B** 1. ⓔ 2. ⓓ 3. ⓐ 4. ⓑ 5. ⓒ

**C** 1. gratitude 2. enforce 3. fare 4. negative 5. nutrition

**D** 1. passive 2. dismiss 3. emergence 4. extraordinary 5. neutralize

**E** 1. panic 2. decent 3. dedicated 4. cheated 5. recited 6. tender 7. unconscious 8. desperate

## Review 16

**A** 1. 사라지다, 약해지다 2. 바꾸다 3. 피할 수 없는 4. 영광, 명예 5. 아프다, 통증 6. 망치다 7. 선언하다 8. 기초의, 근본적인 9. 토론하다 10. 공격적인 11. dominate 12. astronomy 13. deposit 14. minimum 15. phenomenon 16. debt 17. conscience 18. impulse 19. diplomatic 20. illusion

**B** 1. ⓓ 2. ⓒ 3. ⓑ 4. ⓔ 5. ⓐ

**C** 1. stubborn 2. emergency 3. reform 4. monotonous 5. confess

**D** 1. grief 2. optimistic 3. majority 4. robbery 5. withdrawal

**E** 1. casual 2. scattered 3. exhausted 4. further 5. major 6. approximate 7. hostile 8. fluent

## Review 17

**A** 1. 강제하다  2. 피로  3. 부족한, 드문  4. 규칙, 통치하다  5. 일하여 벌다  6. 경멸하다  7. 관객, 구경꾼  8. 열대(지방)의  9. 시각의  10. 등급, 성적, 학년  11. fate  12. paralyze  13. receipt  14. shape  15. genuine  16. tax  17. rush  18. nuclear  19. accident  20. fuel

**B** 1. ⓓ  2. ⓒ  3. ⓔ  4. ⓑ  5. ⓐ

**C** 1. investigate  2. melancholy  3. disgust  4. starve  5. inferior

**D** 1. simply  2. endurance  3. romanticism  4. invisible  5. sight

**E** 1. remote  2. scarcely  3. ruined  4. leaked  5. superior  6. unless  7. hanged  8. view

## Review 18

**A** 1. 가죽  2. 그림자, 그늘  3. 핥다  4. 제품  5. 이웃, 근처  6. 열심인, 열광적인  7. 뒤에, 나중에  8. 칭찬하다, 칭찬  9. 전략  10. 원자 폭탄  11. quarter  12. desert  13. bet  14. tolerate  15. neglect  16. disgrace  17. deadline  18. composition  19. genetic  20. barrier

**B** 1. ⓒ  2. ⓐ  3. ⓔ  4. ⓑ  5. ⓓ

**C** 1. height  2. bottom  3. sweep  4. trait  5. staff

**D** 1. suspicious  2. full  3. unlock  4. rot  5. satisfaction

**E** 1. deserves  2. piled  3. divides  4. addition  5. act  6. aside  7. voluntary  8. elected

## Review 19

**A** 1. 괴롭히다  2. 성실한, 진지한  3. 목초지, 초원  4. 빙하  5. 섬유, 섬유질  6. 뇌물  7. 길들인, 유순한  8. 생태계  9. 수산물  10. 교통 법규  11. so-called  12. lease  13. asset  14. affair  15. cherish  16. collapse  17. perplex  18. retail  19. radical  20. routine

**B** 1. ⓓ  2. ⓐ  3. ⓒ  4. ⓔ  5. ⓑ

**C** 1. lecture  2. ally  3. recreation  4. curriculum  5. restore

**D** 1. obligation  2. detach  3. adequate  4. unusual  5. weapon

**E** 1. extinct  2. prevails  3. likewise  4. reverse  5. enriches  6. indispensable  7. destined  8. dare

## Review 20

**A** 1. 벙어리의, 우둔한  2. 닮다, 비슷하다  3. 고무하다, 격려하다  4. 평판, 명성  5. 할당하다, 임무를 주다  6. 엎지르다  7. 각각의  8. 서면 계약  9. 회의장  10. 지불기일, 만기일  11. vocation  12. wipe  13. status  14. scratch  15. planet  16. surpass  17. tremble  18. superficial  19. alien  20. shelter

**B** 1. ⓑ 2. ⓓ 3. ⓔ 4. ⓐ 5. ⓒ

**C** 1. flavor 2. mercy 3. flourish 4. modify 5. rumor

**D** 1. selfish 2. timid 3. vice 4. arrogance 5. offense

**E** 1. concept 2. shrink 3. collided 4. practical 5. contract 6. cope 7. furnished 8. due

## Review 21

**A** 1. 문장, 판결 2. 여분의 3. 씨, 원인 4. 쓰레기 5. 중지·취소하다 6. 유일한, 독점적인 7. 고리,
연결, 관계 8. 창고 9. 재생·복제하다 10. 피를 흘리다 11. central 12. introduce 13. rod
14. hide 15. frost 16. explode 17. grocery 18. enormous 19. frame 20. challenge

**B** 1. ⓓ 2. ⓐ 3. ⓔ 4. ⓑ 5. ⓒ

**C** 1. leisure 2. narrow 3. plenty 4. host 5. flu

**D** 1. jewelry 2. appropriate 3. consequence 4. inner 5. bath

**E** 1. gentle 2. complain 3. waste 4. rent 5. spicy 6. weakened 7. thrifty
8. appearance

## Review 22

**A** 1. 싹, 봉오리 2. 뜻밖의 결과, 반어법 3. 교차점 4. 방해하다 5. 현기증 나는 6. 변장하다 7. 섬세
한 8. 자발적인 9. 분명치 않은 10. 낮잠 11. revenge 12. expel 13. blame 14. immense
15. eminent 16. dawn 17. tomb 18. fragile 19. ultraviolet 20. penalty

**B** 1. ⓒ 2. ⓓ 3. ⓔ 4. ⓐ 5. ⓑ

**C** 1. convict 2. portion 3. splendid 4. disguise 5. strip

**D** 1. discard 2. prompt 3. misfortune 4. grab 5. expel

**E** 1. declined 2. suspended 3. enroll 4. scolded 5. persisted 6. prominent
7. hospitable 8. discriminating

## Review 23

**A** 1. 비율 2. 우화 3. 장엄한 4. 모순되다 5. 기념비의 6. 위험 7. 추론하다 8. 부분적인 9. 쏘다
10. 동양의 11. flatter 12. oppress 13. masterpiece 14. rank 15. vacuum 16. naked
17. oxygen 18. liquid 19. guard 20. external

**B** 1. ⓒ 2. ⓐ 3. ⓔ 4. ⓓ 5. ⓑ

**C** 1. isolate 2. summit 3. orbit 4. sour 5. output

**D** 1. refugee 2. external 3. suburban 4. urgency 5. negotiator

**E** 1. rest 2. pulse 3. stuff 4. esteem 5. undertook 6. ridiculous 7. reluctant 8. soared

## Review 24

**A** 1. 틀림없이 2. 흙 3. 재능 4. 막대기 5. 증상 6. 직면하다 7. 모으다 8. 보물 9. 깔끔한 10. …하는 것은 무엇이든 11. tight 12. gift 13. whisper 14. beast 15. govern 16. cliff 17. volcano 18. pill 19. tongue 20. final

**B** 1. ⓒ 2. ⓔ 3. ⓓ 4. ⓑ 5. ⓐ

**C** 1. banner 2. clay 3. trunk 4. automatic 5. autograph

**D** 1. anticipate 2. mix 3. sectional 4. tongue 5. cowardly

**E** 1. experiences 2. past 3. issue 4. perished 5. prospect 6. thorough 7. swallowed 8. represents

## Review 25

**A** 1. 이리저리 흔들다 2. 발 3. 회의, 국회 4. 움직이지 않는 5. 곡물, 곡물식품 6. 우주비행사 7. 허드렛일, 잡일 8. 북극의 9. 짐승 10. 괴물 11. cyber 12. fee 13. colleague 14. germ 15. pave 16. bankrupt 17. interpret 18. trend 19. dormitory 20. oral

**B** 1. ⓒ 2. ⓔ 3. ⓑ 4. ⓓ 5. ⓐ

**C** 1. iron 2. stress 3. habitat 4. bite 5. accelerate

**D** 1. evil 2. lessen 3. antarctic 4. choice 5. interactive

**E** 1. boiling 2. elderly 3. track 4. forecast 5. deaf 6. rage 7. exceed 8. overlook

## Review 26

**A** 1. 악화되다 2. 외래의, 이국적인 3. 꽃, 꽃을 피우다 4. 기압계 5. 기업 6. 꿰뚫다, 간파하다 7. 전통, 유산 8. 문자의, 글자 그대로의 9 길을 잃어 10. 강노 11. aisle 12. utilize 13. crawl 14. nightmare 15. refund 16. peninsula 17. oath 18. council 19. acid 20. treaty

**B** 1. ⓒ 2. ⓔ 3. ⓐ 4. ⓓ 5. ⓑ

**C** 1. well-being 2. terminate 3. privilege 4. amend 5. heredity

**D** 1. dictatorship 2. narration 3. envious 4. innocent 5. extract

**E** 1. conduct 2. plot 3. pursuing 4. concise 5. mend 6. meditating 7. avenge 8. faculty

## Review 27

**A** 1. 승객 2. 습기 있는, 눅눅한 3. 닥치는 대로의, 임의의 4. 안정된, 마구간 5. 탐험(대) 6. 멈추다, 중지하다 7. 투명한 8. 지명하다, 임명하다 9. 땅거미, 황혼 10. 솜씨 없는, 서투른 11. dissolve 12. ministry 13. initial 14. autobiography 15. beverage 16. envelope 17. virtual

18. booth  19. peer  20. standard

**B**  1. ⓓ  2. ⓒ  3. ⓐ  4. ⓔ  5. ⓑ

**C**  1. tease  2. assert  3. plague  4. wit  5. obstacle

**D**  1. irritation  2. abandon  3. error  4. conceal  5. brand

**E**  1. implying  2. frightened  3. startled  4. tremendous  5. soothe  6. upset  7. bothers
8. falter


# Review 28

**A**  1. treat  2. free  3. volume  4. present  5. raise

**B**  1. save  2. catch  3. lost  4. capital  5. match

**C**  1. 저울  2. 친한  3. 감동시키다  4. 경영하다  5. 관심  6. 수표  7. 수용하다  8. 거스름돈  9. 정하다
10. 학기


# Review 29

**A**  1. 덩어리, (도시의) 한 구획, 막다  2. 지역, 범위  3. 게다가, 또한  4. 위치, 자세, 지위  5. 군중, 떼 지
어 모이다  6. 일어나다, 오르다  7. 무리, 떼, 무리 짓다  8. 미끄러지다, 헐거워지다  9. 주다, 승낙하
다, 인정하다  10. 가격, 가치, 소중히 하다  11. lonely  12. balance  13. case  14. pair  15. skill
16. several  17. press  18. wild  19. license  20. gap

**B**  1. ⓔ  2. ⓒ  3. ⓑ  4. ⓐ  5. ⓓ

**C**  1. cost  2. ability  3. repeat  4. ambition  5. decide

**D**  1. advice  2. discovery  3. borrow  4. rapid  5. whole

**E**  1. guided  2. honest  3. indeed  4. failed  5. return  6. straight  7. moment  8. while


# Review 30

**A**  1. 콩 닫다  2. 타당한  3. 삽화를 넣다  4. 유혹하다  5. 간격  6. 태도  7. 위험  8. 진정으로  9. 다양
성  10. 잔혹한  11. vertical  12. dialect  13. contempt  14. attempt  15. profound
16. eternal  17. mortal  18. manual  19. crude  20. trivial

**B**  1. ⓑ  2. ⓓ  3. ⓐ  4. ⓔ  5. ⓒ

**C**  1. famine  2. conform  3. monopoly  4. anonymous  5. compassion

**D**  1. triple  2. surplus  3. perception  4. sustain  5. eternity

**E**  1. indulge  2. companion  3. vary  4. ventilated  5. obscure  6. conceive  7. trigger
8. scanned

찾아보기

高단수 영단어

2005년 2월 1일 초 판 발행
2017년 1월 10일 초 판 제13쇄 발행

엮은이   고등영어교육연구회

펴낸이   김 철 환

펴낸곳   사전전문 민 중 서 림

(10881) 경기도 파주시 회동길 37-29
         (파주출판문화정보산업단지)
Tel _ 영업 : 031) 955-6500~6   편집 : 031) 955-6508
Fax _ 영업 : 031) 955-6525      편집 : 031) 955-6527
http://www.minjungdic.co.kr
등록 _ 1979. 7. 23. 제2-61호

ⓒ Minjungseorim Co. 2017
ISBN  978-89-387-0471-9      정가 9,500원